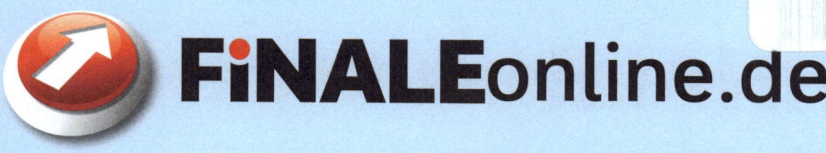

FiNALEonline ist die digitale Ergänzung zu deinem Abiturband. Hier findest du eine Vielzahl an Angeboten, die dich bei deiner Prüfungsvorbereitung zusätzlich unterstützen.

Das Plus für deine Vorbereitung:

→ Original-Prüfungsaufgaben mit Lösungen (bitte Code von Seite 4 eingeben!)

→ EXTRA-Training Rechtschreibung
So kannst du einem möglichen Punktabzug bei deinen Abi-Klausuren vorbeugen.

→ Videos zur mündlichen Prüfung

→ Tipps zur stressfreien Prüfungsvorbereitung

→ Abi-Checklisten mit allen prüfungsrelevanten Themen

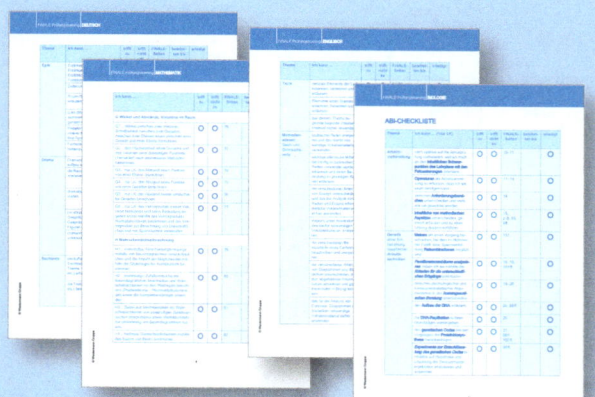

Abi-Checklisten
Sie helfen dir, den Überblick über den Prüfungsstoff zu behalten.

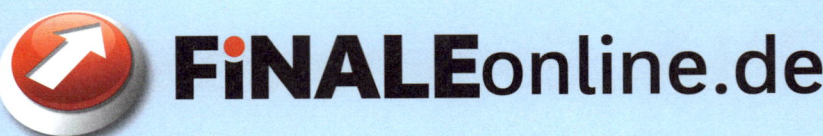

FiNALEonline.de

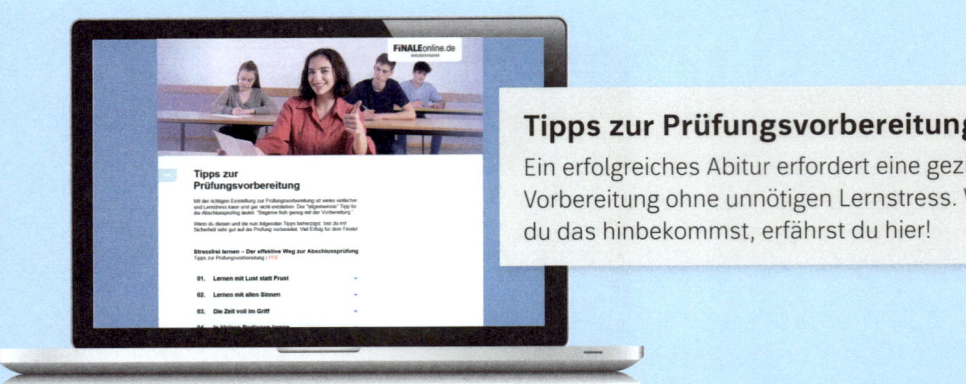

Tipps zur Prüfungsvorbereitung

Ein erfolgreiches Abitur erfordert eine gezielte Vorbereitung ohne unnötigen Lernstress. Wie du das hinbekommst, erfährst du hier!

Videos zur mündlichen Prüfung

Nur wenige Abiturienten wissen genau, wie sie abläuft, die „Mündliche". Die Videos geben dir Einblick in den Ablauf der Prüfung und Tipps für die richtige Vorbereitung.

Die Kombination aus FiNALE-Buch und FiNALEonline bietet dir die optimale Vorbereitung für deine Prüfung und begleitet dich sicher zu einem erfolgreichen Abitur 2024!

www.finaleonline.de

westermann

FiNALE Prüfungstraining

Baden-Württemberg

Abitur 2024
Biologie

Gotthard Jost

sowie
Dieter Feldermann
Philipp Klein
Ulrike Müller
Karl Pollmann

FiNALEonline.de

Liebe Schülerin, lieber Schüler,

sobald die Original-Prüfungsaufgaben zur Veröffentlichung freigegeben sind, können sie unter **www.finaleonline.de** zusammen mit ausführlichen Lösungen kostenlos heruntergeladen werden. Gib dazu einfach diesen Code ein:

BI6U3V4

Einfach mal reinschauen: www.finaleonline.de

Hinweis: Die Original-Abituraufgaben wurden mit freundlicher Genehmigung des Regierungspräsidiums Stuttgart veröffentlicht.

Druck A[1]/Jahr 2023
Alle Drucke der Serie A sind im Unterricht parallel verwendbar.

Redaktion: Sabine Klonk
Kontakt: finale@westermanngruppe.de
Layout: LIO Design GmbH, Braunschweig
Umschlaggestaltung: Gingco.Net, Braunschweig
Umschlagfoto: Peter Wirtz, Dormagen
Illustrationen: Tom Menzel, Karin Mall, Brigitte Karnath, newVISION! GmbH, Berhard A. Peter
Druck und Bindung: Westermann Druck GmbH, Georg-Westermann-Allee 66, 38104 Braunschweig

ISBN 978-3-07-**172479**-2

Inhaltsverzeichnis

Kommunikation zwischen Zellen

Evolution und Ökologie

4 Übungsaufgaben

5 Original-Prüfungsaufgaben

Original-Prüfungsaufgaben 2021

Original-Prüfungsaufgaben 2022

6 Hinweise zum mündlichen Abitur

1 Arbeiten mit FiNALE

Liebe Abiturientin, lieber Abiturient,

Sie haben sich für Biologie als Leistungs- oder Basisfach entschieden? In beiden Fällen bietet Ihnen Finale die ideale Unterstützung in der Prüfungsvorbereitung und beim Lernen auf Klausuren. Vor dem Hintergrund der Erfahrungen aus den vorausgegangenen Jahren sowie unter exakter Beachtung der offiziellen Vorgaben für das Abitur 2024 im Fach Biologie wurde FiNALE passgenau für die Vorbereitung auf diese schriftliche bzw. mündliche Prüfung entwickelt.

Zur gezielten Vorbereitung auf das Abitur bietet Ihnen FiNALE:

- präzise und übersichtlich angeordnete Informationen zu den Vorgaben für das Abitur 2024 im Fach Biologie sowie zum Aufbau, zur Gestaltung und zu den Bewertungskriterien der schriftlichen Abiturprüfungsaufgaben;
- nach Basis- und Leistungsfach differenzierte Übungsaufgaben mit vielfältigen, unterschiedlich gestalteten Materialien und Aufgabenformulierungen, die nur die Operatoren enthalten, die in den einheitlichen Prüfungsanforderungen für das Abitur definiert und vorgeschrieben sind, sowie die dazugehörigen ausformulierten Musterlösungen;
- Selbstdiagnosebögen am Ende jeder Übungsaufgabe, die Ihre individuellen Stärken und Schwächen aufdecken, sodass Sie eine direkte Hilfe zum passgenauen Lernen der biologischen Inhalte und Methoden erhalten und diese wiederholen und vertiefen können;
- Hinweise zum strukturierten Umgang mit den Abituraufgaben, vor allem den Materialien, sodass Sie zusätzliche Handlungssicherheit in Ihrem Vorgehen beim Lösen der Aufgaben erwerben;
- Zusammenfassungen des Grundwissens, das für die Abiturprüfung besonders relevant ist (mit **grünem Randbalken** nach Basis- und Leistungsfach differenziert)
- Original-Prüfungsaufgaben aus den Jahren 2021 und 2022 sowie die Aufgaben von 2023 als Download auf der Seite **www.finaleonline.de** (siehe S. 2) mit ausformulierten Lösungen und zusätzlichen Lösungstipps;
- eine Checkliste auf **www.finaleonline.de** zur eigenen Bearbeitung und Absicherung ihres Kenntnisstandes.
- Beispiele für die mögliche mündliche Prüfung im Basisfach und als freiwillige Zusatzprüfung im Leistungsfach.

FiNALE ermöglicht eine individuelle Vorbereitung. Je nach persönlichen Stärken und Schwächen in den verschiedenen Lern- und Kompetenzbereichen, z. B. Neurophysiologie, Planen und Auswerten von Experimenten, Umgang mit Grafiken oder Tabellen, können einzelne Kapitel und Teilkapitel nachgeschlagen und gezielt durchgearbeitet werden. Inhalts- und Stichwortverzeichnis sowie zahlreiche Querverweise erleichtern dabei die Orientierung. Der systematische Aufbau und die komprimierte Form fördern eine und effektive Abiturvorbereitung, auch in Ergänzung des Fachunterrichts.

Tipps zum Umgang mit FiNALE

Sowohl Kapitel 3 (Grundwissen) als auch Kapitel 4 (Übungsaufgaben) sind nach den inhaltlichen Schwerpunkten der offiziellen Vorgaben für das Basis- und das Leistungsfach strukturiert. Daher wäre es nützlich, sich zunächst einen Überblick über die inhaltlichen Schwerpunkte (siehe Seite 18) zu verschaffen und diese parallel dazu mit dem ausgewählten Grundwissen in Kapitel 3 zu vergleichen. Bei diesem Vorgehen können Sie leicht feststellen, in welchen Lernbereichen Sie noch Defizite aufweisen.

Sodann suchen Sie sich passend zu diesem Lernbereich eine Übungsaufgabe heraus und bearbeiten diese.

Gemäß dem ausführlichen Lösungsschlüssel notieren Sie sich dann im Selbstdiagnosebogen, den Sie am Ende einer jeden Übungsaufgabe finden, die entsprechende Punktzahl zu den Teilaufgaben. Anmerkung: Der Umgang mit dem Selbstdiagnosebogen wird Ihnen ausführlich im nächsten Abschnitt vorgestellt.

Beim Vergleich Ihrer erreichten Punktzahl mit der Höchstpunktzahl ergeben sich möglicherweise größere Abweichungen. Dies kann verschiedene Ursachen haben. Danach richtet sich Ihr weiteres Vorgehen:

- Haben Sie die Teilaufgabe aufgrund des Operators (im Aufgabentext fett hervorgehoben) nicht verstanden, so schlagen Sie auf den Seiten 14 bis 16 „Die Operatoren laut EPA" die Definition für den entsprechenden Operator nach und prägen sie sich ein.
- Liegen Ihre Schwierigkeiten im methodischen oder inhaltlichen Bereich, so finden Sie in der Spalte Förderung im Selbstdiagnosebogen Stichworte und Verweise zu Kapitel 2 Methoden oder Kapitel 3 Grundwissen. Dort arbeiten Sie dann die entsprechenden Abschnitte durch, um so Ihre Lücken zu schließen.

Nachdem Sie auf diese Weise möglichst ökonomisch gelernt haben, beschäftigen Sie sich mit den Originalarbeiten und den dazugehörenden Tipps. Vor allem das Kapitel 2 „Überprüfung der Methoden- und Kommunikationskompetenz" sollten Sie am Ende ganz durchgearbeitet haben, weil Sie hier wertvolle Punktesammeltipps erhalten.

Beschreibung der verschiedenen Kapitel

1 **Arbeiten mit Finale:** Hier erhalten Sie Tipps, wie Sie aufgrund Ihrer persönlichen Stärken und Schwächen möglichst ökonomisch mit dem Buch arbeiten können.

In diesem Kapitel wird Ihnen auch der Selbstdiagnosebogen vorgestellt, der bei der Bearbeitung der Übungsaufgaben nicht nur Ihre Stärken und Schwächen diagnostiziert, sondern Ihnen auch gleichzeitig zielgenaue Hilfen für die Auswahl weiterer Teilkapitel und Abschnitte zur Verfügung stellt.

Operatoren und Anforderungsbereiche: Die Bedeutung der Operatoren wird Ihnen in Erinnerung gerufen, damit Ihnen keine Fehldeutungen der Aufgabenstellung unterlaufen.

Inhaltliche Vorgaben zu den Unterrichtsvoraussetzungen: An der strukturierten Übersicht der Schwerpunkte können Sie sich beim Wiederholen des Grundwissens orientieren.

2 **Überprüfung der Methoden- und Kommunikationskompetenz:** Klausur- und Prüfungsaufgaben enthalten unterschiedliche Materialien. Neben den Texten sind auch Bilder, Diagramme, Schemata, Stammbäume und Experimente enthalten. In diesem Kapitel erhalten Sie Tipps, wie Sie möglichst schnell die Aussagen der Materialien erfassen und zu einer Lösung führen. Verweise auf Übungsaufgaben und Abituraufgaben (2022/1 Teil 3 bedeutet Jahr 2022, Aufgabe 1, Teilaufgabe 3) in diesem Buch ermöglichen, die Kompetenzen direkt an eine konkreten Aufgabestellung zu üben.

3 **Grundwissen:** Hier finden Sie in einer Kurzfassung die im Biologieunterricht der Kursstufe vermittelten Inhalte, z. T. mit Definition wichtiger Fachbegriffe. Die Inhalte werden miteinander vernetzt und sind durch dieses Ordnungsprinzip leichter zu lernen.

4 **Übungsaufgaben:** Die Übungsaufgaben mit ihren Musterlösungen ermöglichen Ihnen aufgrund der beigefügten Selbstdiagnosebögen die Einschätzung Ihrer Stärken und Schwächen und leiten Sie dazu an, mit den für Sie relevanten Aufgaben und Kapitelabschnitten weiterzuarbeiten. So lernen Sie individuell und zielgenau.

5 **Original-Prüfungsaufgaben/6 Hinweise zum mündlichen Abitur:** Hier erhalten Sie Tipps, wie Sie eine Abiturprüfung (schriftlich bzw. mündlich) in Biologie angehen: Was nehmen Sie mit, was erwartet Sie? Wie treffen Sie die richtige Aufgabenauswahl in der Prüfung? Ausführlichen Lösungen sowie Beispiele für mündliche Prüfungen helfen Ihnen, Ihren Wissensstand und Ihre Methodenkompetenz abzusichern.

Die Kompetenzbereiche nach EPA

Die „einheitlichen Prüfungsanforderungen in der Abiturprüfung" (kurz: EPA) der Kultusministerkonferenz der Länder legen fest, welche Kompetenzen Schülerinnen und Schüler bis zum Abitur erlernt haben sollten. Die EPA sind die rechtliche Grundlage aller Abiturprüfungen und sollten auch Grundlage aller durch Lehrkräfte gestellten Aufgaben in der Qualifikationsphase sein. Daher ist es sinnvoll, sich mit dem Anforderungskatalog der EPA auseinanderzusetzen, um sich bestmöglich auf die Abiturprüfung im Fach Biologie vorbereiten zu können.

Die EPA formuliert dazu Kompetenzen in verschiedenen Bereichen. Unter Kompetenz wird die Fähigkeit verstanden, Probleme selbstständig zu lösen unter Verwendung allgemeiner naturwissenschaftlicher und fachspezifisch biologischer Methoden und Arbeitstechniken. Das biologische Fachwissen ist dabei „nur" die Grundlage für eine erfolgreiche Abiturprüfung. Ihr Fachwissen müssen Sie verknüpfen und in anderen Zusammenhängen als den gelernten einordnen. So werden Sie vermutlich nicht die Proteinbiosynthese in allen Einzelheiten beschreiben müssen, sondern eine Aufgabe lösen, in denen Ihr Fachwissen Ihnen hilft, z. B. zu erklären, warum Antibiotika eine bestimmte Wirkung auf einen prokaryotischen Organismus haben. Ohne Fachwissen ist diese Aufgabe nicht zu lösen, ohne Vernetzung ihrer Grundlagen, genaue Analyse der Materialien und gute Hypothesenbildung ebenfalls nicht. Finale bereitet Sie genau darauf vor: Komprimiertes Fachwissen wird verzahnt mit einem durchdachten Methodentraining im Hinblick auf die geforderten Kompetenzen.

Die EPA beschreibt vier große Kompetenzbereiche: Fachkenntnisse, Methodenkompetenz, Kommunikationskompetenz und Reflexionskompetenz.

Im Kompetenzbereich **Fachkenntnisse** wird von Ihnen erwartet, dass Sie
- Ihre Fachkenntnisse über biologische Phänomene, Zusammenhänge, Theorien etc. anwenden, indem Sie z. B. erklären, welche Folgen ein Ausstrom von Chloridionen aus Darmepithelzellen in das Darmlumen hat,
- Ihre Fachkenntnisse unter Verwendung allgemeiner biologischer Konzepte strukturieren und so z. B. den Zusammenhang zwischen Struktur und Funktion von Biomembranen erklären,
- Ihre Kenntnisse systematisieren und miteinander verknüpfen können.

Der Kompetenzbereich **Methoden** verlangt von Ihnen, dass Sie
- biologische Phänomene und Sachverhalte beobachten, vergleichen, beschreiben und unter Verwendung der Fachsprache differenziert erklären können,
- für eine bestimmte Fragestellung die geeignete Untersuchungsmethode finden und anwenden können,
- grundlegende biologische Prinzipien (Basiskonzepte) anwenden können und so z. B. erklären, dass hinter einer bestimmten Artbildung das Prinzip der Variabilität und Angepasstheit von Lebewesen an ihre Umwelt steht,
- zwischen Ursache und Wirkung unterscheiden: Ein Muskel kontrahiert aufgrund der Ausbildung und Weiterleitung eines Aktionspotenzials und nicht umgekehrt.
- Erkenntnisse und Konzepte anderer Naturwissenschaften nutzen und auch Denkweisen der Gesellschafts- und Geisteswissenschaften einbeziehen.

Neben diesen fachspezifischen Kompetenzen beinhaltet der Kompetenzbereich Methoden wichtige **naturwissenschaftliche Methodenkompetenzen**: So sind Prüflinge im Abitur in der Lage:
- Experimente selbstständig zu planen und durchzuführen
- Fehlerbetrachtungen vorzunehmen
- Prognosen und Hypothesen zu entwickeln und diese sinnvoll und fachwissenschaftlich korrekt zu begründen
- Modelle kritisch zu beurteilen
- eigene Modellvorstellungen zu entwickeln und diese zu reflektieren
- Regeln und Gesetzmäßigkeiten zu formulieren und diese zu überprüfen.

Auch die allgemeinen Kompetenzen wie z. B.
- Informationsquellen erschließen und nutzen zu können
- Texte analysieren und interpretieren zu können
- sowie moderne Informations- und Kommunikationstechnologien zielgerichtet einsetzen und reflektieren zu können

werden im Abitur indirekt überprüft.

Ein weiterer Kompetenzbereich ist die **Kommunikationskompetenz**: Für eine gute Abiturprüfung können Sie
- Ihre Ausführungen strukturieren und Zusammenhänge verständlich unter Verwendung der Fachsprache darstellen,
- Ihre Darstellungen auf das Wesentliche reduzieren
- und Materialien zielgerichtet und kritisch auswählen.

Als letzter Baustein der Anforderungskompetenzen sei der Bereich der **Reflexionskompetenz** genannt. Von Ihnen wird erwartet, dass Sie
- Aussagen zu biologischen Sachverhalten aus verschiedenen Perspektiven betrachten können und so z. B. zu einem eigenen Urteil kommen,
- die Stellung des Menschen im biologischen System und seine Beziehung zur Umwelt auf der Grundlage biologischer Sachzusammenhänge kritisch reflektieren,
- die Bedeutung biologischer Erkenntnisse für das eigene Leben darstellen,
- technische Anwendungen z. B. im Bereich der gentechnisch veränderten Organismen und deren wirtschaftlichen Nutzen unter dem Gesichtspunkt der nachhaltigen Entwicklung beurteilen können
- und Einflüsse biologischer Forschung und Erkenntnisse – z. B. im Bereich der Genetik – auf das Weltbild des Menschen reflektieren.

Neben dem Fachwissen als solider Grundlage ist das Einüben der verschiedenen fachwissenschaftlichen, methodischen und allgemeinen Kompetenzen ein wichtiger Baustein in Ihrer Abiturvorbereitung. Kapitel 2 stellt Ihnen vor allem für die zentralen Bereiche der Methoden- und Kommunikationskompetenz Übungen zur Verfügung und beinhaltet zahlreiche Tipps, wie Sie möglichst viele Punkte im Abitur sammeln können. Die Übungsaufgaben in Kapitel 4 erfordern verschiedene Kompetenzen, die im Selbstdiagnosebogen aufgegriffen werden.

Umgang mit dem Selbstdiagnosebogen

Am Ende jeder Übungsaufgabe finden Sie einen Selbstdiagnosebogen. Dieser Bogen hilft Ihnen, Ihre ganz persönlichen Stärken und Schwächen zu identifizieren, um sich so zielgerichtet und effizient auf das Abitur im Fach Biologie vorbereiten zu können. Neben dem Wissen, in welchen Bereichen Sie besonders stark sind, ist es wichtig herauszufinden, ob und warum Sie einzelne Aufgaben nur teilweise gelöst haben. Liegt es eher daran, dass Ihnen das Fachwissen fehlt, dann lesen Sie die entsprechenden Abschnitte in Kapitel 3 (Grundwissen) oder Ihrem Biologie-Buch nach. Vielleicht erkennen Sie aber auch, dass Sie bei der Lösung einer Aufgabe Schwierigkeiten im methodischen Bereich hatten. In diesem Fall hilft Ihnen das Kapitel 2 (Überprüfung der Methodenkompetenz), Ihre Fähigkeiten auszubauen. Wo auch immer Ihr Förderbedarf liegt, mit dem Selbstdiagnosebogen finden Sie es heraus. Die folgende Abbildung zeigt den Selbstdiagnosebogen einer Aufgabe zu Schmerzen:

Selbstdiagnosebogen

Aufgabe Nr.	Kernkompetenzen	AFB	Punkte	erreicht	Förderung
1(a)	Beschreibung, wie ein Reiz in Erregung umgewandelt wird	I	4		Generator-, Rezeptorpotenzial, Umcodierung Reiz in Erregung Analogisieren üben, z.B. Schmerzsubstanz-Reiz; Neuromodulatoren (S. 62 ff.)
1(b)	Ableitung einer Hypothese aus den vorgelegten Materialien	III	5		
2(a)	Beschreibung der kontinuierlichen und saltatorischen Erregungsleitung am Axon	I	4		Aktionspotenzial, kontinuierliche und saltatorische Erregungsleitung (S. 64)
2(b)	Analyse von M1 und M2 sowie begründete Erklärung der unterschiedlichen Funktionen der beiden Schmerzfasern	II	2		Texterfassung und Umgang mit Diagrammen und Abbildungen (S. 21), Verknüpfung bekannten Wissens mit neuen Sachverhalten
3	Beschreibung der synaptischen Vorgänge und Erklären der Übertragung von Schmerzerregungen im Hinterhorn des Rückenmarks	II	4		anhand der Abbildung einer Synapse die einzelnen Schritte der Erregungsübertragung erklären (S. 65 ff.)
4	Beschreibung von synaptischen Veränderungen aufgrund M4 Erläuterung der direkten Folgen und der weitreichenden Folgen dieser Veränderung als Schmerzgedächtnis	II	4		Umgang mit Abbildungen, Vergleich von Abbildungen (S. 26 f.) Verknüpfung bekannten Wissens mit neuen Sachverhalten: Aufgaben zur Synapse
5(a)	Erklärung der komplexen Wirkungsweise von Aspirin durch Ableitung aus verschiedenen Sachtexten	II	4		Bedeutung und Wirkungsweise von Enzymen, Enzymhemmung und ihre Folgen (S. 47 f.)
5(b)	Erfassen einer Nebenwirkung von Aspirin	III	3		

Nachdem Sie die Übungsaufgaben in Kapitel 4 gelöst haben, vergleichen Sie Ihre Ausführungen mit der Musterlösung. Sie können direkt in die fünfte Spalte im Diagnosebogen Ihre erreichte Punktzahl eintragen. In der zweiten Spalte finden Sie die Kernkompetenz der entsprechenden Aufgabe. Die Aufgaben sind noch einmal in kleinere Bausteine zerlegt, sodass für Sie erkennbar ist, welche Kernkompetenzen zur Lösung der gesamten Aufgabe nachgewiesen werden müssen. Anhand der Kernkompetenzen können Sie auch nachvollziehen, ob die Aufgabe eher einen fachwissenschaftlichen oder methodischen Schwerpunkt hat. In der dritten Spalte des Diagnosebogens sehen Sie, welchem Anforderungsbereich die Lösung der Teilaufgaben zugeordnet werden kann; in der vierten Spalte finden Sie die Punkte, die für die korrekte Lösung einer Teilaufgabe erreicht werden können. Nachdem Sie die Punkte, die Sie in den verschiedenen Teilaufgaben gesammelt haben, in die fünfte Spalte des Diagnosebogens eingetragen haben, können Sie Ihre Stärken und Schwächen analysieren und damit beginnen, ausgehend von Ihren Stärken, die Lücken systematisch aufzuarbeiten.

Haben Sie zum Beispiel in der ersten Aufgabe 4 Punkte für die Beschreibung der Reizumwandlung und die Weiterleitung der Erregung, aber nur 1 Punkt für das Aufstellen der Hypothese bekommen, so können Sie daraus Folgendes in Bezug auf Fördermöglichkeiten ableiten: Sie sollten auf methodischer Ebene das Aufstellen von Hypothesen üben.

Falls Sie Schwierigkeiten mit der vierten Aufgabe hatten, sollten Sie zunächst für sich klären, ob Sie die Aufgabe mit dem nötigen Fachwissen hätten lösen können oder ob es noch methodische Schwierigkeiten in der Analyse von schematischen Zeichnungen gibt. Um methodische Defizite gezielt aufzuarbeiten, empfiehlt es sich, das zweite Kapitel (Methodenkapitel) dieses Buches durchzuarbeiten. Sind die Lücken eher auf der fachwissenschaftlichen Ebene zu finden, arbeiten Sie die entsprechenden Abschnitte in Kapitel 3 (Grundwissen) dieses Abi-Trainers oder Ihres Biologie-Buchs durch. Anschließend suchen Sie sich mithilfe der Aufgabenstellungen oder Selbstdiagnosebögen Aufgaben heraus, mit deren Hilfe Sie Ihre neu erworbenen Kompetenzen unter Beweis stellen können. Durch die Analyse Ihrer ganz persönlichen Stärken und Schwächen können Sie sich viel effizienter auf die Abiturprüfungen vorbereiten.

Operatoren und Anforderungsbereiche

Die Operatoren

In den Klausuren der Kursstufe werden nach den einheitlichen Prüfungsvorschriften für das Abitur definierte Arbeitsvorschriften, sogenannte **Operatoren**, verwendet. Dadurch werden Sie schon in der Qualifikationsphase mit diesen Operatoren vertraut und somit auf das Abitur vorbereitet. Da diese schon im Unterricht in ihrer Bedeutung an verschiedenen Beispielen geübt werden, können Fehldeutungen von Aufgabenstellungen im Abitur vermieden werden. So erfolgen Bewertung und Beurteilung objektiv, gerecht und landesweit vergleichbar.

Bei der Formulierung der Arbeitsanweisungen von Prüfungsaufgaben werden in der Regel nur die folgenden festgelegten Operatoren benutzt, die Ihnen in dieser Übersicht in Erinnerung gerufen werden.

Operatoren	AFB	Definition	Beispiele	Verweise (S.)
ableiten	II–III	auf der Grundlage wesentlicher Merkmale sachgerechte Schlüsse ziehen	Leiten Sie eine Hypothese aus dem Arbeitsmaterial ab.	105
analysieren / untersuchen	II–III	wichtige Bestandteile oder Eigenschaften auf eine bestimmte Fragestellung hin herausarbeiten, untersuchen	Analysieren Sie die Abbildung zur Cytoplasma-Hypothese.	105
angeben / nennen	I	Elemente, Sachverhalte, Daten ohne Erläuterung aufzählen	Benennen Sie die mit Pfeilen gekennzeichneten Bauteile des Neurons.	105, 180, 183
begründen	II–III	Sachverhalte auf Regeln und Gesetzmäßigkeiten bzw. kausale Beziehungen von Ursachen und Wirkung zurückführen	Begründen Sie, welches der angegebenen Restriktionsenzyme für die gestellte Aufgabe geeignet ist.	104, 110, 143, 158, 186
beschreiben	I	Strukturen, Sachverhalte oder Zusammenhänge strukturiert und fachspezifisch richtig mit eigenen Worten wiedergeben	Beschreiben Sie die Versuchsdurchführung.	98, 123, 156
beurteilen	III	zu einem Sachverhalt ein selbstständiges Urteil unter Verwendung von Fachwissen und Fachmethoden formulieren und begründen	Beurteilen Sie die Folgen dieser beiden Mutationen für die Wirksamkeit des Impfstoffes.	98, 123
bewerten	III	einen Gegenstand an erkennbaren Wertkategorien oder an bekannten Beurteilungskriterien messen	Bewerten Sie die Vor- und Nachteile der angewandten Methode der Gentechnologie.	106

Operatoren	AFB	Definition	Beispiele	Ver-weise (S.)
darstellen	I	Sachverhalte, Zusammenhänge, Methoden etc. strukturiert und ggf. fachsprachlich wiedergeben	Stellen Sie die angegebenen Messergebnisse grafisch dar.	93, 110, 149
diskutieren / erörtern	II	Argumente und Beispiele zu einer Aussage oder These einander gegenüberstellen und abwägen	Diskutieren Sie den Einsatz des Hemmstoffes als Krebsmedikament.	130
erklären	II	einen Sachverhalt mithilfe eigener Kenntnisse in einen Zusammenhang einordnen sowie ihn nachvollziehbar und verständlich machen	Erklären Sie auf neuronaler Ebene, wie aus einem leichten Räuspern im Hals ein Husten entsteht.	110, 130, 137, 157
erläutern	I–II	einen Sachverhalt veranschaulichend darstellen und durch zusätzliche Informationen verständlich machen	Erläutern Sie auf molekularer Basis, wie durch Behandlung mit salpetriger Säure aus einer Kultur eines Wildtypstammes von *E. coli* Mangelmutanten entstehen können.	98, 106, 139,
ermitteln	II	einen Zusammenhang oder eine Lösung finden und das Ergebnis formulieren	Ermitteln Sie mithilfe der Codesonne eine mögliche Basenabfolge der DNA.	98
Hypothesen entwickeln / Vermutungen aufstellen / herausarbeiten	III	begründete Vermutung auf der Grundlage von Beobachtungen, Untersuchungen, Experimenten oder Aussagen formulieren	Arbeiten Sie anhand der Federlinge eine Hypothese aus, die die Entwicklung des Parasitenbefalls der Ibisse erklärt.	98, 110, 139
ordnen / zuordnen	II	Fakten, Begriffe, Gegenstände in Beziehung setzen; Zusammenhänge zwischen ihnen herstellen	Ordnen Sie die beschriebenen drei Möglichkeiten der Regulation von Genaktivität den Abbildungen a, b und c zu.	151
skizzieren	I	Sachverhalte, Strukturen oder Ergebnisse auf das Wesentliche reduziert übersichtlich grafisch darstellen	Skizzieren Sie einen Versuchsaufbau.	93, 179
überprüfen / prüfen	III	Sachverhalte oder Aussagen an Fakten oder innerer Logik messen und eventuelle Widersprüche aufdecken	Prüfen Sie, inwiefern die In-vitro-Versuche auf den lebenden Organismus übertragbar sind.	123
vergleichen	I–II	Gemeinsamkeiten, Ähnlichkeiten und Unterschiede ermitteln	Vergleichen Sie die Abbildungen 1 und 2 miteinander und stellen Sie Gemeinsamkeiten und Unterschiede heraus.	117, 123, 158

Operatoren	AFB	Definition	Beispiele	Ver-weise (S.)
zeichnen	I–II	eine möglichst exakte grafische Darstellung beobachtbarer oder gegebener Strukturen anfertigen	Zeichnen Sie anhand der Messwerttabelle eine Grafik.	123, 143, 152, 170, 192
zusammen-fassen	I	das Wesentliche in konzentrier-ter Form herausstellen	Fassen Sie die Aussagen der Abbildung in einem kurzen Text zusammen.	117

TIPP

Sprechen Sie die Bedeutung und Umsetzung der Operatoren unbedingt mit Ihrer Lehrerin/Ihrem Lehrer ab, damit Sie sicher sein können, alle Arbeitsanweisungen richtig zu verstehen – am besten anhand konkreter Aufgaben aus den Prüfungsaufgaben in Kapitel 5 oder Klausuren die Sie geschrieben haben.

Die Anforderungsbereiche

Die Anforderungsbereiche werden in der schriftlichen Abiturprüfung ungefähr in folgender Weise gewichtet: AFB I 30 %, AFB II 50 %, AFB III 20 %.

Der **Anforderungsbereich I** umfasst:
- die Verfügbarkeit von Daten, Fakten, Regeln, Formeln, mathematischen Sätzen usw. aus einem begrenzten Gebiet im gelernten Zusammenhang
- die Beschreibung und Verwendung erlernter Arbeitstechniken und Verfahrensweisen in einem begrenzten Gebiet und in einem wiederholenden Zusammenhang.

Im Fach Biologie gehören z. B. dazu:
- die Reproduktion von Grundwissen (Fakten, Zusammenhänge und Methoden)
- die Nutzung bekannter Methoden und Modelle in vergleichbaren Beispielen
- die Entnahme von Informationen aus Fachtexten und das Umsetzen der Informationen in einfache Schemata (z. B. Stammbäume, Flussdiagramme)
- die schriftliche Darstellung von Daten, Tabellen, Diagrammen u. Ä. mit Fachsprache
- die Beschreibung makroskopischer und mikroskopischer Beobachtungen
- die Beschreibung von bekannten Experimenten

Der **Anforderungsbereich II** umfasst:
- selbstständiges Auswählen, Verarbeiten und Darstellen bekannter Sachverhalte unter vorgegebenen Gesichtspunkten in einem bekannten Zusammenhang
- selbstständiges Übertragen des Gelernten auf vergleichbare neuartige Fragestellungen, veränderte Sachzusammenhänge oder abgewandelte Verfahrensweisen.

Im Fach Biologie gehören z. B. dazu (häufig in einem neuen Kontext):
- die Anwendung der Basiskonzepte
- die Übertragung und Anpassung von Modellvorstellungen
- die Darstellung komplexer biologischer Abläufe
- die sachgerechte Nutzung bekannter Daten, Fakten und Methoden
- die gezielte Entnahme von Informationen aus Materialien
- die abstrahierende Darstellung biologischer Phänomene wie die zeichnerische Darstellung und Interpretation eines nicht bekannten mikroskopischen Präparats
- die Anwendung bekannter Experimente und Untersuchungsmethoden
- die Auswertung von unbekannten Untersuchungsergebnissen unter bekannten Aspekten
- die Beurteilung und Bewertung eines bekannten biologischen Sachverhalts
- die Unterscheidung von Alltagsvorstellungen und wissenschaftlichen Erkenntnissen.

Der **Anforderungsbereich III** umfasst:
- planmäßiges und kreatives Bearbeiten von Problemstellungen mit dem Ziel, selbstständig zu Lösungen, Deutungen, Wertungen und Folgerungen zu gelangen
- bewusstes und selbstständiges Auswählen und Anpassen geeigneter erlernter Methoden und Verfahren in neuartigen Situationen.

Im Fach Biologie gehören z. B. dazu:
- die Entwicklung eines eigenständigen Zugangs zu einem biologischen Phänomen, z. B. die Planung eines geeigneten Experimentes oder Gedankenexperimentes
- die Entwicklung materialbezogener Fragestellungen
- die Entwicklung eines komplexen gedanklichen Modells bzw. eigenständige Modifizierung einer bestehenden Modellvorstellung
- die Entwicklung fundierter Hypothesen auf der Basis vorgelegter Materialien
- die Reflexion biologischer Sachverhalte in Bezug auf das Menschenbild
- die Argumentation auf der Basis nicht eindeutiger Rohdaten: Aufbereitung der Daten, Fehleranalyse und Herstellung von Zusammenhängen
- die kritische Reflexion biologischer Fachbegriffe vor dem Hintergrund komplexer und widersprüchlicher Informationen und Beobachtungen.

TIPP

Für Leistungen im Anforderungsbereich III erhalten Sie nur etwa 20 % der vorgesehenen Gesamtpunktzahl. Daher sollten Sie sich auch bei einfachen Aufgaben bzw. bei den Anforderungsbereichen I und II Mühe geben. Häufig erhält man schon für einfache Beschreibungen und Textzusammenfassungen relativ viele Punkte.

Inhaltliche Vorgaben zu den Unterrichts-voraussetzungen

Beschäftigung mit den „Inhaltlichen Vorgaben"

Grundlage für die Abiturprüfung sind die vom Kultusministerium festgelegten verbindlichen Schwerpunktthemen für den fünf- bzw. dreistündigen Kurs der gymnasialen Kursstufe. Durch diese Schwerpunktsetzungen soll gesichert werden, dass alle Schülerinnen und Schüler, die im Jahr 2024 das Abitur ablegen, gleichermaßen über die notwendigen inhaltlichen Voraussetzungen für eine angemessene Bearbeitung der zentral gestellten Aufgaben verfügen. Die vorgegebenen inhaltlichen Schwerpunkte sind eine gute Orientierungsgrundlage für die Wiederholung der fachlichen Inhalte vor der Prüfung oder vor Klausuren. Sie sind in diesem Buch gleichzeitig Grundlage für die Anordnung und Abfolge des Grundwissens (s. Kap. 3, S. 36 ff.) sowie der Übungsaufgaben (Kapitel 4). Inhalte, die nur für das Leistungsfach relevant sind, sind in blauer Schrift festgehalten. Die Abfolge in diesem Buch weicht etwas von der Reihenfolge in den Bildungsstandards des Kultusministeriums und eventuell auch von der in Ihrer Schule praktizierten ab, was inhaltlich aber keine Rolle spielt. Die festgelegten „Lehrplaneinheiten" sind:

Zelle, Stoffwechsel und Genetik
System Zelle
- Feinbau und Funktion von Zellorganellen; Bedeutung der Kompartimentierung
- Deutung elektronenmikroskopischer Bilder
- Die Zelle als offenes System – Stoffaustausch; Osmose; Diffusion; Aufbau der Biomembran
- Die Bedeutung von ATP und energetische Kopplung

Biomoleküle und molekulare Genetik
- Stoffwechselprozesse - Zellatmung und Fotosynthese
- Die DNA – Struktur; Speicherung von Erbinformation in Nukleinsäuren
- Experiment zur Isolierung von DNA
- Die Bedeutung der Proteine als Funktions- und Strukturmoleküle
- Funktionsprinzip von Enzymen und Rezeptoren – „Schlüssel-Schloss-Mechanismus"
- Enzyme als Biokatalysatoren
- Enzymaktivität – Mechanismen zur Regulation der Enzymaktivität; Experimente zur Abhängigkeit der Enzymaktivität von verschiedenen Faktoren
- Vom Gen zum Protein – Proteinbiosynthese
- Vom Protein zum Merkmal – Biosyntheseketten
- Regulation der Genaktivität

Angewandte Genetik
Molekularbiologische Verfahren und Gentechnik
- Isolierung, Vervielfältigung und Transfer eines Gens; Selektion von transgenen Zellen
- Molekularbiologische Experimente
- Prinzip der Gendiagnostik

- Reproduktionsbiologie – geschlechtliche vs. ungeschlechtliche Fortpflanzung; Klonen; In-vitro-Fertilisation; Gentherapie
- Bedeutung und Verwendung von adulten und embryonalen Stammzellen

Anwendung der Gentechnik

- Crispr/Cas
- Forschung; Medizin; Landwirtschaft
- Ethische Fragen der Gentechnik

Kommunikation zwischen Zellen

Nervensystem

- Bau einer Nervenzelle
- Mechanismen der Informationsübertragung an Nervenzellen – Ruhepotenzial; Aktionspotenzial; Synapse
- Elektrochemische und molekularbiologische Vorgänge bei der Reizaufnahme und Umwandlung in elektrische Impulse
- Verrechnung von Signalen – erregende und hemmende Synapsen
- Die Leistung des Zentralnervensystems am Beispiel des Sehens

Hormonsystem

- Chemische Kommunikation durch Hormone
- Sekundäre Messenger
- Regulation von Stoffwechselprozessen durch Hormone

Immunsystem

- Die Funktion des Immunsystems – humorale und zelluläre Immunantwort; immunologisches Gedächtnis
- Störungen der Immunantwort am Beispiel HIV
- Regulation des Zusammenspiels der Zellen und Organe am Beispiel des Nerven- und Immunsystems

Evolution und Ökologie

- Nicht prüfungsrelevant: Erkundung eines Ökosystems während einer Exkursion – systematische Ordnung der erlebten Vielfalt; Anwendung systematischer Ordnungskriterien und der Nomenklatur an ausgewählten Tier- und Pflanzengruppen

Grundlagen evolutiver Veränderung

- Art und Artbildung – Entstehung der Vielfalt und Variabilität

Evolutionshinweise und Evolutionstheorie

- Morphologisch-anatomische Betrachtung der Baupläne rezenter und fossiler Organismen
- Molekularbiologische Verfahren zur Bestimmung von Verwandtschaftsbeziehungen
- Historische Evolutionstheorien vergleichen und aus heutiger Sicht bewerten, LAMARCK und DARWIN; synthetische Evolutionstheorie

Evolution der Primaten

- Stellung des Menschen im natürlichen System – biologische und kulturelle Evolution

Ökologie

- Ökologischer Fußabdruck und Nachhaltigkeit

2 Überprüfung der Methoden- und Kommunikations- kompetenz

In den Abitur- und Klausuraufgaben ist nicht nur Ihr Fachwissen wie die Kenntnis biologischer Fachbegriffe und deren Definitionen oder biologischer Phänomene und deren Abläufe gefragt. Auch Ihre Methoden- und Kommunikationskompetenz wird überprüft. Abitur- und Klausuraufgaben sind daher materialgebunden. Operatoren in der Aufgabenstellung fordern Sie dazu auf, die in dem Aufgabenmaterial enthaltenen Texte, Diagramme, Schemata, Bilder etc. richtig zu „lesen", d. h. genau zu erfassen, zu deuten und zur Lösung der gestellten Aufgaben zu verwenden. Sie werden z. B. aufgefordert, Daten einer Tabelle in eine Grafik umzuformen oder ein geschildertes Experiment so zu verstehen, dass Sie seine Fragestellung angeben oder Hypothesen entwickeln können. In begrenztem Umfang gilt das auch für die mündliche Prüfung im Basisfach. Es wird also festgestellt, wie gut Sie mit den angegebenen Materialien umgehen können. In den folgenden Abschnitten erhalten Sie dazu gezielte Tipps. Zudem werden Musterlösungen vorgestellt.

Umgang mit Texten (vgl. alle Übungs- und Prüfungsaufgaben)

Viele Aufgabenformate enthalten Sachtexte, die zusammengefasst, erläutert, verglichen, interpretiert oder in Diagramme, schematische Darstellungen oder Modelle übersetzt werden sollen. Geben Sie sich Mühe, die einzelnen Aussagen zu erfassen und entsprechend der Aufgabenstellung in eigenen Worten wiederzugeben. Und denken Sie nicht, das stehe doch alles schon da. Meist sind die Texte so komprimiert, dass jedes Detail wichtig ist.

Erfassen der Inhalte
- Welche Aussagen enthält der Text?
- Welche Aussagen sind wichtig in Bezug auf die Aufgabenstellung?
- Werden Fragen durch den Text aufgeworfen, die zunächst nicht beantwortet werden können?

TIPP

Überlesen Sie nicht die kurzen Texthinweise im Zusammenhang mit Abbildungen oder Diagrammen.

Eigenes Formulieren von Texten
Sie werden bei der Bearbeitung von Klausuraufgaben dazu aufgefordert, eigenständig Texte zu formulieren. Strukturieren Sie Ihren Text durch Absätze. Jeder Absatz greift einen neuen Gedanken auf. Formulieren Sie kurze und klare Sätze. Bauen Sie Ihre Darstellung logisch schlussfolgernd Satz für Satz auf. Benutzen Sie die Fachsprache.

Beispiel für die Erfassung eines Textes zur E. coli Mutante

Vom Bakterium *E. coli* gibt es eine speziell entwickelte Mutante *E. coli* K12, die weder den menschlichen Darm besiedeln kann noch außerhalb des Labors lebensfähig ist. Ihr fehlen bestimmte Eigenschaften des Wildtyps. Mit dem „Sicherheitsstamm" *E. coli* K12 sind Klonierungsexperimente in der Schule erlaubt. So kann man z. B. das *lacZ*-Gen, das K12 im Gegensatz zum Wildtyp nicht besitzt, übertragen. Dieses Gen codiert für das Enzym LacZ, das das Disaccharid Lactose zu Glucose und Galactose spaltet. Bietet man statt Lactose das synthetisch hergestellte Substrat X-Gal an, so entsteht neben Galactose ein blauer Farbstoff, der den erfolgreichen Einbau des *lacZ*-Gens nachweist.

Das Erfassen des Textes sollte zu folgenden Aussagen führen:
1. K12 ist eine ungefährliche *E. coli*-Variante, mit der man in der Schule experimentieren kann.
2. K12 besitzt normalerweise kein *lacZ*-Gen.
3. Das Enzym LacZ, codiert vom *lacZ*-Gen, spaltet Lactose in Galactose und Glucose.
4. Statt Lactose kann X-Gal als Substrat genommen werden. LacZ spaltet dies in Galactose und blauen Farbstoff.
5. Das Auftreten des blauen Farbstoffs weist den Einbau des *lacZ*-Gens in *E. coli* K12 nach.

Umgang mit Diagrammen (vgl. Übungsaufg. 1, 4, 5)

In vielen Aufgabenstellungen wird eine Beschreibung und Interpretation von Diagrammen gefordert. Diese halten in komprimierter und übersichtlicher Form Daten aus Untersuchungen, Experimenten, Naturbeobachtungen usw. fest.

TIPP

Hilfreich ist es zunächst, den Bezug des Diagramms zur Aufgabe zu erfassen. Ist die Legende nicht aussagekräftig genug, findet man häufig im Aufgabentext einen Abbildungshinweis, der Aufschluss gibt über den Zusammenhang zwischen Grafik und Aufgabe.

Erfassen der Inhalte
- Mit welchen Größen sind die x-Achse und die y-Achse bezeichnet?
- Was sagt ein Punkt, ein Linienabschnitt oder ein Balken in dem Diagramm aus?
- Welche Besonderheiten, die eventuell zunächst nicht erklärbar sind, fallen auf?
- Sind zusätzliche Interpretationshilfen wie z. B. Pfeile, Hervorhebungen, Beschriftungen enthalten?
- Werden Angaben zur Streuung der Messwerte gemacht?

Beispielhafte Erfassung der Abbildung M1

Für den kolumbianischen Zuckerrohrkäfer ist die Länge des Kopfhorns in mm auf der senkrechten (y) Achse gegen die Breite der Flügeldecken auf der waagerechten (x) Achse in mm aufgetragen.

Die Punkte in M1 stehen für jeweils einen vermessenen Käfer. Der hervorgehobene Punkt in der Abbildung bedeutet, dass bei einem Käfer mit einer Flügeldecken-länge von 20 mm eine Kopfhornlänge von 15 mm festgestellt wurde.

Auffällig ist, dass es viele Käfer mit einem kleinen Kopfhorn von etwa 5 mm gibt, deren Flügeldeckengröße zwischen etwa 13 und 17 mm liegt, und gleichzeitig sehr

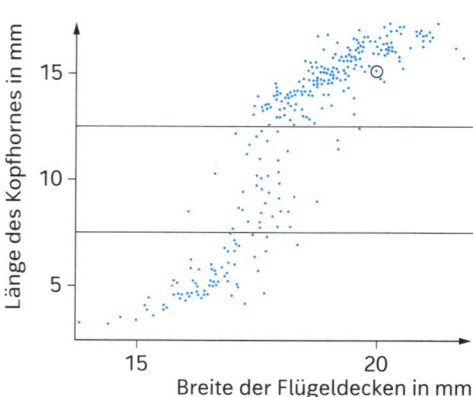

M1 Hornlängen des kolumbianischen Zucker-rohrkäfers

viele Käfer mit einem großen Kopfhorn von ca. 15 mm, die Flügeldecken zwischen 17 und 22 mm Länge besitzen.

Die beiden grauen waagerechten Linien in der Abbildung teilen die Population in drei Kä-fergruppen, in die bereits erwähnten kleinen Käfer mit kleinem Kopfhorn und die großen Käfer mit großem Kopfhorn, die den größten Anteil an der Population haben. Daneben gibt es mittelgroße Käfer mit einer Flügeldeckenlänge um die 17,5 mm, deren Kopfhorn-länge zwischen 7,5 und 12,5 mm schwankt. Diese Gruppe von Käfern ist die kleinste innerhalb der Population.

Insgesamt ist sowohl in der Gruppe der kleinen als auch in der der großen Käfer eine deutliche Korrelation zwischen der Breite der Flügeldecken und der Länge des Kopfhorns erkennbar.

Beschreiben eines Diagramms

In der Regel wird in der Aufgabenstellung die Beschreibung (s. Seite 14, Operator **be-schreiben**) gefordert. Aber auch wenn eine Erklärung, Erläuterung oder Interpretation gefordert wird, empfiehlt es sich, zunächst das Diagramm in der Reihenfolge zu be-schreiben, wie man es erfasst hat.

- In einem einleitenden Satz geben Sie Auskunft über die Grundaussage der grafischen Darstellung und, falls angegeben, auch über Quelle und Entstehungsdatum und -zeitraum.
- Nennen Sie den Diagrammtyp (z. B. Säulendiagramm, Balkendiagramm, Streifen-diagramm, Kreisdiagramm, Liniendiagramm, Streudiagramm).
- Geben Sie die Größenbezeichnungen auf den Achsen mit Skalierung (evtl. logarith-misch?) an.
- Geben Sie die Inhalte des Diagramms wieder, auch dann, wenn diese Informationen an anderer Stelle (z. B. in der Aufgabenstellung) schon erwähnt sind.

- Beschreiben Sie bei einem Liniendiagramm den Verlauf der Kurve mit Angaben zu Beginn, Ende, Steigung, Extremwerten (Maxima, Minima, Nullstellen) sowie Regelmäßigkeiten (periodische Schwankungen).
- Wenn Sie sich auf spezielle Punkte oder Bereiche einer Kurve beziehen, geben Sie bei Ihrer Beschreibung die Koordinaten an.

TIPP

Schreiben Sie **nicht** „Von 2004 bis 2008 steigt die Kurve von 1000 auf 1500 und hat 2009 ein Maximum von 1700" **sondern** „In den Jahren 2004 bis 2008 nimmt die Population der Mäuse um 500 Individuen zu. Ihre maximale Größe hat sie im Jahre 2009 mit 1700 Individuen erreicht."

- Wenn möglich, geben Sie Kurven oder Kurvenabschnitten einen Namen (z. B. Wachstumskurve, Häufigkeitsverteilungskurve, Sättigungskurve, Optimumskurve, linearer Bereich, exponentieller Anstieg, Maximum). Einige Kurven kann man in spezielle Phasen einteilen, wie beispielsweise Wachstumskurven: Anlaufphase, exponentielle Wachstumsphase, Verzögerungsphase, stationäre Phase, evtl. Absterbephase (s. M2).

Beispiel für die Beschreibung der Abbildung M2

In M2 ist in einem Kurvendiagramm das Wachstum einer Hefekultur in einer Nährsalzlösung bei einer Temperatur von 22 °C über eine Dauer von elf Tagen dargestellt. Auf der Abszisse (x-Achse) sind die Tage abgetragen, auf der Ordinate (y-Achse) die Anzahl der Hefezellen pro ml Kulturmedium in einem logarithmischen Maßstab. Die Punkte auf der Kurve grenzen die Phasen des Wachstums voneinander ab. Am 1. Tag befinden sich in der Anlaufphase etwas über 10 000 Hefezellen in einem Milliliter des Kulturmediums. Diese vermehren sich in den nächsten drei Tagen exponentiell auf über 100 000 Zellen pro ml. Das geschieht in der exponentiellen Phase. Vom 4. Tag an verzögert sich das Wachstum der Kultur in der sogenannten Verzögerungsphase. Die Anzahl der Zellen bleibt vom 9. Tag an konstant bei über 106 Zellen pro ml Kulturmedium. Somit ist die stationäre Phase erreicht.

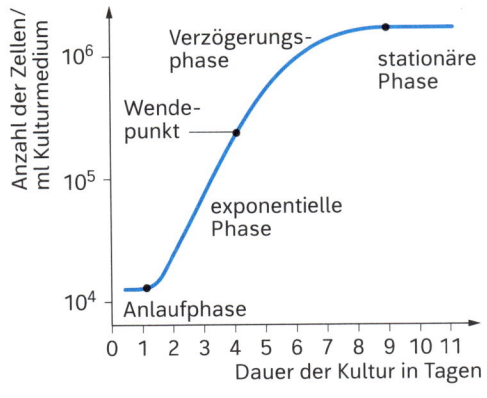

M2 Wachstum einer Hefekultur in einer Nährlösung (Temperatur 22 °C)

Interpretation eines Diagramms

Nachdem Sie in der Beschreibung gezeigt haben, dass Sie Aussagen des Diagramms erfasst haben, stellen Sie nun eine Beziehung zum Kontext der Aufgabe her.

Erklären Sie die von Ihnen beschriebenen Teilaspekte/Kurvenabschnitte möglichst vollständig.

- Lassen sich die Aussagen des Diagramms in Beziehung setzen zur Aufgabenstellung? Lassen sie sich für die Beantwortung von Teilaufgaben heranziehen?
- Lassen sich die Aussagen des Diagramms zur Bestätigung eines beschriebenen Phänomens oder einer aufgestellten Hypothese heranziehen oder widerlegen sie diese?
- Werden neue Fragen durch die Informationen des Diagramms aufgeworfen?
- Was sind mögliche Ursachen für die aus dem Verlauf der Kurve abgeleiteten Sachverhalte?

TIPP

Können Sie bestimmte Auffälligkeiten im Diagramm nicht erklären, erwähnen Sie diese trotzdem und stellen Sie dazu Vermutungen an, die Sie vielleicht sogar (mit weiteren Materialien oder Ihrem Vorwissen) begründen können. Oder stellen Sie sich dazu Fragen, z.B.: „Diesen Sachverhalt kann ich mir (z.B. mit dem Konkurrenzausschlussprinzip) nicht erklären. Dafür muss es eine andere Erklärung geben."

Nutzen Sie für die Erklärung des Diagramms und dessen Bedeutung für die Aufgabenstellung unbedingt Fachbegriffe, Modellvorstellungen etc. Wenden Sie dabei die Fachausdrücke an, indem Sie diese im Kontext definieren.

Beispiel für die Interpretation der Abbildung M2

Mögliche Aufgabenstellung: **Beschreiben** und **erklären** Sie die Art des Wachstums der Hefekultur in M2.

Hefezellen vermehren sich durch Teilung exponentiell. Aus einer Zelle werden so zwei, daraus vier, dann acht, 16, 32 und so fort. Dies geschieht, solange die Umweltfaktoren nahezu optimal sind, also im Vorzugsbereich (Präferendum) der Art liegen. Das ist hier gegeben. Die Temperatur als abiotischer Umweltfaktor liegt konstant bei 22 °C und das Kulturmedium enthält genügend Nährstoffe, von denen sich die Hefezellen ernähren können. Allerdings verzögert sich das Wachstum nach dem 4. Tag. Das bedeutet, dass in der Kultur nicht mehr nur neue Zellen entstehen, es sterben möglichwerweise auch einige ab. Die Kapazität des Lebensraums ist offensichtlich begrenzt, d.h. für die Gesamtheit aller Zellen steht nun nicht mehr unbegrenzt Raum, Nahrung oder Sauerstoff zur Verfügung. Stoffwechselendprodukte grenzen das Wachstum ein. Das Wachstum stagniert in der stationären Phase: Es sterben ebenso viele Hefezellen wie neue entstehen. Hier endet die in der Grafik festgehaltene Beobachtung. Es handelt sich also um ein begrenztes Wachstum einer Hefekultur in einem Nährmedium. Allerdings ist zu vermuten, dass nach weiteren Tagen mehr Zellen absterben als neue gebildet werden, wenn der Hefekultur keine weiteren Nährstoffe zugefügt werden. Damit folgt auf die stationäre Phase die Absterbephase.

Vergleich von Diagrammen

Häufig müssen Sie mehrere Diagramme bzw. Kurvenverläufe in einem Diagramm miteinander in Beziehung setzen, also z. B. vergleichen oder zuordnen. Suchen Sie bei dem Vergleich von Diagrammen sowohl nach Gemeinsamkeiten als auch nach Unterschieden im Kurvenverlauf (Anfang, Ende, Steigung, Maxima, Minima, Nullstellen, Symmetrieverhältnisse, periodische Schwankungen).

Achten Sie darauf, ob die zu vergleichenden Diagramme/Kurven evtl. unterschiedliche Skalen oder Achsen haben. Berücksichtigen Sie diese Unterschiede bei Ihren Aussagen.

Erstellen eines Diagramms

Gelegentlich wird Ihre Methodenkompetenz dadurch überprüft, dass Sie die Ergebnisse eines Experiments oder die Daten aus einer Tabelle in einem Diagramm darstellen sollen. Dabei wird nicht nur die inhaltliche Korrektheit, sondern auch die Darstellungsweise bewertet. Stellen Sie dazu folgende Überlegungen an:

Welcher Diagrammtyp ist am besten geeignet?

Welche Messgrößen sollen miteinander in Beziehung gesetzt werden, wie beschrifte ich die waagerechte und die senkrechte Achse? Auf der x-Achse wird die unabhängige Größe/Variable, auf der y-Achse die davon abhängige Größe/Variable dargestellt.

Wie skaliere ich Ordinate (y-Achse) und Abszisse (x-Achse)?

Wie formuliere ich die Legende?

Umgang mit Bildern (vgl. Übungsaufg. 7)

Zu den typischen Materialien in biologischen Aufgabenstellungen gehören Bilder. Sie bieten die Möglichkeit, Einzelmerkmale zu benennen, zu beschreiben oder zu analysieren. Sieht der Arbeitsauftrag vor, Bilder zur Lösung einer Aufgabe hinzuzuziehen, erwähnen Sie zunächst **formale Aspekte**, die Sie der Quellenangabe oder der Legende entnehmen können:

Wie ist das Bild entstanden? Handelt es sich z. B. um eine Zeichnung oder ein Foto, um ein licht- oder elektronenmikroskopisches Bild?

Machen Sie dann **allgemeine Aussagen zu den Inhalten des Bildes**:

- Handelt es sich zum Beispiel um eine mikroskopische Struktur in einer Zelle, um eine Vergrößerung eines Insektenorgans oder ein Satellitenbild bei Nacht?
- Benennen Sie den Ausschnitt und die Größenverhältnisse der Ihnen vorliegenden fotografischen Abbildung.

Jetzt erst ermitteln Sie die **zentrale(n) Aussage(n)** des Bildes. Interpretieren Sie diese in Beziehung zur Aufgabenstellung und vor dem Hintergrund Ihrer Fachkenntnisse und Fachbegriffe. Ordnen Sie die Aussage der fotografischen Abbildung in den Kontext aller weiteren Materialien ein und bewerten Sie die Aussagekraft des Bildes hinsichtlich seines Lösungsbeitrags.

Beispiel für die Interpretation der Abbildung M3

M3 Schaflausfliege

Vorgegebener Text zur Abbildung: „Schaflausfliegen leben im Fell von Schafen. Diesen saugen sie Blut durch die Haut ab. Sie ähneln eher Läusen als Fliegen. Zur Ausbreitung der Tiere gibt der enge Kontakt der Schafe in der Herde reichlich Gelegenheit."

Mögliche Aufgabenstellung: **Beschreiben** Sie die Eigenschaften einer Schaflausfliege, die diese als Parasiten kennzeichnet.
Lösung: Schaflausfliegen besitzen lange, mit Haken versehene Beine, mit denen sie sich gut im Fell der Wirte festhalten können. Vorne am Kopf besitzen sie ein Saugorgan. Ihre Flügel sind verkümmert und ihr Körper ist abgeflacht, sodass sie sich gut im Haarkleid der Schafe vorwärts bewegen können.

Umgang mit schematischen Bildern (vgl. Übungsaufg. 1, 2, 4-6)

Viele Aufgabenstellungen enthalten schematische Zeichnungen, die vereinfachte Strukturen (z. B. Bau einer Zelle) oder Abläufe (z. B. Stoffwechselwege, Verlauf eines Experiments) veranschaulichen.

Beschreibung schematischer Darstellungen
Ordnen Sie in einem ersten Schritt diese Abbildungen in einen größeren thematischen Rahmen bzw. Sachzusammenhang ein, erfassen Sie allgemeine Aspekte und beschreiben Sie:
- Welchem Themengebiet kann die Abbildung zugeordnet werden?
- Welche Informationen geben Ihnen Beschriftungen und Legende einer Abbildung?
- Werden Strukturen, Abläufe oder Funktionszusammenhänge dargestellt?
- Beschreiben Sie die gezeigten Strukturen, Abläufe oder Bezüge. Gehen Sie dabei möglichst systematisch vor, z. B. von links nach rechts, von unten nach oben oder von außen nach innen. Ausgangspunkt können auch auffällige Elemente im Schema sein. Halten Sie ihr gewähltes Beschreibungssystem konsequent ein.

Interpretation schematischer Darstellungen

- Nennen Sie die Funktion der Abbildung im Kontext der Aufgabenstellung. Dient sie z. B. als Veranschaulichung, Begründung, Erläuterung, Versuchsbeschreibung?
- Gliedern Sie die in der Abbildung enthaltenen Informationen, indem Sie die meist vorgegebenen Gliederungsmuster spiegeln.
- Beziehen Sie sich in Ihrer Auswertung auf diese Gliederung und stellen Sie Bezüge zu den Arbeitsanweisungen bzw. Operatoren der Aufgabe und zu den übrigen Materialien her.
- Wirft die Abbildung evtl. neue Fragen auf? Nennen Sie diese.

Anfertigung einer Skizze

Oft werden Sie in einer Aufgabenstellung aufgefordert, eine Skizze zu einem bekannten Sachverhalt anzufertigen. Gefordert ist eine markante, nicht detailliert ausgearbeitete Übersichtsdarstellung, die metrisch nicht korrekt sein muss, die Größenverhältnisse sollten aber stimmen. Eine gute Skizze ist dadurch gekennzeichnet, dass

- sie alle wesentlichen Strukturen oder Aspekte enthält
- sie klar und übersichtlich gezeichnet wird: klare Linien und abgrenzbare Strukturen, sinnvolle Größe der Skizze (in der Regel mindestens 1/2 Seite)
- die Strukturen deutlich erkennbar und unterscheidbar sind
- alle Elemente beschriftet sind

Umgang mit Experimenten (vgl. Übungsaufg. 1, 3)

Der biologische Erkenntnisprozess geht von einer wissenschaftlichen Naturbeobachtung aus, die meist planmäßig durchgeführt wird und objektive Daten liefert. Sie lässt sich zunächst nicht erklären, ihr kann also keine Ursache zugeordnet werden. Der Forscher formuliert verschiedene **Fragestellungen**, die sich aus der Beobachtung ergeben. Die Fragen werden präzisiert und so formuliert, dass sie beantwortet werden können (Operationalisierung). Als vorläufige Antwort auf eine Frage werden dann Vermutungen über mögliche Ursachen geäußert, die begründet und als **Hypothesen** formuliert werden. Hypothesen müssen überprüfbar sein und schließen die Vorhersage eines Ergebnisses unter einer bestimmten Voraussetzung ein: Wenn …, dann …

Zur Überprüfung einer Hypothese wird unter der spezifischen Fragestellung ein **Experiment** entwickelt. Im Protokoll des Experiments sind neben der Frage und der Hypothese die verwendeten Materialien anzugeben und der Versuchsaufbau, die **Versuchsdurchführung** sowie die gewählten Auswertungsmethoden zu beschreiben.

Die **Beobachtungsergebnisse** (die registrierten Daten) werden zur Auswertung zusammengestellt und in Tabellen oder Diagrammen übersichtlich dargestellt. Die wichtigsten Ergebnisse werden nun beschrieben und gedeutet. In der **Schlussfolgerung** wird der Bezug zu Fragestellung und Hypothese hergestellt: Wird die Ausgangsfrage beantwortet? Lässt sich die formulierte Hypothese bestätigen (verifizieren) oder muss sie modifiziert oder sogar vollständig verworfen werden (falsifizieren)?

Dann erfolgt die Diskussion der Ergebnisse, d. h. sie werden in Beziehung gesetzt zu anderen Untersuchungsergebnissen, die im sachlichen Zusammenhang in der Literatur beschrieben sind. Die eigenen Daten werden einer kritischen Reflexion bezüglich der Messgenauigkeit und der statistischen Aussagekraft unterzogen, gefolgt von Überlegungen zu weiterführenden Fragestellungen oder alternativen Versuchsansätzen.

Eine bestätigte Hypothese gilt erst dann als bewiesen oder als gesichertes Wissen, wenn sie immer wieder unabhängig voneinander bestätigt werden kann.

Gängige Formen des zu bearbeitenden Aufgabenmaterials aufgrund eines Experiments:

1) Es wird die Durchführung eines Experiments geschildert. Sie haben die Aufgabe, die zugrunde liegende Fragestellung, die Hypothese und/oder das Ergebnis vorherzusagen.

TIPP

Lassen Sie sich nicht dadurch entmutigen, dass Ihnen das Experiment unbekannt ist. Häufig ist Ihnen die eingesetzte Methode bekannt: Dann beschreiben Sie diese in einem ersten Schritt. Erst dann versuchen Sie, Bezüge zur Aufgabenstellung herzustellen. Formulieren Sie in jedem Fall eine Frage und eine Hypothese. Stimmen Sie das Beobachtungsergebnis mit Ihrer aufgestellten Hypothese ab.

Es wird folgendes Experiment geschildert: Man hält eine Banane so über ein Teelicht, dass die Flammenspitze gerade einen Punkt auf der Bananenschale berührt. Nach einer halben Minute bis Minute hat sich die Schale dunkel verfärbt, auch außerhalb der verkohlten Stelle. Stellen Sie eine Vermutung über die Form der Verfärbung auf.
Gehen Sie folgendermaßen vor:

- **Beschreiben** Sie zunächst kurz das, was Ihnen bekannt ist: die Schale einer Banane verfärbt sich bei längerer Lagerungszeit über braun zu schwarz. Sie weist zunächst einige dunkle Stellen auf die sich ausdehnen, irgendwann ist die ganze Schale schwarz. An solchen Prozessen sind stets Enzyme beteiligt.
- Nun erst **stellen** Sie das Bekannte dem Unbekannten **gegenüber**. Es ist anzunehmen, dass die Aktivität der Enzyme in der Bananenschale wie alle anderen Enzyme auch, durch die Temperatur beeinflusst wird. Ist die Temperatur zu hoch, denaturieren sie, bis zu einer gewissen Grenze steigt die Reaktionsgeschwindigkeit aber mit zunehmender Temperatur (RGT-Regel).
- Leiten Sie aus der Gegenüberstellung und dem Vergleich zunächst ein mögliches **Beobachtungsergebnis** ab: An der Stelle, wo die Flammenspitze die Schale berührt hat, wird die Schale verkohlt sein. In einem kreisförmigen Bereich um dieses Zentrum herum wird die Schale kaum verändert sein, da die Hitze der nahen Flamme die Enzyme denaturieren ließ. In einem weiteren, ebenfalls kreisförmigen Bereich wird sich die Schale braun färben, da die Enzyme durch die höhere Temperatur wesentlich schneller arbeiten als bei Raumtemperatur. Die Hypothese lautet also: Wenn die Verfärbung der Bananenschale durch Enzyme hervorgerufen wird, dann lässt sich die

Reaktionsgeschwindigkeit dieser Enzyme durch Temperatur beeinflussen. Die dazugehörigen **Ausgangsfragen** lauten: Wie lässt sich das Verfärbungsmus-ter erklären, das entsteht, wenn man eine Bananenschale punktuell über einer Kerzenflamme erhitzt?

TIPP

Gehen Sie, auch wenn das nicht ausdrücklich in der Aufgabe gefordert wird, darauf ein, ob dieses Experiment Ihrer Meinung nach wirklich die von Ihnen formulierte Hypothese und auch die Ausgangsfrage bestätigt. Schließen Sie also eine Diskussion an.

In diesem Fall wird die Hypothese zwar bestätigt, es ist aber noch nicht ganz sicher, ob das Verfärbungsmuster wirklich auf die Wirkung von Enzymen zurückzuführen ist. Es müssten sich weitere Versuche anschließen, die die Hypothese verifizieren oder falsifizieren, z. B. indem man Bananen an unterschiedlich temperierten Orten lagert, andere Wärmequellen nutzt etc.

2) Aufgrund einer Fragestellung oder Hypothese sollen Sie ein geeignetes Experiment schildern.
- Machen Sie sich klar, dass das geeignete Experiment eine Hypothese nicht nur bestätigen (verifizieren), sondern auch widerlegen (falsifizieren) kann.
- Erwägen Sie den Einsatz verschiedener fachspezifischer Methoden, z. B. Mikroskopieren, Anfärben, radioaktive Markierung, Einsatz von Enzymen, genetischer Fingerabdruck, DNA-Hybridisierung, Einsatz von Gen-Sonden.
- Ist eine bestimmte Methode geeignet, stellen Sie diese mit den erforderlichen Fachbegriffen oder auch Geräten vor.
- Ordnen Sie Ihr Experiment wie ein Protokoll in Materialien, Versuchsaufbau, Durchführung, voraussichtliches Beobachtungsergebnis.
- Illustrieren Sie die Durchführung des Experiments mit einer Skizze, z. B. mit einem Versuchsaufbau oder einem Verlaufsschema.

3) Aufgrund eines skizzierten Versuchsaufbaus sollen Sie Fragestellung, Beobachtungsergebnis und Deutung der Ergebnisse ableiten.
- In einem ersten Schritt beschreiben Sie den dargestellten Versuchsaufbau, auch wenn dies nicht ausdrücklich gefordert wird. Während dieser Beschreibung wird Ihnen i. d. R. klar, wie das zugrunde liegende Experiment durchzuführen ist.
- Gehen Sie dann vor wie in 1): Vom Bekannten zum noch nicht Bekannten.
- Erst im letzten Schritt leiten Sie Beobachtungsergebnis, Hypothese und Fragestellung ab und überprüfen, ob diese widerspruchsfrei zueinander formuliert sind.

4) Im Zusammenhang mit Beobachtungsergebnissen, deren Daten häufig in unübersichtlicher Form dargestellt sind, werden Sie gelegentlich aufgefordert, diese in eine übersichtlichere Form zu überführen.
- Beachten Sie dazu den Abschnitt „Umgang mit Diagrammen" (S. 21 ff.).

Umgang mit Hypothesen (vgl. Übungsaufg. 2, 4)

Materialgebundene Aufgaben sehen manchmal vor, dass Sie nicht nur im Rahmen von Experimenten Hypothesen aufstellen, sondern erst über das Aufstellen von Hypothesen und deren Diskussion zu einer Lösung kommen.

Aufstellen von Hypothesen

Eine Hypothese ist eine begründete Vermutung, dass bestimmten Beobachtungen eine Gesetzmäßigkeit zugrunde liegt. Eine Hypothese muss mit den objektiven Daten in Einklang stehen und darf in sich keine Widersprüche aufwerfen.

- Sichten Sie zunächst das gesamte Material und stellen Sie für sich eine Beziehung zur Thematik der Aufgabe her.
- Arbeiten Sie das Material gemäß den Anweisungen durch und tragen Sie auf diese Weise möglichst viele Informationen zusammen, die Grundlage für die Bildung einer Hypothese sein können.
- Ordnen Sie dann die von Ihnen ausgewählten Informationen, fassen Sie diese unter bestimmten Gesichtspunkten zusammen.
- Formulieren Sie nun auf der Basis dieser Übersicht eine möglichst klare und präzise Hypothese, evtl. auch mehrere Hypothesen.
- Belegen Sie die formulierten Hypothesen mit Daten oder Fakten aus dem Arbeitsmaterial und wägen Sie dabei die Argumente genau ab. Dabei ist es wichtig, auch die (möglichen) Gegenargumente zu prüfen.
- Es kommt bei der Aufstellung von Hypothesen nicht darauf an, druckreife Formulierungen zu erstellen. Möglich sind alle, die sich logisch aus dem Arbeitsmaterial ableiten lassen.

TIPP

Aufgestellte Hypothesen nicht ohne Prüfung stehen lassen!

Überprüfen von Hypothesen: So bestätigen (verifizieren) oder widerlegen (falsifizieren) Sie vorgegebene oder selbst aufgestellte Hypothesen

Nachdem Sie Ihre Hypothese aufgrund aller Daten mit eigenen Worten formuliert haben, blicken Sie noch einmal zurück (nach folgenden Punkten überprüfen Sie auch vorgegebene Hypothesen):

- Stehen alle Angaben und Informationen aus den Materialien mit der Hypothese im Einklang?
- Belegen Sie Ihre Hypothese umfassend mithilfe aller relevanten Materialien und stellen Sie diese in einen Begründungszusammenhang.
- Werden Widersprüche deutlich, verwerfen Sie die Hypothese und halten sich nicht weiter mit ihrer Begründung auf. Eine Hypothese ist widerlegt, wenn z. B. ein Versuchsergebnis nicht im Einklang mit der formulierten Hypothese steht.

TIPP

Beachten Sie bei den Formulierungen, dass Hypothesen stets vorläufigen Charakter haben und keine feststehenden Fakten sind.

Haben Sie den Auftrag, selbst eine Hypothese aufzustellen, und hält die erste einer Prüfung nicht stand, suchen Sie ohne viel Zeit zu verlieren nach einer neuen Hypothese. Wenn Ihnen keine weitere einfällt, begründen Sie die Widersprüche und schlagen Sie vor, wie man vorgehen könnte, um eine Lösung herbeizuführen.

Sind mehrere Hypothesen vorgegeben, stellen Sie vor einer Überprüfung zunächst die Unterschiede klar heraus.

Umgang mit Modellen (vgl. Übungsaufg. 7)

Modelle bilden die Wirklichkeit nach. Sie erfassen dabei nicht alle Merkmalseigenschaften des Naturobjekts, sondern dienen nur der Erklärung weniger, oft nur einer Eigenschaft. Sie können Strukturelemente oder Funktionszusammenhänge veranschaulichen. Dabei können sie die Wirklichkeit spiegeln oder aber nur hypothetischer Natur sein. Meist vereinfachen sie komplexe Sachverhalte und machen sie leichter vermittelbar.

Bei der Beschreibung und Erklärung von Modellen ist in den Formulierungen darauf zu achten, dass das Modell nicht mit der Wirklichkeit verwechselt wird. Das können Sie dadurch erreichen, dass Sie

- die Modellebene und die Ebene der Wirklichkeit getrennt beschreiben und nicht miteinander vermischen,
- Elemente des Modells bestimmten Eigenschaften der Wirklichkeit zuordnen oder
- bei einem Funktionsmodell zunächst nur beschreiben, wie das Modell funktioniert, und erst dann erklären, welche Vorgänge in der Natur damit veranschaulicht werden sollen.

TIPP

Die Zuordnung von Modellelement und Naturmerkmal sowie seine Erklärungsfunktion können gut in einer Tabelle veranschaulicht werden.

So könnte z. B. die Funktion des Isoleucins in dem angedeuteten Stoffwechselweg in M4 mithilfe eines Schwammmodells (M5) in Tabellenform erklärt werden:

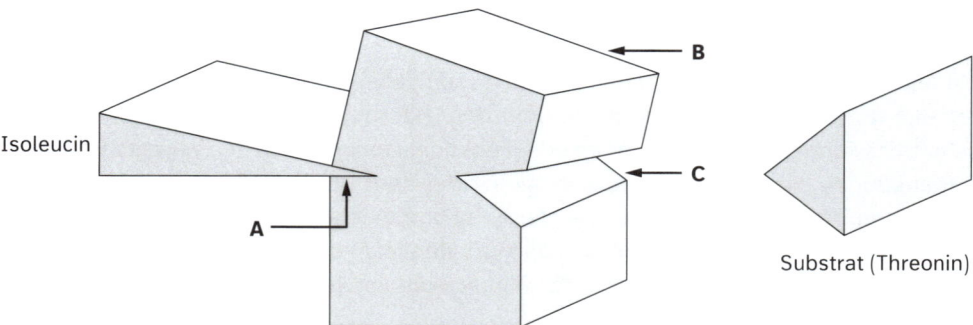

M4 Ausschnitt aus dem Threoninstoffwechsel

Isoleucin

A

B

C

Substrat (Threonin)

M5 Schwammmodell zur Erklärung der Funktion des Isoleucins im Threoninstoffwechsel

Modellstruktur (Funktion)	veranschaulichtes Objekt	Funktion
Schwammmodell der Abbildung M5	allosterisch gehemmte Threonin-Desaminase	allosterische Hemmung der Threonin-Desaminase durch Isoleucin
kleiner Keil aus Schwammmaterial, rechts	Threonin	Substrat
A (Wird der lange Keil in den Schlitz des Schwamms gesteckt, verändert dieser seine Gestalt.)	allosterisches Zentrum mit angelagertem Hemmstoff (Isoleucin)	Bei Anwesenheit des Inhibitors Isoleucin wird Enzymstruktur verändert.
B großer, veränderbarer Schwamm	Enzym Threonin-Desaminase	kann Threonin umsetzen (wenn nicht gehemmt)
C (Steckt der lange Keil nicht im Schlitz, kann die Lücke im Schwamm den kurzen Keil aufnehmen.)	aktives Zentrum	Hier kann Threonin an das Enzym angelagert und dann umgesetzt werden.

Umgang mit Stammbäumen in der Evolution (vgl. Übungsaufgabe 7)

In einer Stammbaumdarstellung werden Gruppierungen von Organismen dargestellt, die sowohl auf eine Ausgangsart zurückzuführen sind als auch zusammen alle bekannten Nachkommen dieser Ausgangsart umfassen. Dabei steht eine Ausgangsart jeweils an einer Verzweigung des Stammbaums.

Man nennt Gruppen, die Nachkommen einer nur ihnen gemeinsamen Ausgangsart sind, monophyletisch (auf eine Stammart zurückgehend). Eine monophyletische Gruppe enthält alle abgeleiteten Gruppen einer einzigen Ausgangsart.

Wie erkennt man einen monophyletischen Verwandtschaftskreis?

* Man benötigt möglichst viele homologe Merkmale bei unterschiedlichen Arten. Diese fasst man dann in einer Großgruppe zusammen und schätzt ab, wie groß der Grad der Ableitung von einem ursprünglichen Merkmal ist.
* Durch Ordnen von Untergruppen und Probieren erhält man dann ein Stammbaumdiagramm einer monophyletischen Gruppe, die durch abgeleitete Merkmale gekennzeichnet ist.
* Alle Vertreter eines monophyletischen Verwandtschaftskreises weisen abgeleitete Merkmale auf, die bei der Stammart dieser Gruppe erstmals aufgetreten waren. Auf die monophyletische Entstehung einer Gruppe kann man also nur mithilfe abgeleiteter Merkmale schließen, nicht mit ursprünglichen; denn solche können auch nicht monophyletischen Gruppen gemeinsam sein.

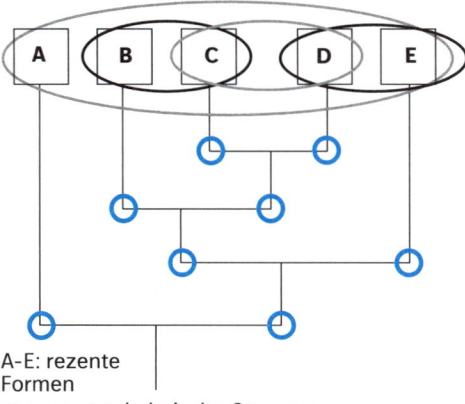

A-E: rezente Formen
grau: monophyletische Gruppen
schwarz: nicht monophyletische Gruppen
blaue Kreise: hypothetische Vorfahren

M6 Monophyletische und polyphyletische Gruppen

Umgang mit der Codesonne

Mit großer Wahrscheinlichkeit wird mindestens eine der vier Prüfungsaufgaben (siehe 2021/3 Teil 3) einen Teil enthalten, in dem Sie mithilfe der Codesonne „Übersetzungs-arbeit" leisten müssen. Dabei kann es sein, dass Sie eine DNA-Sequenz in ein Peptid, also eine Aminosäurenkette übersetzen müssen oder umgekehrt. Lösen Sie solche Aufgaben folgendermaßen:
Prüfen Sie zunächst, was Ihr Ausgangsmolekül ist und in welches Zielmolekül es über-setzt werden muss.
Soll ein Genabschnitt, also DNA, in ein Peptid übersetzt werden, muss zunächst der entsprechende mRNA Abschnitt transkribiert werden. Achten Sie darauf, in der mRNA statt Thymin Uracil zu verwenden! Am einfachsten wird der nächste Schritt, wenn Sie die mRNA direkt in Basentripletts „portionieren", da die Gefahr Lesefehler zu machen, dadurch verringert wird.
Anschließend kann die mRNA in die Abfolge der Aminosäuren translatiert werden. Prü-fen Sie, ob Sie ein Startcodon suchen müssen, oder ob der zu übersetzende Abschnitt mitten im Gen liegt. Die Start-Codons sind bei Eucaryoten eigentlich immer AUG, bei Prokaryoten manchmal auch GUG. Lesen Sie die Codesonne von innen nach außen.
Eine Aufgabe dieser Art ist oft mit der Frage nach der Art und Wirkung einer bestimmten Mutation verknüpft. Sie erhalten in diesem Fall eine (oder mehrere) weitere Varianten des Gens, die Sie ebenfalls übersetzen müssen. Anschließend können Sie beurteilen ob die Mutation eine Auswirkung auf das synthetisierte Protein hat oder nicht.
Müssen Sie ein Peptid in ein Gen umschreiben, gibt es aufgrund der Degeneriertheit des genetischen Codes immer mehrere mögliche Lösungen. In diesem Fall prüfen Sie, wel-ches Basentriplett zu der jeweils angegebenen Aminosäure passt.
Bedenken Sie, dass der Prozess des Spleißens bei der Proteinbiosynthese eukaryotischer Zellen bei solchen Aufgaben entweder übergangen wird oder nicht rekonstruiert werden kann!

Beispiel für den Umgang mit der Codesonne
M7 zeigt die Abfolge der ersten acht Aminosäuren der β-Kette des gesunden Hämoglo-bins, M8 die des Sichelzellhämoglobins.

Val – His – Leu – Thr – Pro – Glu – Glu – Lys-...
M7 Die ersten acht Aminosäuren der β-Kette des gesunden Hämoglobinmoleküls.

Val – His – Leu – Thr – Pro – Val – Glu – Lys-...
M8 Die ersten acht Aminosäuren der β-Kette des Sichelzellhämoglobins.

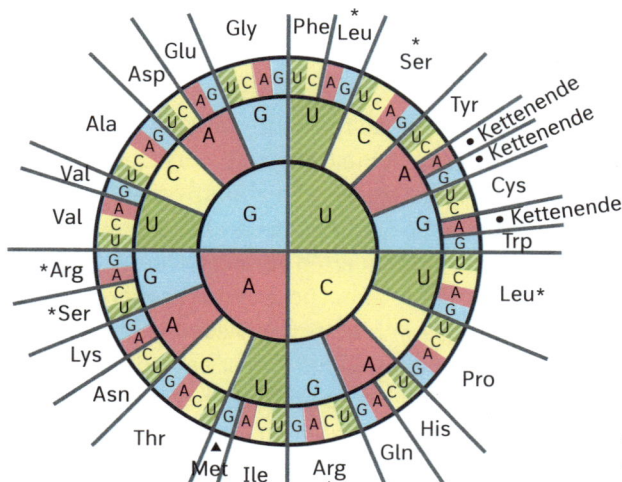

M9 Die Codesonne

* zweimal auftretende Aminosäuren
• Stopp-Codon
▲ Start-Codon

Mögliche Aufgabenstellung:

a) Ermitteln Sie unter Verwendung der Codesonne (M9) eine mögliche Nukleotidsequenz des zum gesunden Hämoglobin gehörenden codogenen DNA-Stranges.
b) Geben Sie die molekulargenetische Ursache für Sichelzellanämie an.

Lösung:

Aufgrund der Degeneriertheit des genetischen Codes sind mehrere Lösungen denkbar, z. B.:

AS-Sequenz	Val	His	Leu	Thr	Pro	Glu	Glu	Lys
mRNA	GUG	CAU	CUU	ACG	CCC	GAA	GAG	AAA
DNA	CAC	GTA	GAA	TGC	GGG	CTT	CTC	TTT

Vergleicht man die Aminosäurensequenz der beiden Moleküle miteinander, fällt auf, dass beim Sichelzellhämoglobin die sechste Aminosäure ausgetauscht ist (Val statt Glu). Mithilfe der Codesonne kommt man für Glu auf die möglichen mRNA-Basentripletts GAG und GAA; für Val auf die möglichen mRNA-Basentripletts GUG, GUA, GUC und GUU. Die DNA für Glu könnte also CTC oder CTT als Nukleotidabfolge haben, für Val CAC, CAT, CAG, CAA. Die Ursache ist also eine Punktmutation, bei der die zweite Base des entsprechenden Tripletts ausgetauscht wurde (A statt T).

3 Grundwissen

Einleitung

Eine Reduktion des biologischen Wissens auf ca. 50 Seiten kann nicht die gleiche Vollständigkeit haben wie ein 500-seitiges Schulbuch für die Oberstufe. Das Ziel einer solchen Darstellung komprimierten Wissens kann nur ein „learning for the test" sein. Das heißt, einige Themen und Kenntnisse, die nicht unbedingt für die Bearbeitung der Abiturvorschläge notwendig wären, werden in dieser komprimierten Form nicht berücksichtigt. Diese Form eines Grundwissens ist auch weniger geeignet Lücken zu schließen, als eher Lücken aufzuspüren. Die Leser, die das folgende Kapitel Grundwissen verstehen und die hier verwendeten Abbildungen erläutern können, dürfen sicher sein, die wesentlichen Schwerpunkte des für das Abitur notwendigen Wissens zu beherrschen. Wer an einigen Stellen Schwierigkeiten hat, sei es, dass der Text nicht verstanden wird oder die Abbildungen nicht erfasst werden, sollte die dort behandelten Themen mithilfe der aktuellen Schulbücher (z. B. dem Linder Gesamtband oder dem in der Reihe Fit fürs Abi von UHLENBROCK/WALORY im Westermann-Verlag erschienenen Band Biologie-Wissen) versuchen, diese Lücken zu schließen und anschließend den Erfolg wieder mithilfe des hier vorliegenden Grundwissens zu überprüfen. Die mit einem **grünen Balken** gekennzeichneten Inhalte sind für das Leistungsfach relevant. Basisfach-Schüler dürfen sie überspringen.

Und jetzt viel Spaß bei der Überprüfung Ihres Wissens.

Zelle und Stoffwechsel

Vorbemerkungen

In diesem Kapitel werden die Grundlagen der Zellbiologie, des Stoffwechsels und der Molekulargenetik wiederholt. Im Bereich der Zellbiologie sollten Sie den Feinbau der Procyte und Eucyte kennen, sowie die wichtigsten Zellorganellen benennen und deren Funktion angeben können. Darüber hinaus müssen Sie in der Lage sein, den Aufbau einer Biomembran und deren wichtigster Bestandteile – Lipide, Kohlenhydrate, Proteine – skizzieren bzw. erklären können. Sie müssen die Mechanismen des Stofftransportes und -austausches ebenso verstanden haben wie die Bedeutung von ATP als Energieüberträger und der energetischen Kopplung. Zu den molekularen Grundlagen des Lebens und der Vererbung gehört das Wissen über den Aufbau der DNA, den Ablauf der Proteinbiosynthese und die Struktur und Funktion der Enzyme. Außerdem müssen Sie wissen, was man unter einer Genwirkkette versteht, wie die Genaktivität reguliert wird und welche Mutationen es gibt.

System Zelle (vgl. 2022/1 Teil 1)

a. Procyte und Eucyte im Vergleich, Struktur und Funktion der Zellorganellen

Alle Organismen bestehen aus Zellen. Grundsätzlich unterscheidet man zwischen zwei verschiedenen Zelltypen, der **Procyte** und der **Eucyte**. Die Procyte ist im Vergleich zur Eucyte wesentlich einfacher aufgebaut. Sie besitzt beispielsweise keinen Zellkern und auch sonst kaum Zellorganellen. Organismen, die aus Procyten bestehen, nennt man **Prokaryoten**. Zu ihnen gehören die Bakterien und die Archaea. Der Aufbau der Eucyte hingegen ist wesentlich komplexer. Membraneinfaltungen bilden abgeschlossene Reaktionsräume, die Kompartimente. Außerdem gibt es zahlreiche spezialisierte Funktionseinheiten, die Zellorganellen. Die Eucyte ist der Zelltyp der **Eukaryoten**, der Einzeller, Pilze, Pflanzen und Tiere.

Die Merkmale der Procyte im Überblick:

Ringförmige DNA; kein Zellkern; manche Bakterien besitzen zusätzliche kleine DNA-Ringe, sog. Plasmide. Sie enthalten oftmals Resistenzgene und sind in der Gentechnik von großer Bedeutung

- Keine Kompartimente
- Zellwand aus Murein; Zellmembran
- 70S Ribosomen (kleiner als bei der Eucyte)
- Teilweise mit Geißel zur Fortbewegung und Pili zur Anheftung, beispielsweise an der Oberfläche tierischer Zellen oder zum Übertragen von Plasmiden

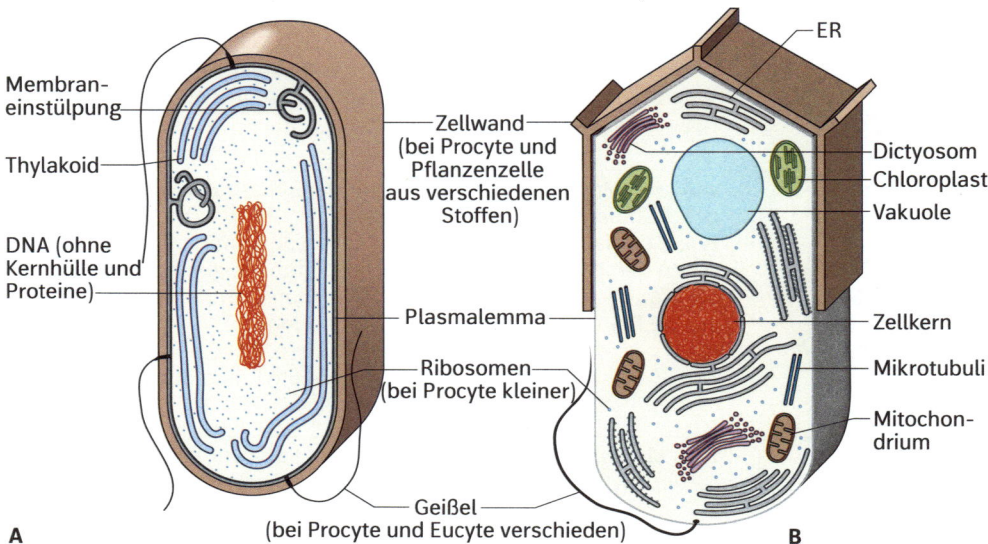

Procyte und Eucyte im Vergleich

Die Merkmale der Eucyte im Überblick:

- DNA ist linear und von einer Kernhülle umschlossen
- Zellwand (aus Zellulose; nur bei Pflanzen); Zellmembran
- Kompartimente (von Membranen umschlossene Reaktionsräume)
- Zahlreiche Organellen, die komplexe Lebensprozesse ermöglichen
- Chloroplasten (Fotosynthese; nur in Pflanzenzellen)
- 80S Ribosomen
- Einzeller teilweise mit Geißel zur Fortbewegung
- Deutlich größer als Procyte

Struktur und Funktion der Zellorganellen

Eine typische Aufgabenstellung ist, dass Sie in einer schematischen Zeichnung oder einem elektronenmikroskopischen Bild die einzelnen Zellorganellen beschriften müssen. Gerade letzteres erfordert ein solides Wissen über die Organellen, da sie nicht immer so einfach zu erkennen sind wie in einer idealisierten schematischen Zeichnung. Außerdem sollten Sie die Funktion und die Stoffwechselprodukte der wichtigsten Organellen kennen, müssen sie aber nicht im Detail erklären können (Fotosynthese, Zellatmung).

Struktur und Funktion der Zellorganellen im Überblick:

Zellorganell	Struktur	Funktion
Zellkern	• doppelte Membran (Kernhülle) mit Kernporen • enthält DNA und Proteine • Kernkörperchen (Nukleolus)	• Speicherort der Erbinformation • steuert Lebensprozesse der Zelle • Nukleolus: Syntheseort der Ribosomen • stark spezialisierte Zelle z. T. ohne (z. B. rote Blutkörperchen)
Mitochondrium	• von zwei Membranen umgeben, innere stark gefaltet • zwei Kompartimente: zwischen den Membranen und die Matrix • eigene DNA; 70S Ribosomen	• Ort der Zellatmung: $C_6H_{12}O_6 + 6\,O_2 \rightarrow 6\,CO_2 + 6\,H_2O$ • Energie aus Nährstoffen wird zur ATP-Synthese genutzt • Neubildung nur durch Teilung vorhandener • gehäuftes Vorkommen in Zellen mit hohem Energiebedarf
Chloroplast	• zwei Membranen; die innere, die Thylakoidmembran, z. T. geldrollenartig gefaltet (Grana) • Thylakoidmembran enthält Chlorophylle und Carotinoide • Stroma (Matrixraum) • eigene DNA und 70S Ribosomen	• Ort der Fotosynthese: $6\,CO_2 + 6\,H_2O \rightarrow C_6H_{12}O_6 + 6\,O_2$ • bilden in der Fotosynthese Zucker und als Nebenprodukt Sauerstoff • kommen nur in Pflanzen und manchen Einzellern (z. B. Euglena) vor • Neubildung nur durch Teilung vorhandener

Zellorganell	Struktur	Funktion
Endoplasmatisches Reticulum (ER)	• Membransystem, durchzieht die Zelle • Membran umschließt die Zisternen • steht in Verbindung mit anderen Membranen, z. B. der Kernhülle • raues ER: mit Ribosomen besetzt; glattes ohne Ribosomen	• an der Synthese von Proteinen und dem Stofftransport innerhalb der Zelle beteiligt • zum Stofftransport schnüren sich Bläschen ab (Vesikel) • Zisternen sind auch Speicherort für verschiedene Stoffe • tritt in Drüsenzellen gehäuft auf
Ribosomen Prokaryoten:	• Organellen ohne Membran • bestehen zu 40 % aus r-RNA und zu 60 % aus Proteinen • Sedimentationskoeffizienten: Prokaryoten 70S (aus einer kleinen (30S)und einer großen Untereinheit (50S)), Eukaryoten 80S (aus einer kleinen (40S) und einer großen Untereinheit (60S))	• sind an der Proteinbiosynthese beteiligt • Ort der Translation
Dictyosomen	• Stapel membranumschlossener flacher Zisternen • Gesamtheit aller Dictyosomen wird als Golgi-Apparat bezeichnet	• beteiligt an der Synthese der Zellmembran und Zellwand (bei Pflanzen) • Verpackung, Modifizierung und Speicherung von Proteinen • Transport verschiedener Stoffe über Golgi-Vesikel

b. Die Zelle als offenes System, Stofftransport, ATP (vgl. Übungsaufg. 6; 2021/2 Teil 2; 2022/3 Teil 1))

Lebende Zellen sind keine in sich abgeschlossenen, sondern **offene Systeme**. Sie nehmen ständig Stoffe und Energie auf und geben beides wieder ab. Es besteht ein permanenter Stoff- und Energiefluss zwischen einer Zelle und ihrer Umgebung. Da zum Schutz der Zelle aber nicht alle Stoffe ungehindert ein- oder ausströmen dürfen, wird ein selektiver Filter benötigt. Diese Aufgabe übernimmt die **Biomembran**.

Biomembranen sind aus Lipiden, Proteinen und Kohlenhydraten aufgebaut. Lipide generell haben als Grundbausteine Glycerin und drei Fettsäuren. Bei den in Biomembranen vorkommenden **Phospholipiden** ist eine der drei Fettsäuren durch eine Phosphatgruppe mit positiv geladenem Rest ersetzt. Dadurch haben sie ein polares und ein unpolares Ende, was die hydrophobe (wasserabweisende) Eigenschaft der Lipide zusätzlich verstärkt. Der polare „Kopf" der Phospholipide ist hydrophil (wasserliebend), die zwei unpolaren „Schwänze" hydrophob. In den Biomembranen bilden die Phospholipide eine Doppelschicht, indem sich die hydrophoben Schwänzchen nach innen und die hydrophilen Köpfchen nach außen richten.

Den Aufbau der Biomembranen erklärt das sog. **„Flüssig-Mosaik-Modell"**. Die Phospholipiddoppelschicht bildet dabei die Grundsubstanz. Zahlreiche Proteine sind entweder angelagert (**periphere Proteine**) oder eingelagert (**integrale Proteine**), können sich aufgrund der Eigenschaften der Lipiddoppelschicht aber frei darin bewegen. Die Membran befindet sich daher in einem ständigen Auf- und Umbauprozess. Integrale Proteine können die ganze Membran durchdringen und als Tunnelproteine oder Pumpen fungieren. Auf der Außenseite der Membran können Kohlenhydratketten an Lipide (Glykolipide) oder Proteine (Glykoproteine) gebunden sein. Sie dienen unter anderem den Zellen des Immunsystems als Erkennungsmerkmale.

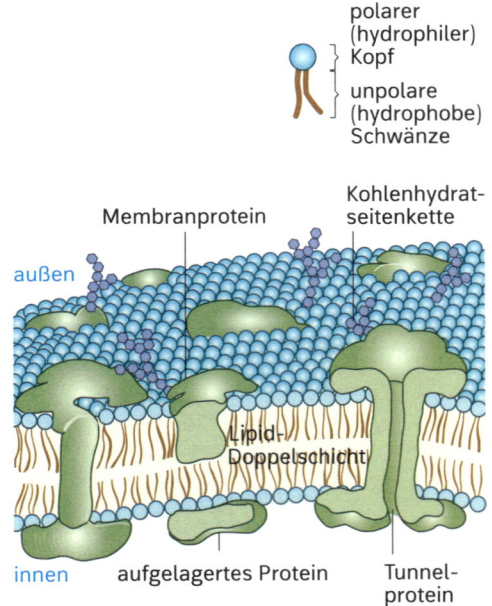

Flüssig-Mosaik-Modell der Biomembran

Beim **Stofftransport durch die Biomembran** wird unterschieden in passiven und aktiven Transport. Der **passive Transport** erfolgt stets in Richtung des Konzentrationsgefälles. Die Moleküle bewegen sich von der höheren zur niedrigeren Konzentration. Kleine ungeladene Moleküle und solche, deren Struktur den Phospholipiden ähnelt, können die Biomembran ungehindert passieren. Größere Moleküle und Ionen „passen" nur durch spezielle Kanal- oder Carrierproteine. Sowohl die Kanäle als auch die Carrier sind molekülspezifisch und können bei Bedarf geöffnet oder geschlossen werden. Eine Biomembran ist also stets selektiv permeabel. Salz- und Zuckerteilchen können die Membran nicht ungehindert passieren, während Wasser durch spezielle Poren, Aquaporine, diffundieren kann. Ist z. B. in der Vakuole einer Pflanzenzelle die Konzentration an gelösten Teilchen höher als im umgebenden Medium, kommt es zu einem Wassereinstrom in die Vakuole, da die gelösten Teilchen die Membran nicht passieren können.

Osmose (nur Leistungsfach)

Durch diesen, **Osmose** genannten Vorgang, sind Pflanzen in der Lage, dem Boden Wasser zu entziehen. Trinken wir Salzwasser, wird uns die Osmose zum Verhängnis. Das höher konzentrierte Salzwasser entzieht den Körperzellen Flüssigkeit und wir verdursten.

Aktiver Transport erfolgt unter ATP-Verbrauch gegen den Konzentrationsgradienten. Man unterscheidet zwischen primär aktivem und sekundär aktivem Transport. Beim primär aktiven Transport werden die benötigten Moleküle direkt von einer „Pumpe" durch die Membran transportiert. Ein bekanntes Beispiel dafür ist die Natrium-Kalium-Pumpe (s. Seite 57). Beim sekundär aktiven Transport wird ein Gradient eines bestimmten Stoffes aufgebaut (z. B. Protonengradient). Die darin enthaltene Energie wird genutzt, um andere Stoffe entgegen deren Gradienten zu transportieren.

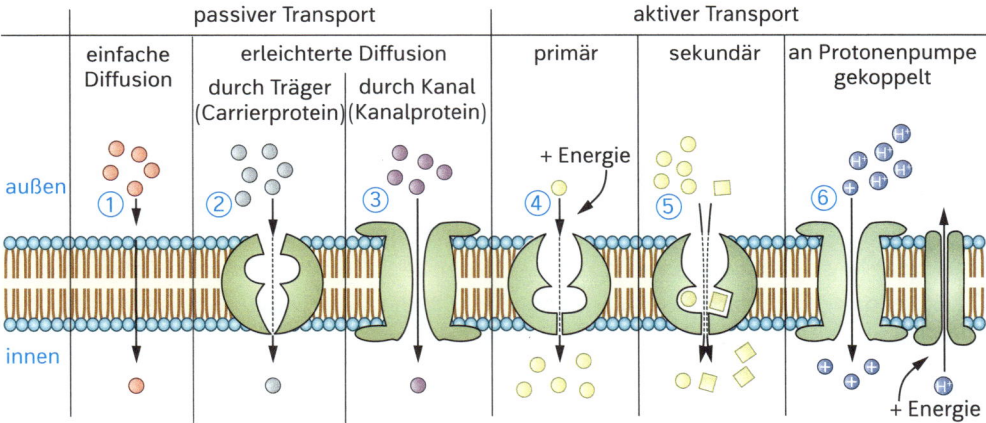

Die Anzahl der abgebildeten Moleküle stellt die Konzentration dar
(viele Moleküle = höhere Konzentration).
Die eckig dargestellten Moleküle in ⑤ werden gegen den Konzentrationsgradienten mittransportiert.

Schematische Darstellung verschiedener Transportmechanismen

Die Bedeutung von ATP und energetische Kopplung (nur Leistungsfach)

Energie verbrauchende chemische Reaktionen, wie der o. g. aktive Stofftransport, sind nur durch **energetische Kopplung** möglich. Dabei wird die endergonische (Energie verbrauchende) Reaktion über Enzymkomplexe mit einer exergonischen (Energie liefernden) Reaktion gekoppelt. Die wichtigste exergonische Reaktion ist die Spaltung von **ATP** (Adenosintriphosphat) in ADP (Adenosindiphosphat) und Phosphat. ATP ist besonders als Energieüberträger geeignet, da es aufgrund seiner chemischen Struktur relativ viel Energie speichern kann und außerdem transportabel ist und daher überall im Organismus eingesetzt werden kann. Beispiele für energetische Kopplungen sind

- die ATP-Synthese durch den Abbau von Nährstoffen im Mitochondrium,
- die Natrium-Kalium-Pumpe,
- die Synthese von Kohlenhydraten in der Fotosynthese und
- die Muskelkontraktion.

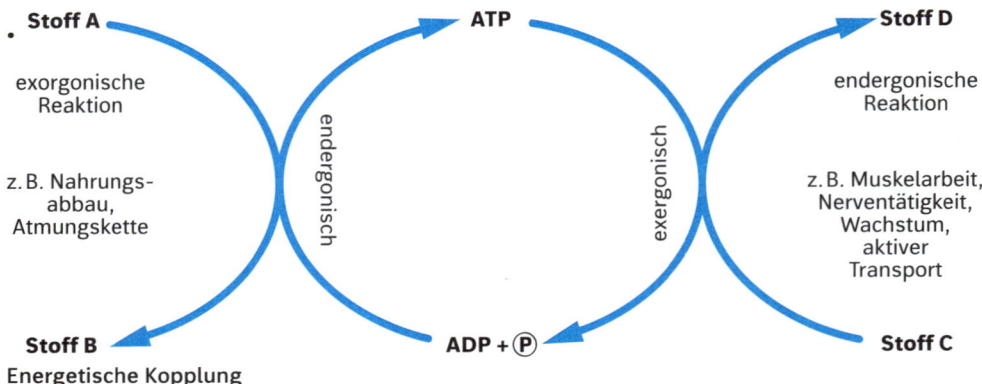

Energetische Kopplung

c. Energiefreisetzung durch Zellatmung (vgl. Übungsaufg. 1; 2022/2 Teil 2)

Glucose, das Hauptprodukt der Fotosynthese, dient allen heterotrophen Lebewesen als Nahrungs- und damit als Energiequelle. Durch verschiedene **Dissimilationsprozesse** können sie aus dem Traubenzucker die Energie freisetzen, die sie für Wachstum, Bewegung, Wärme und andere Lebensvorgänge benötigen. Die Energiebereitstellung kann prinzipiell auf zweierlei Arten erfolgen: Zum einen kann Glucose **anaerob** (= ohne Sauerstoff) verstoffwechselt werden (Gärung). Oder aber der Glucoseabbau findet **aerob** (= mit Sauerstoff) in Form von **Zellatmung** statt. Für alle Reaktionswege – anaerob und aerob – ist der erste Schritt der oxidative Abbau von Glucose in der **Glykolyse**. Diese findet im Zellplasma statt. Dabei wird ein Molekül Glucose (C_6-Körper) in zehn, durch verschiedene Enzyme katalysierten Reaktionsschritten zu zwei Molekülen Brenztraubensäure (= Pyruvat, C_3-Körper) unter ATP-Bildung oxidiert, während das Oxidationsmittel NAD^+ reduziert wird. Damit ergibt sich folgende Gesamtbilanz:

$$C_6H_{12}O_6 + 2\ ADP + 1\ P + 2\ NAD^+ \rightarrow 2\ C_3H_4O_3 + 2\ ATP + 2\ NADH/H^+$$
Glucose   Brenztraubensäure

Unter aeroben Bedingungen wird die bei der Glykolyse erzeugte Brenztraubensäure vollständig zu Kohlenstoffdioxid oxidiert. Insgesamt besteht die Zellatmung aus drei nacheinander stattfinden Prozessen: Anschließend an die Glykolyse im Zellplasma wird die Brenztraubensäure über ein Transportprotein in die Mitochondrien-Matrix transferiert, wo **Citratzyklus** und die **Atmungskette** erfolgen.

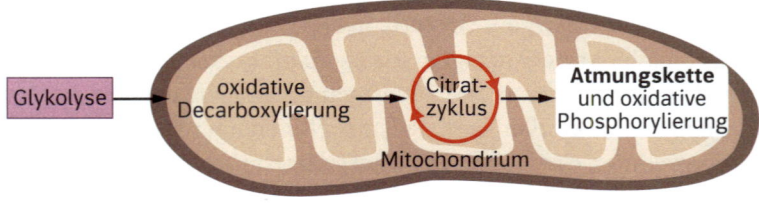

Schritte der Zellatmung

In der Mitochondrienmatrix findet als Bindeglied zwischen Glykolyse und Citratzyklus eine oxidative Decarboxylierung der Brenztraubensäure-Moleküle statt. Dabei wird je Molekül ein CO_2-Molekül abgespalten. Man erhält als Produkt **aktivierte Essigsäure (Acetyl-CoA)**, also die Moleküle, die in die zyklische Reaktionsfolge des Citratzyklus eingespeist werden können. Hier entsteht im ersten Schritt aus einem Molekül aktivierter Essigsäure jeweils das Molekül Citrat (C_6-Körper), das in mehreren Schritten oxidiert wird. Dabei entweichen nicht nur je zwei weitere Moleküle CO_2, sondern es wird auch ATP gebildet. Die bei der Oxidation freiwerdenden Elektronen und Wasserstoff-Ionen werden durch die Bil¬dung von acht Molekülen NADH/H$^+$ und zwei Molekülen FADH$_2$ zwischengespeichert.

Atmungskette und oxidative Phosphorylierung
Am Ende des Citratzyklus hat die Zellatmung pro Glucosemolekül lediglich vier Moleküle ATP gewonnen. Der größte Teil der Energie ist in den gebildeten Molekülen NADH/H$^+$ (und FADH$_2$) gespeichert. In der Atmungskette werden diese sogenannten Reduktionsäquivalente regeneriert, d.h. zu NAD$^+$ und FAD oxidiert. Die dabei freiwerdenden Elektronen werden in einer enzymatischen **Elektronentransportkette** auf Sauerstoff übertragen, sodass Wasser entsteht. Die beteiligten Enzymkomplexe liegen in der inneren Mitochondrienmembran, benachbart zu Protonenpumpen. Die durch den Elektronentransport der Atmungskette freiwerdende Energie wird dazu genutzt, Protonen gegen den vorliegenden Protonengradienten aus der Mitochondrienmatrix in den Intermembranraum zu pumpen. Die anschließende Diffusion zurück in die Matrix entlang des Protonengradienten sorgt für die ATP-Bildung durch die ATP-Synthase (chemiosmotische ATP-Synthese). Weil die Anbindung von Phosphat an ADP durch die vorhergehenden Oxidationen angetrieben wird, spricht man von **oxidativer Phosphorylierung**.
Für Atmungskette und oxidative Phosphorylierung ergibt sich diese Gesamtgleichung (bezogen auf Molekül Glucose $C_6H_{12}O_6$):

$$10\ NADH/H^+ + 2\ FADH_2 + 6\ O_2 + 34\ ADP + 34\ P \rightarrow 10\ NAD^+ + 2\ FAD + 34\ ATP + 12\ H_2O$$

Betrachtet man alle Teilprozesse im Gesamten ergibt sich die Gleichung der Zellatmung. Hierbei entstehen 38 ATP-Moleküle pro Molekül Glucose (2 aus Glykolyse, 2 aus Citratzyklus, 34 aus Atmungskette). Damit lautet die Bruttogleichung der Zellatmung:

$$C_6H_{12}O_6 + 6\ O_2 + 38\ ADP + 37\ P \rightarrow 6\ CO_2 + 6\ H_2O + 38\ ATP$$

d. Energiebindung und Stoffaufbau durch Fotosynthese
Fotosynthese ist der Stoffwechselprozess, durch welchen fotoautotrophe Lebewesen wie z. B. grüne Pflanzen die auf der Erde eintreffende Sonnenenergie durch die Umwandlung in chemische Energie nutzbar machen. Diese Energieumwandlung geht einher mit folgender Stoffumwandlung:

$$6\ H_2O + 6\ CO_2 \rightarrow C_6H_{12}O_6 + 6\ O_2 \text{ (Summengleichung)}$$

Die Fotosynthese besteht aus zwei unterschiedlichen Reaktionssystemen. Zum einen existiert die lichtabhängige **Fotoreaktion** („Lichtreaktion"). Zum anderen die enzymatisch gesteuerte **Synthesereaktion** („Dunkelreaktion").

Die fotochemischen Reaktionen finden in den Membranen der Chloroplasten statt, wo sich spezielle Fotosysteme befinden. All diese Reaktionen stellen den „Foto"-Teil der Fotosynthese dar, da sie nur stattfinden, wenn Licht als Energiequelle zur Verfügung steht. Man bezeichnet sie auch als Lichtreaktionen oder als Primärreaktionen. Im Anschluss daran findet der „Synthese"-Teil statt, der das gebildete ATP und NADPH/H^+ in enzymkatalysierten Reaktionen zum Aufbau von Glucose nutzt. Diese Reaktionen fasst man unter den Begriffen **Dunkelreaktionen**, Sekundärreaktionen oder **Calvin-Zyklus** zusammen.

In den Thylakoidmembranen der Chloroplasten sind **Fotosysteme** eingelagert. Diese bestehen aus einem Reaktionszentrum und einem lichtsammelnden Antennenkomplex (= LHC-Komplex), der aus zahlreichen Molekülen Chlorophyll a und b sowie Carotinoiden besteht. Diese Antennenpigmente absorbieren Licht unterschiedlicher Wellenlänge und leiten die Energie an das Reaktionszentrum weiter. Nur das dort befindliche **Chlorophyll a-Paar** kann die absorbierte Energie in fotochemische Reaktionsarbeit umwandeln, indem sie zunächst ein Elektron an den **primären Elektronenakzeptor** im Reaktionszentrum abgeben. Man unterscheidet das **Fotosystem I** (auch P700) und das **Fotosystem II** (auch P680), die geringfügig andere Absorptionsmaxima bei 700 bzw. 680 nm besitzen. Durch deren Zusammenwirken erreichen Pflanzen eine mehr als doppelt so große Fotosynthese-Leistung als mit den Einzelsystemen.

Wenn Licht von den Antennenpigmenten des Fotosystems II absorbiert und die Energie zum Reaktionszentrum P680 geleitet wird, kommt es zu einer Anregung von Elektronen auf ein höheres Energieniveau. Anschließend findet eine Oxidation des Chlorophyll a-Moleküls statt. Die dadurch entstandene Elektronenlücke im Molekül wird wieder gefüllt, indem die bei der **Fotolyse des Wassers** (= lichtinduzierte Wasserspaltung) entstandenen Elektronen aufgenommen werden.

$$2 H_2O \rightarrow 4 H^+ + O_2 + 4 e^-$$

Die vom angeregten Chlorophyll a abgegeben Elektronen fliesen über eine Elektronentransportkette zum Fotosystem I. Die Elektronentransportkette besteht aus mehreren, einander folgenden Redoxsystemen, die so angeordnet sind, dass das Energieniveau absinkt. Das Fotosystem I, das am Ende des Elektronentransports steht, gibt seine ebenfalls durch Lichtabsorption angeregten Elektronen in einer zweiten, kürzeren Transportkette an NADP$^+$ ab, wodurch das Reduktionsäquivalent NADPH/H^+ entsteht.

Die während des Elektronentransports freiwerdende Energie wird dazu genutzt, Protonen gegen das vorliegende Konzentrationsgefälle vom Matrix-Raum in den Thylakoid-Innenraum zu pumpen. So kann im Anschluss eine **Fotophosphorylierung** stattfinden: Die Protonen diffundieren entlang des Konzentrationsgradienten durch ein Tunnelprotein zurück in den Matrix-Raum, an welches das Enzym **ATP-Synthase** gebunden ist. So treibt der Protonenausstrom die enzymkatalysierte Bildung von ATP aus ADP und P an. Zur Aufrechterhaltung des Protonengradienten, der für diese chemiosmotische ATP-Synthese benötigt wird, tragen weiterhin die Fotolyse des Wassers und der Verbrauch von Protonen bei der NADPH/H^+-Synthese bei.

Damit ergibt sich folgende Gleichung für die Lichtreaktionen – bezogen auf die Fo-tolyse des Wassers, welche die Elektronen liefert:

$$2\ H_2O + 2\ NADP^+ + 3\ ADP + 3\ P \rightarrow 2\ NADPH/H^+ + 3\ ATP + O_2$$

Für die Bildung von einem Glucose-Molekül ($C_6H_{12}O_6$) werden jedoch 12 Wasserstoff-atome benötigt, die aus 12 NADPH/H$^+$-Molekülen stammen. Um also die tatsächliche Bruttogleichung zu erhalten, muss mit dem Faktor 6 multipliziert werden:

$$12\ H_2O + 12\ NADP^+ + 18\ ADP + 18\ P \rightarrow 12\ NADPH/H^+ + 18\ ATP + 6\ O_2$$

Die lichtunabhängigen Synthesereaktionen

Der zweite Teilschritt der der Fotosynthese stellt einen Kreisprozess, den Calvin-Zyklus, dar, der sich in drei Abschnitte einteilen lässt. Dabei entsteht aus dem energiearmen, anorganischen Stoff Kohlenstoffdioxid der energiereiche, organische Stoff Glucose.

Phase 1: Kohlenstoff-Fixierung

Kohlenstoffdioxid wird durch das Enzym Rubisco an den C_5-Körper **Ribulose-1,5-bisphosphat**, ein organisches Akzeptormolekül, gebunden. Der entstehende, instabile C_6-Körper zerfällt in zwei Moleküle 3-Phosphoglycerat (C_3-Körper).

Phase 2: Reduktion

Angetrieben von den Produkten der lichtabhängigen Reaktionen, ATP und NADPH/H$^+$, werden diese C_3-Körper phosphoryliert und anschließend reduziert. ATP dient somit als Energiequelle, NADPH/H$^+$ liefert Energie, Elektronen und Wasserstoff-Ionen. Produkt dieser Vorgänge sind die C_3-Körper **Glycerinaldehyd-3-phosphat**. Jeweils zwei solcher Moleküle werden im Anschluss an die Reduktion in weiteren Syntheseschritten zu einem Glucose-Molekül.

Phase 3: Regeneration des CO_2-Akzeptors

Die restlichen Glycerinaldehyd-3-phosphat-Moleküle werden in einer komplizierten Reaktionsfolge unter ATP-Verbrauch zu Ribulose-1,5-bisphosphat umgewandelt, also dem C5-Körper, der dann wieder neues CO2 aufnehmen kann (s. Kohlenstoff- Fixierung). Die Bruttogleichung für die Dunkelreaktionen lautet somit:

$$6\ CO_2 + 12\ NADPH/H^+ + 18\ ATP \rightarrow C_6H_{12}O_6 + 12\ NADP^+ + 18\ ADP + 18\ P + 6\ H_2O$$

Zusammenfassung der Fotosynthesereaktionen

Nachfolgende Darstellung gibt über die beschriebenen Fotosynthese-Prozesse nicht nur einen Überblick, sondern stellt auch Stoff- und Energiefluss innerhalb der Reaktionen dar.

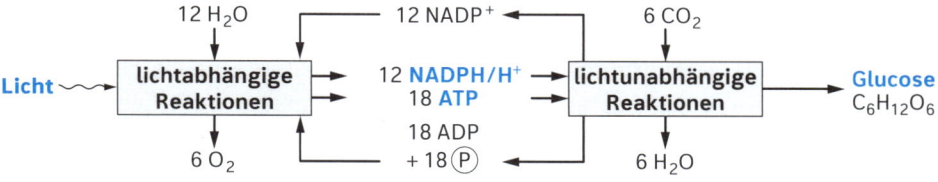

Biomoleküle und molekulare Genetik

a. Aufbau der DNA, Proteine, Enzymatik (vgl. Übungsaufg. 2; 2021/2 Teil 1)

Grundbausteine der **DNA** sind Nukleotide. Sie bestehen jeweils aus Phosphorsäure, Desoxyribose (einem Fünffachzucker) und einer organischen Base (Adenin, Thymin, Guanin oder Cytosin). Über die Phosphorsäure am C5-Atom der Desoxyribose wird ein Nukleotid unter Verbrauch von ATP jeweils mit dem C3-Atom der Desoxyribose des nächsten Nukleotids zu einem Strang verbunden. Dabei ist die Reihenfolge der Basen frei kombinierbar. Eine weitere Verbindung erfolgt über Wasserstoffbrücken zwischen den Basen komplementärer Nukleotidstränge, wobei sich Adenin mit Thymin (zwei H-Brücken) sowie Guanin mit Cytosin (drei H-Brücken) komplementär paaren. Diese beiden gegenläufigen/antiparallelen (5′→3′, 3′→5′) Nukleotidstränge sind zur α-Doppel-Helix verdreht.

Bei Eukaryoten wird die DNA verpackt: So können sich nach der Synthese der DNA an die Basen, insbesondere an Cytosin, Methylgruppen anlagern (Methylierung). Dadurch wird die DNA nach außen hin geschützt. Außerdem wird die Doppelhelix um Histone zu einer Nukleosomenkette aufgewickelt, die sich weiter zu Chromosomen spiralisiert.

Proteine kommen in allen Lebewesen vor und übernehmen unterschiedlichste Aufgaben. Sie können an der Bildung mehr oder weniger fester Strukturen beteiligt sein, wie etwa das Keratin in Haaren und Nägeln, die Kollagene in Sehnen und Knorpeln oder die Muskeleiweiße Actin und Myosin. Neben diesen Strukturproteinen gibt es verschiedene Gruppen von funktionellen Proteinen. Dazu gehören z. B.: Enzyme, Peptidhormone, Transportproteine, Immunglobuline und Speicherproteine.

Grundbausteine der Proteine sind die 20 verschiedenen Aminosäuren, die alle die gleiche Grundstruktur besitzen und sich nur durch den sogenannten Rest unterscheiden. Dieser variiert in den chemischen Eigenschaften durch Struktur, elektrische Ladung oder Größe. Aminosäuren können unter Wasserabspaltung Peptidbindungen ausbilden und sich so zu Peptiden verknüpfen. Dabei reagiert die Carboxylgruppe der einen Aminosäure mit der Aminogruppe der folgenden Aminosäure. Werden weitere Aminosäuren angehängt, entsteht eine Kette mit einer bestimmten Reihenfolge der Aminosäuren (Aminosäurensequenz). Man spricht hier von der **Primärstruktur** eines Peptids. Sie ist für jedes Protein typisch und spezifisch. Entsprechend der Anzahl der verbundenen Aminosäuren unterscheidet man Di-, Tri-, Oligo- oder Polypeptide. Erst ab einer Kettenlänge von mindestens hundert Aminosäuren spricht man von einem Protein. Die **Sekundärstruktur** kommt durch Spiralisierung (α-Helix) oder Faltung (ß-Faltblatt) zustande, wobei Wasserstoffbrücken zwischen den polaren Gruppen der Peptidbindungen (N-H...O=C) diese Organisationsstufe aufrechterhalten. Eine weitere höhere räumliche Struktur, die **Tertiärstruktur**, wird neben den Sekundärelementen durch verschiedene Bindungsarten zwischen den Aminosäureresten stabilisiert: Van-Der-Waals-Kräfte, Wasserstoffbrücken zwischen polaren Resten, Ionenbindungen oder kovalente Disulfidbrücken. Die daraus resultierende Konformation ist für jedes Protein einmalig und für seine spezifischen Eigenschaften verantwortlich. Viele Proteine in der Tertiärform sind wiederum miteinander verknüpft zu einer **Quartärstruktur**. Dazu gehört z. B. das Hämoglobin, das aus vier Proteinen in Tertiärform besteht, wobei je zwei gleich sind.

Bei der **Denaturierung** eines Proteins durch Säuren oder Hitze wird die räumliche Struktur zerstört. Dabei werden z. B. Wasserstoff- und sogar Disulfidbrücken, nicht aber Peptidbindungen gespalten, sodass zwar die Primärstruktur erhalten bleibt, die Funktion des Proteins jedoch verloren geht.

Aminosäure und Peptidbindung

Eine besondere Gruppe der Proteine stellen die **Enzyme** dar. Enzyme sind Biokatalysatoren, die durch Herabsetzen der Aktivierungsenergie biochemische Reaktionen ermöglichen oder beschleunigen, ohne sich selbst zu verändern. Enzyme zeichnen sich durch das aktive Zentrum aus, eine Region des Proteins, die gekennzeichnet ist durch eine bestimmte Form und Größe und ein besonderes Ladungsmuster der beteiligten Aminosäurereste. An dieser Stelle kann nur ein entsprechend gebautes Substrat binden (Substratspezifität), das auch nur auf eine spezifische Weise umgesetzt werden kann (Wirkungsspezifität). Daher ist das aktive Zentrum auch das katalytische Zentrum.

Enzymaktivität

Die Aktivität eines Enzyms ist abhängig von der Temperatur und dem pH-Wert.

Es gilt die **Reaktionsgeschwindigkeit-Temperatur-Regel** (RGT-Regel): eine Erhöhung der Temperatur um 10 °C verdoppelt bis verdreifacht die Reaktionsgeschwindigkeit. Dies gilt aber nur bis zu der Temperaturgrenze, ab der das Enzym beginnt zu denaturieren. Bei vielen Enzymen liegt diese Grenze bei etwa 42 °C. Was den pH-Wert betrifft, haben vor allem die Verdauungsenzyme sehr unterschiedliche Optima, je nachdem ob sie im Mund, Magen oder Darm arbeiten. Die Enzymaktivität kann außerdem durch eine Veränderung der Substratkonzentration oder durch eine Hemmung reguliert werden.

Bei der **kompetitiven Hemmung** konkurrieren das Substrat und ein ähnlich gebauter Hemmstoff um das aktive Zentrum des Enzyms. Ist die Konzentration des Hemmstoffs höher als die des Substrats, besetzt der Hemmstoff das aktive Zentrum schneller. Eine Erhöhung der Substratkonzentration führt zur Verdrängung des Hemmstoffs. Bei der nicht-kompetitiven Hemmung lagert sich im oder außerhalb des aktiven Zentrums ein Stoff an (z. B. Schwermetallionen), der die Tertiärstruktur des Enzyms so verändert, dass es nicht mehr arbeiten kann. Die **nicht-kompetitive Hemmung** ist im Gegensatz zur kompetitiven irreversibel, das Enzym ist dauerhaft geschädigt. Manche Enzyme verfügen zusätzlich über ein allosterisches Zentrum, in das sich ein allosterischer Inhibitor setzen kann, der die räumliche Struktur des Enzyms verändert, sodass das Substrat nicht mehr passt und das Enzym für die Verweildauer des Inhibitors gehemmt ist.

b. Replikation, Proteinbiosynthese, Wirkungsweise von Mutagenen (vgl. Übungsaufg. 3)

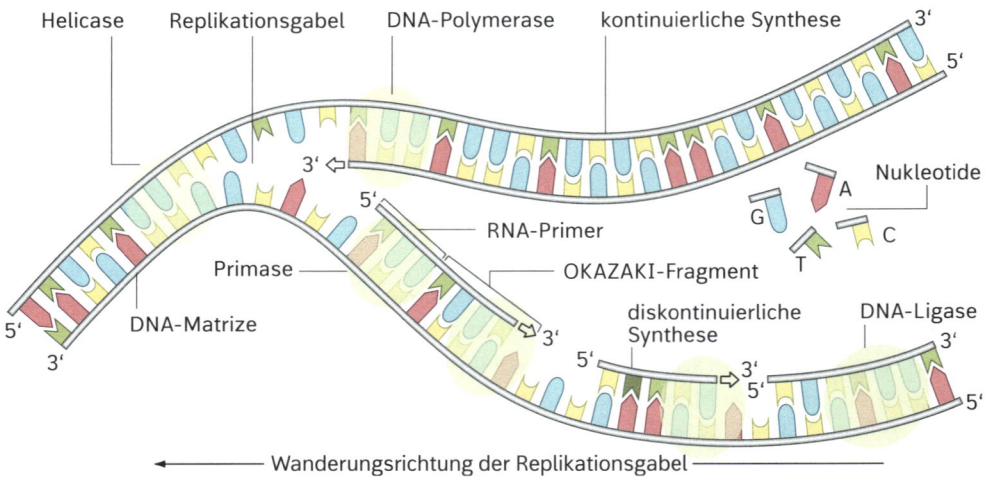

Schema der DNA-Replikation

Bei der **Replikation**/Verdopplung der DNA wird zunächst der Doppelstrang durch eine Helicase geöffnet. Dann werden durch eine Primase RNA-Primer (Starter) an den Einzelsträngen synthetisiert. Erst anschließend kann eine DNA-Polymerase DNA-Nukleotide, die aus dem Cytoplasma stammen und die sich komplementär an den Elternstrang anlagern, zu einem neuen Strang verbinden. Somit enthält jeder neue Doppelstrang einen elterlichen Strang und einen neu synthetisierten Strang (semikonservative Replikation). Da die Synthese des neuen Einzelstrangs nur in 5′→3′ Richtung möglich ist, kann nur einer der Einzelstränge kontinuierlich gebildet werden, die Synthese des anderen muss diskontinuierlich erfolgen. Die so entstehenden Teilstücke werden OKAZAKI-Fragmente genannt und durch das Enzym Ligase zusammengefügt. Bei Eukaryoten wird direkt nach der Replikation das Methylierungsmuster des Elternstrangs auf den Tochterstrang kopiert.

Die Umsetzung der Information der DNA in Lebensvorgänge steuernde Proteine (z. B. Enzyme, Carrier, Tunnelproteine, Myofibrillen u.s.w.) wird **Proteinbiosynthese** genannt. In diesem Verfahren werden entsprechend der Basensequenz der DNA spezifische Aminosäuren zu einer Kette verknüpft. Dabei entspricht ein bestimmtes Basentriplett (eine Folge dreier Basen) einer bestimmten Aminosäure in der zu bildenden Kette. Dieser Zusammenhang wird **genetischer Code** genannt (vgl. Codesonne S. 34 f.). Er gilt für fast alle Lebewesen und ist somit universell. Da bei vier verschiedenen Basen und einer Informationseinheit aus insgesamt drei Basen insgesamt $4^3 = 64$ Kombinationsmöglichkeiten bei nur 20 existierenden Aminosäuren zur Verfügung stehen, codieren teilweise mehrere Tripletts für die gleiche Aminosäure: „Der Code ist degeneriert".

Die Proteinbiosynthese läuft bei den Prokaryoten (Zellen ohne Zellkern, z. B. Bakterien) einfacher ab als bei den Eukaryoten (Zellen mit Zellkern). Bei den Prokaryoten geschieht die Umsetzung der Information der DNA in den Aufbau von Proteinen in zwei Schritten: der Transkription, also dem Überschreiben der Information von der DNA in die der mRNA und der Translation, d. h. der „Übersetzung" der mRNA-Information in die entsprechende Aminosäuresequenz, die dann z. B. als Katalysator (Enzym) oder als Baustein für Zell- und Gewebestrukturen (z. B. Aktin, Keratin) fungiert.

DNA → | Trans-kription | → m-RNA → | Trans-lation | → Protein

Schematische Darstellung der Proteinbiosynthese bei Prokaryoten

Transkription

Die DNA öffnet sich nach Bindung der RNA-Polymerase an dem Promotor (Abschnitt mit einer spezifischen Nukleotidsequenz), die Doppelhelixstränge liegen jetzt getrennt vor. An einem der beiden Stränge (codogener Strang) werden die zu diesem Strang komplementären Nukleotide in 5′→3′ Richtung angelagert. Danach löst sich der neugebildete Nukleotidstrang (mRNA) von der DNA und wandert zu den Ribosomen.

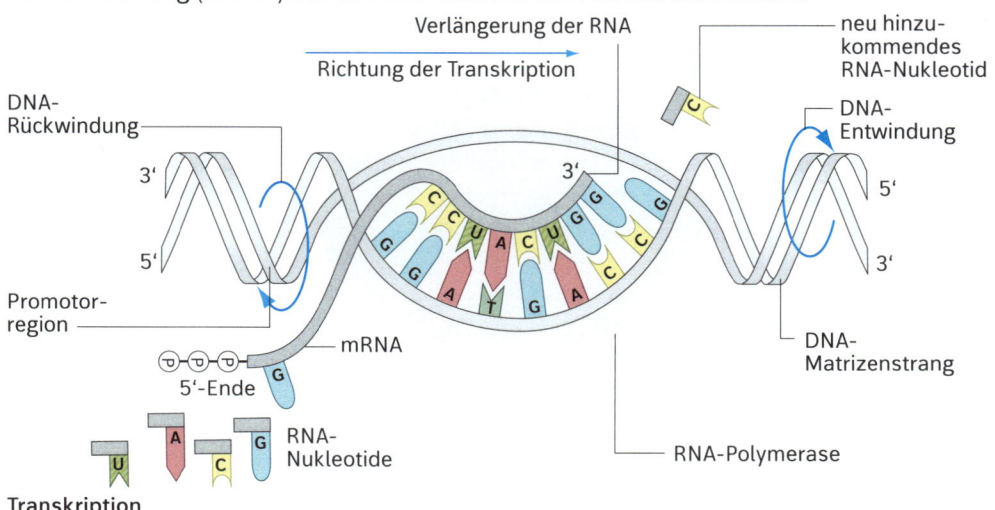

Transkription

Translation

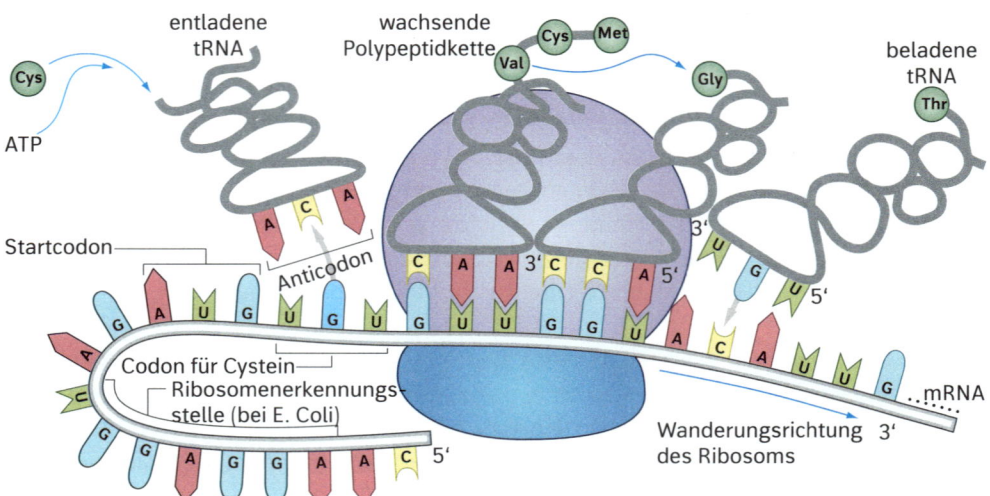

Translation

Die Translation findet an den aus einer kleineren und einer größeren Einheit bestehenden Ribosomen statt. Nachdem durch ein Erkennungstriplett die Anlagerung der mRNA gesichert wurde, wandert die kleinere Einheit des Ribosoms in Richtung 3′-Ende der mRNA. Am Startcodon (AUG) beginnt die Synthese des Proteins (stets mit der Aminosäure Methionin), hier kommt die größere Einheit des Ribosoms hinzu. Als Lieferanten der Aminosäuren und Übersetzer der Nukleotidkette in die Aminosäurekette dienen aktivierte tRNA-Moleküle. Diese besitzen an einer Stelle ein spezifisches Basentriplett (Anticodon) und auf der gegenüberliegenden Seite des Moleküls eine Bindestelle für eine spezifische Aminosäure. Spezifische Enzyme des Ribosoms bewirken die Bindung des Anticodons mit dem entsprechenden Triplett der mRNA (Codon) und die Ablösung der Aminosäure von der tRNA sowie die Verknüpfung der Aminosäure mit der vorherigen Aminosäure entsprechend der Codierung auf der mRNA.

Die Proteinbiosynthese bei Eukaryoten unterscheidet sich im Wesentlichen von der bei Prokaryoten durch einen zusätzlichen Prozess, nämlich den des Spleißens, der zwischen der Transkription (im Zellkern) und der Translation (im Cytoplasma) an der Zellkernmembran abläuft.

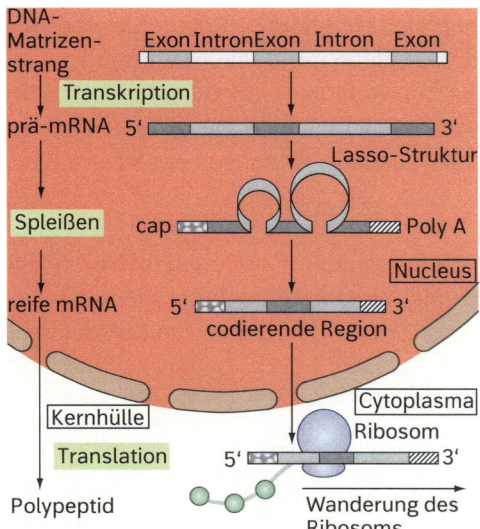

Proteinbiosynthese bei Eukaryoten

Die DNA der Eukaryoten enthält für die Codierung eines Enzyms eine wesentlich längere Nukleotidkette, als eigentlich notwendig wäre. Die prä-mRNA enthält nicht nur die Information für die Realisierung eines Proteinmoleküls, sondern zusätzlich eine Reihe von mRNA-Abschnitten, die z. B. für Regulierungsvorgänge verwendet werden. Dann folgt der Prozess des Spleißens, bei dem die für die Translation nicht benötigten Abschnitte (Introns) durch Bildung von Schleifen herausgeschnitten werden. Folglich verlassen nur die Exons als reife mRNA den Zellkern. Weil beim Spleißen nicht immer dieselben Abschnitte herausgeschnitten werden, können bei Eukaryoten unterschiedliche Proteine vom gleichen DNA-Abschnitt gebildet werden. Dies wirft natürlich wiederum Probleme mit dem bisher benutzten Genbegriff (ein Gen – ein Polypeptid) auf, daher steht dieser zur Zeit wieder in Diskussion. Daneben ergeben sich zusätzliche Möglichkeiten für die Bildung von RNA-Abschnitten, die für Regulationsprozesse verwendet werden können (vgl. epigenetische Phänomene).

Mutagene und Mutationen (vgl. Übungsaufg. 2; 2021/4 Teil 3; 2021/5 Teil 1, 2022/5 Teil 2)
Sprunghafte Veränderungen des Erbgutes werden **Mutationen** genannt. Chemische oder physikalische Faktoren, die diese Veränderungen verursachen, bezeichnet man als Mutagene. Physikalische Faktoren, die mutagen wirken, sind z. B. radioaktive oder auch UV-Strahlen, chemische Faktoren sind z. B. agressive Stoffe wie salpetrige Säure, die mit den Nukleotiden reagieren und sie verändern.
Mutationen werden unterschieden in:
- Genommutationen – Veränderungen des Genoms, also der Chromosomenzahl in einer Zelle,
- Chromosomenmutationen – Veränderungen des Chromosoms (seiner Länge, Form etc.),
- Genmutationen – Veränderungen eines Gens.

Allerdings gibt es auch Übergänge: Z. B. lassen sich Deletionen (Bruchstückverluste innerhalb eines Gens) sowohl als Genmutationen (Verkürzung eines Gens) als auch als Chromosomenmutation (Verkürzung eines Chromosoms) auffassen. Eine Fusion (Verknüpfung von Chromosomen) kann als Chromosomenmutation (Verlängerung eines Chromosoms) oder auch als Aneuploidie (Veränderung des Chromosomensatzes um ein Chromosom: 2n-1) bezeichnet werden.

Bei den Genmutationen kann man wie bei den Chromosomenmutationen Inversion (ein DNA-Abschnitt wird nach Schlaufenbildung in umgekehrter Reihenfolge wieder eingebaut), Insertion (Hinzufügen eines Nukleotids) und Deletion (Entfernen von Nukleotiden) unterscheiden.

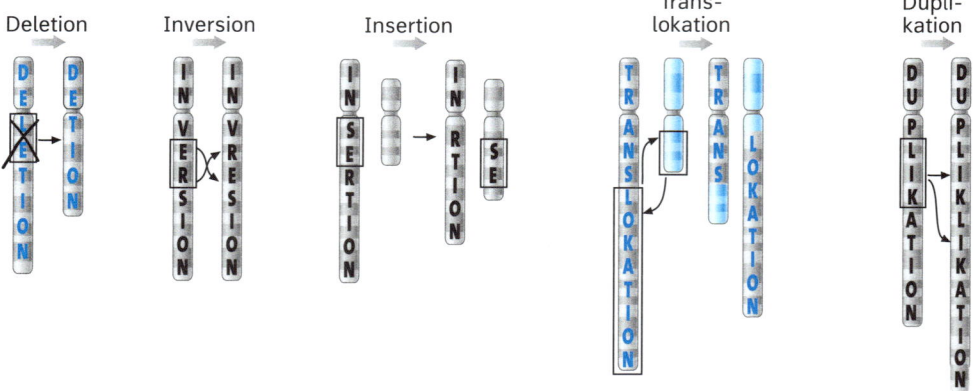

Mutationstypen

Häufigste Form der Genmutationen ist die Punktmutation, bei der in der DNA nur ein Nukleotid eines Gens verändert, entfernt oder hinzugefügt wird. Entsprechend ihrer Folgen für den Organismus können Punktmutationen als stumm bzw. neutral oder als Missense- oder als Nonsense-Mutationen bezeichnet werden.
Bei einer stummen Mutation kann aufgrund des degenerierten Codes die gleiche Aminosäure eingebaut werden oder der Einbau einer anderen Aminosäure in ein Protein findet nicht im aktiven Zentrum statt und bleibt für die Funktion des Proteins folgenlos. Missense-Mutationen führen immer zum Einbau einer anderen Aminosäure. Diese Mutationen haben je nach Lage der Aminosäure im Protein und Unterschied der neuen Aminosäure zur vorher eingebauten leichte oder schwere Folgen für das Individuum. Nonsense-Mutationen sind solche, die z. B. zum Abbruch der Aminosäurekette führen, indem sich ein Triplett zum Stopp-Codon wandelt. Auch sie haben fast immer weitreichende Folgen für den Organismus.

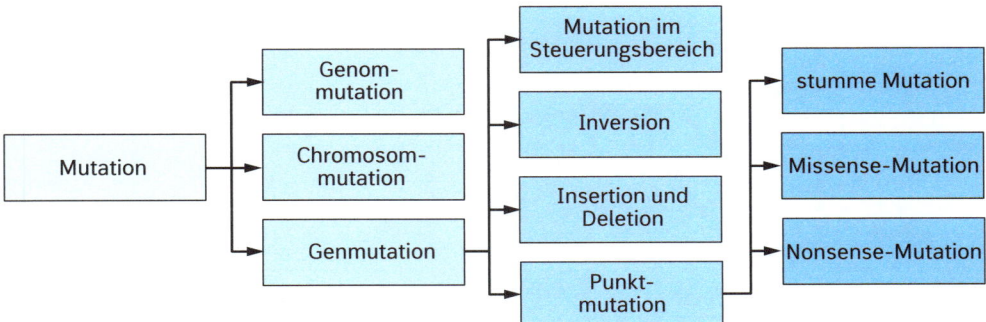

Übersicht über die Formen der Mutationen

c. Auswirkungen von Mutationen

Mutationen können unterschiedliche Auswirkungen haben. In seltenen Fällen können sie Merkmalsänderungen bewirken, die einen positiven Effekt auf die Evolution der Art haben können. Wahrscheinlicher sind aber mutationsbedingte Fehler im Erbgut, die unterschiedlich schwere Auswirkungen haben können. Finden Mutationen in bestimmten Genen, die Zellteilung und Wachstum steuern statt, können sie zu **Onkogenen**, also **Krebs** auslösenden Genen werden. Man bezeichnet sie daher auch als Proto-Onkogene. Werden **Proto-Onkogene** durch bestimmte Mutagene (zum Beispiel Teerstoffe) zu Onkogenen, entziehen sich betroffene Zellen der Steuerung von Zeitpunkt und Häufigkeit der Zellteilung, es kommt zur Tumorbildung. Unsere Zellen verfügen allerdings auch über zelleigene **DNA-Reparaturmechanismen**. Bisher kennt man über 50 Enzyme, die die DNA permanent auf Fehler absuchen, fehlerhafte Stellen herausschneiden und durch die richtige Basenabfolge ersetzen.

d. Regulation der Genaktivität (nur Leistungsfach)

Die **Regulation der Genaktivität** in der Zelle, also die Frage des Zeitpunkts und der Bedingung, zu dem bzw. unter der ein Protein produziert wird, ist z. T. noch unbekannt. Für die Genregulation bei Prokaryoten (z. B. Bakterien) existiert seit vielen Jahren ein Modell von Jakob und Monod, das diese Regulation erklärt. Im Operon-Modell wird ein Abschnitt der DNA, der die Information für eine Stoffwechselkette enthält, als Operon bezeichnet. Es besteht zum einen aus Strukturgenen, die die Aminosäureketten der für den Stoffwechselvorgang benötigten Enzyme codieren. Ihnen vorgelagert ist ein Abschnitt aus DNA verbunden mit einem Protein (Operatorgen mit Repressor-Protein), der wie ein Schloss funktioniert und mithilfe dieses Repressors (Schlüssel) die Gentätigkeit ein- oder ausschaltet. Der Repressor wird als Protein an einer anderen Stelle der DNA, dem Regulatorgen, codiert. Die Produktion dieses Repressors unterliegt einer vom Operon unabhängigen Steuerung.

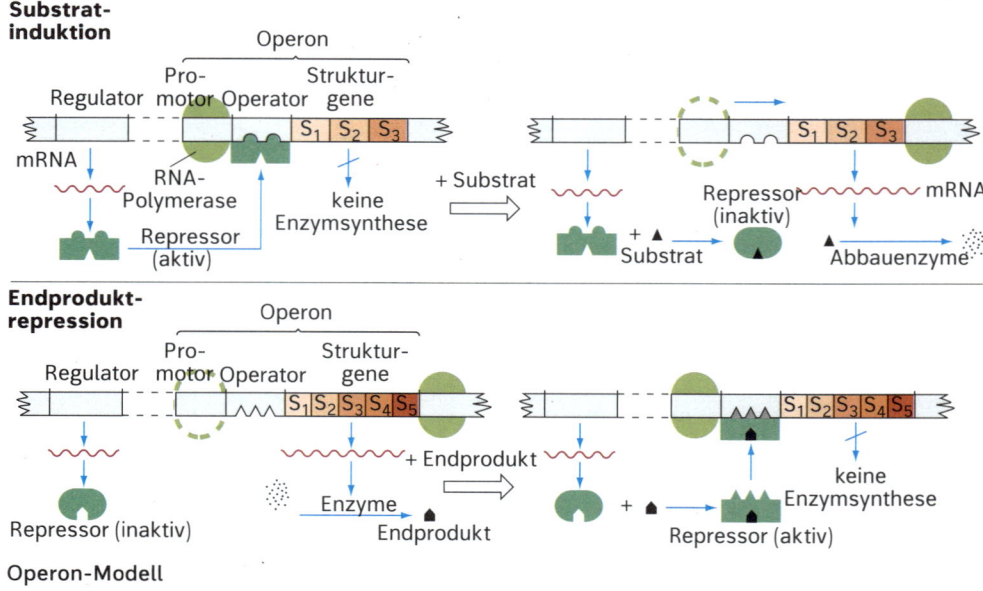

Operon-Modell

Das Operon-Modell unterscheidet für die Regulation der Gentätigkeit bei Bakterien zwei Typen von Genregulationen, die Substratinduktion und die Endproduktrepression. Bei der Substratinduktion löst das Vorhandensein des umzusetzenden Substrats durch Inaktivierung des Repressors die Produktion der zum Abbau notwendigen Enzyme aus. Bei der Endproduktrepression stoppt das Vorhandensein des Endproduktes durch Aktivierung des Repressors die Produktion der Enzyme.

Angewandte Genetik

Vorbemerkungen

Die Gentechnik gewinnt sowohl in der Medizin als auch in der Produktion von Lebensmitteln zunehmend an Bedeutung. Dem weiten Feld der Gentechnik mit all seinen – z. T. auch kritischen – Fragen kann und will der nachfolgende Text nicht gerecht werden. Hier soll es nur darum gehen die grundlegenden Methoden zu wiederholen, die Sie für die Abiturprüfung kennen müssen.

Werkzeuge und Verfahrensschritte der Gentechnik (vgl. Übungsaufg. 3)

Mit Gentechnik werden Verfahren, die die Verknüpfung unterschiedlicher DNA-Abschnitte zum Ziel haben, bezeichnet. Hierbei können die Nukleotidsequenzen aus unterschiedlichen Zellen bzw. Lebewesen, aber auch aus künstlicher Produktion stammen. Zu diesem Zwecke sind Werkzeuge und Verfahrensschritte entwickelt worden.

a. Die wichtigsten Werkzeuge

Ein wichtiger Grundstein war die Entdeckung der **Restriktionsenzyme**. Restriktionsenzyme sind Schneideenzyme, die als molekulare Scheren wirken und die DNA in kleine Stücke zerschneiden. Jedes Restriktionsenzym schneidet an einer ganz bestimmten Basensequenz. Oftmals sind diese wenige Basen langen Sequenzen auf dem DNA-Doppelstrang spiegelbildlich angeordnet (Palindrom), wodurch das Enzym an beiden Strängen binden kann und i. d. R. keinen glatten Schnitt erzeugt, sondern sog. „klebrige Enden" (sticky ends). Schneidet man die DNA, die man gentechnisch verändern möchte und das einzubauende Gen mit dem gleichen Restriktionsenzym, passen die klebrigen Enden der DNA und des Gens genau aufeinander. **Ligasen**, wie man sie beispielsweise von der Replikation kennt (s. S. 42), verbinden die DNA und das eingesetzte Gen schließlich miteinander.

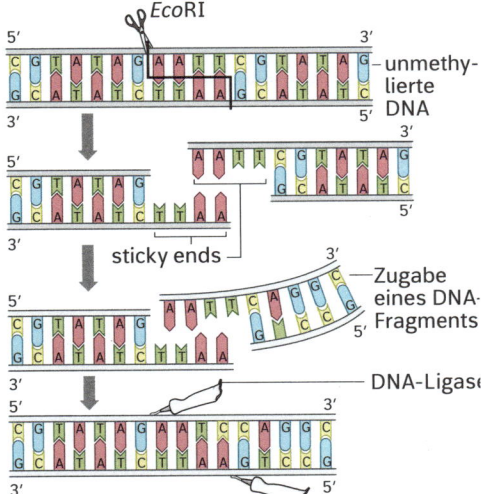

Restriktionsenzyme und Ligasen

Gentransfer erfolgt mittels Vektoren (vgl. 2022/2 Teil 4)

Die Übertragung von Fremdgenen in das Erbgut eines Organismus erfolgt mittels **Vektoren** („Gentaxis"). Möchte man Bakterien gentechnisch verändern, eignen sich Plasmide oder Bakteriophagen, Bakterien befallende Viren. Der Gentransfer in Pflanzen erfolgt entweder durch Bakterien die Pflanzen infizieren können, wie z. B. *Agrobacterium tumefaciens* oder durch Beschuss mit einer Partikelkanone (particle gun). Mehr zur gentechnischen Veränderung von Bakterien finden Sie in Abschnitt b.

Mit der **PCR-Methode** können geringe Mengen DNA vervielfältigt werden. Dazu wird die DNA zusammen mit einer hitzestabilen Polymerase, zwei DNA-Primern und DNA-Nukleotiden inkubiert. Die DNA-Polymerasen stammen aus Organismen. Beispielsweise stammt die *Taq*-DNA-Polymerase von dem Bakterium *Thermus aquaticus*, das in heißen Quellen lebt. Durch die Wahl der Primer (für jede Syntheserichtung einen) wird der DNA-Bereich bestimmt, der vervielfältigt werden soll. Die Vervielfältigung von DNA-Abschnitten mithilfe der PCR-Methode erfolgt in drei Schritten: Durch Erwärmung der

DNA auf über 94 °C wird durch Auflösung der Wasserstoffbrücken die Doppelhelix in zwei Einzelstränge getrennt (Denaturierung). Danach wird auf etwa 60 °C abgekühlt, sodass die Primer sich an den beiden entstandenen DNA-Einzelsträngen anlagern können (Primer-Anlagerung). Nun wird auf 72 °C (Optimum der Taq-DNA-Polymerase) erwärmt, sodass die DNA-Synthese mithilfe der Polymerase erfolgen kann (DNA-Synthese). Die drei Schritte der PCR werden im Thermocycler zyklisch wiederholt. Um zum Beispiel 1 Million gleiche DNA-Abschnitte (ca. 2^{20} Kopien) zu erhalten, muss das Verfahren 20 Mal hintereinander ablaufen.

Ein wichtiges Verfahren für genetische Nachweise, wie etwa den genetischen Fingerabdruck, ist die **Gelelektrophorese**. Die zu untersuchende DNA wird mit Restriktionsenzymen in unterschiedlich lange Stücke geschnitten. Die zu vergleichenden Proben, z. B. die am Tatort gefundene DNA und die der potenziellen Täter, wird in unterschiedliche Taschen eines in eine spezielle Kammer gegossenen Gels pipettiert und mit einer Pufferlösung bedeckt. Anschließend wird Spannung angelegt. Die aufgrund der Phosphatgruppen negativ geladene DNA wandert durch das Gel zum Pluspol. Die kurzen Stücke wandern dabei schneller als die längeren. Nach einer gewissen Zeit bilden sich verschiedene Banden jeweils gleichlanger DNA-Fragmente, die man einfärben und miteinander vergleichen kann.

Sucht man ein bestimmtes Gen, beispielsweise in einem Bakterienstamm, verwendet man dafür Gensonden. Das sind einzelsträngige DNA-Fragmente mit bekannter, zum gesuchten Gen komplementärer Basenabfolge, die zusätzlich mit einem Fluoreszenzfarbstoff oder radioaktiv markiert sind. Die zu untersuchende DNA wird zunächst erhitzt, damit sich die Doppelstränge lösen. Anschließend wird die Sonde dazugegeben, die mit dem Gen hybridisiert. Durch den Farbstoff oder auf einem Röntgenfilm kann die Position des gesuchten Gens sichtbar gemacht werden.

DNA-Sequenzierung
Will man eine DNA **sequenzieren**, also die komplette Basenabfolge des Genoms entschlüsseln, verwendet man eine Methode, die auf der **Kettenabbruchmethode nach SANGER** beruht. Diese **klassische Methode**

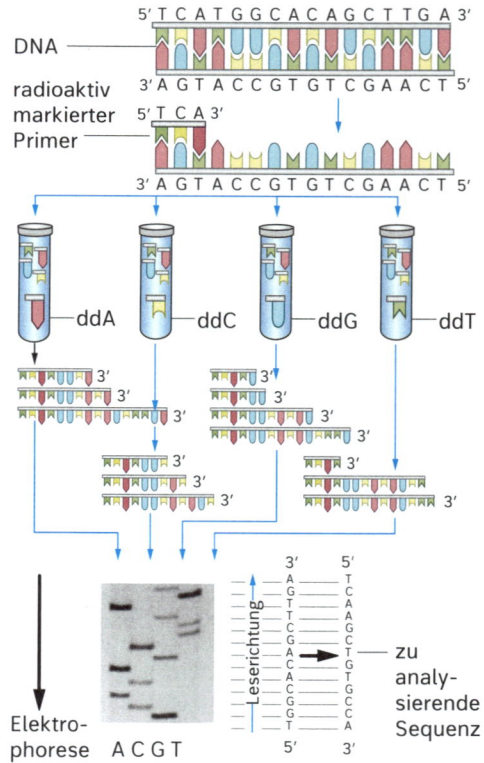

Kettenabbruchmethode nach Sanger (nur Leistungsfach)

beruht auf einer künstlich ablaufenden Replikation. Zusätzlich zu den benötigten Zu-
taten (Polymerase, DNA-Nukleotide) verwendet man radioaktiv markierte Primer und
Abbruch-Nukleotide (Didesoxy-Nukleotide). Die DNA wird in vier verschiedenen Ansätzen repliziert, von denen jeder eines der vier Abbruch-Nukleotide enthält. Die Bedingungen der DNA-Synthese werden so gewählt, dass an jeder Position, an der z. B. die
Base Adenin auftaucht, auch das passende Abbruch-Nukleotid stehen kann. Dadurch
entstehen unterschiedlich lange Fragmente, die jeweils an der entsprechenden Base
enden. Mit einer anschließenden Gelelektrophorese kann man die Fragmente der vier
Ansätze nach ihrer Länge auftrennen und so die Abfolge der einzelnen Basen ablesen.
In **modernen Sequenzierungsverfahren** verwendet man Didesoxy-Nukleotide, die
mit unterschiedlichen Fluoreszenzfarbstoffen markiert sind. Die unterschiedlich langen
Abbruchstränge kommen bei ihrer Wanderung durch das Gel an einem Detektor vorbei,
der anhand der Farbstoffe die entsprechende Base erkennt und in einem Computerpro-
gramm speichert

b. Herstellung und Isolation von gentechnisch veränderten Bakterien

Ein bekanntes und eines der ersten erfolgreichen Beispiele für die gentechnische
Veränderung von Lebewesen ist die Herstellung von Insulin. Konnte Insulin früher nur
aus den Bauchspeicheldrüsen von Rindern und Schweinen gewonnen werden, lässt
es sich heute viel kostengünstiger mithilfe von Bakterien herstellen.
Dazu wird die reife mRNA für das Insulin mithilfe des Enzyms Reverse Transkriptase (vgl.
S. 67) in den entsprechenden DNA-Strang zurück übersetzt (diese sog. cDNA enthält
keine Introns) und mithilfe eines Restriktionsenzyms geschnitten. Mit dem gleichen Restriktionsenzym wird das Plasmid eines Bakteriums, das die Gene für die Resistenz gegen
die zwei Antibiotika Ampicillin und Tetracyclin enthält, aufgeschnitten. Dadurch wird
erreicht, dass sowohl die Empfänger-, also die Bakterien-DNA, als auch die Spender-
DNA des Menschen die gleichen „sticky ends" erhalten, sodass sie leicht miteinander
verkleben können. Anschließend werden Empfänger- und Spender-DNA zusammen-
gebracht und gemischt. In der Mischung können folgende DNA-Ringe entstehen, je
nachdem, welche klebrigen Enden sich finden: ursprüngliche Bakterien-Plasmide mit
den Genen für Ampicillin- und Tetracyclin-Resistenz, reine menschliche DNA aus dem
Insulin-Gen und eine Misch-DNA, bei der das Insulin-Gen in das Bakterien-Plasmid
eingebaut wurde und zwar innerhalb des Gens für Tetracyclin-Resistenz. Die DNA-Ringe
dieser Mischung werden nun durch Transformation (natürliche Aufnahme der Plasmide
in die Bakterienzellen, meist durch Hitzeschock unterstützt) oder Transfektion (z. B.
künstlich mit sogenannten Genkanonen, durch Mikroinjektion oder auch mit Hilfe von
Liposomen) in die Bakterien eingeschleust. Werden nun die so behandelten Bakterien
auf unterschiedliche Nährböden gegeben, so wachsen diejenigen, die nur rein menschliche Insulin-DNA aufgenommen haben, weder auf solchen Nährböden, die Ampicillin
enthalten, noch auf solchen mit Tetracyclin. Die Bakterien, die das Plasmid mit den zwei
intakten Resistenzgenen aufgenommen haben, wachsen natürlich auf beiden Nährböden
und diejenigen, die das Misch-Plasmid enthalten, nur auf dem Ampicillin-Nährboden,
nicht aber auf dem mit Tetracyclin.

Überträgt man die Bakterien vom Ampicillin-Nährboden mit Hilfe der Stempeltechnik auf den mit Tetracyclin, kann man durch Vergleich die Bakterienkolonien, die das Gen für die Insulinsynthese im Bakterienplasmid enthalten, identifizieren, gezielt vermehren und somit Insulin großtechnisch in Fermentern gewinnen.

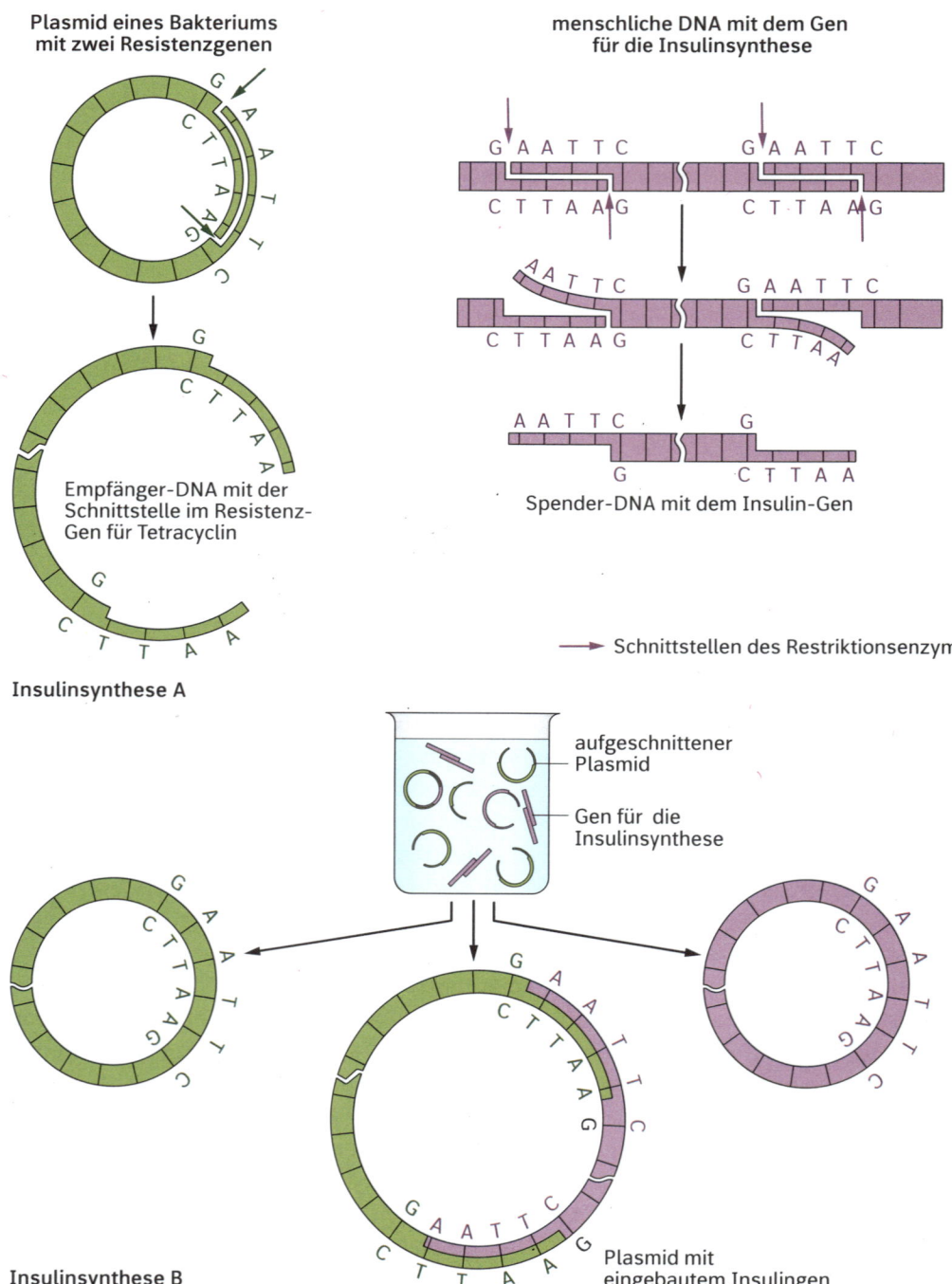

Plasmid eines Bakteriums
mit zwei Resistenzgenen

menschliche DNA mit dem Gen
für die Insulinsynthese

Empfänger-DNA mit der
Schnittstelle im Resistenz-
Gen für Tetracyclin

Spender-DNA mit dem Insulin-Gen

Insulinsynthese A

Schnittstellen des Restriktionsenzyms

aufgeschnittener
Plasmid

Gen für die
Insulinsynthese

Plasmid mit
eingebautem Insulingen

Insulinsynthese B

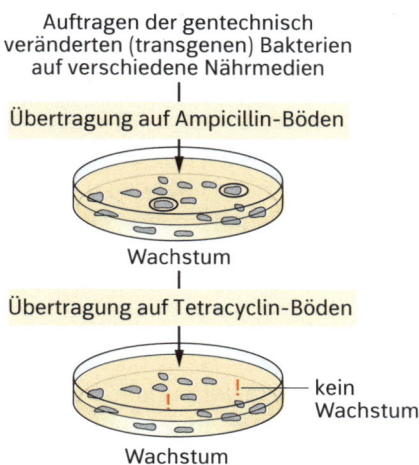

Auftragen der gentechnisch
veränderten (transgenen) Bakterien
auf verschiedene Nährmedien

Übertragung auf Ampicillin-Böden

Wachstum

Übertragung auf Tetracyclin-Böden

kein
Wachstum

Wachstum

Insulinsynthese C

c. Die CRISPR/Cas-Methode

Das CRISPR/Cas-System kommt ursprünglich in Bakterien und Archaen vor und dient der gezielten Abwehr von Bakteriophagen. Es funktioniert aber auch in eukaryotischen Zellen und ist ein modernes Werkzeug der Gentechnik, mit dem ganz gezielt einzelne DNA-Sequenzen herausgeschnitten und bei Bedarf durch andere ersetzt werden. Vereinfacht gesagt besteht das CRISPR/Cas-System aus dem Schneideenzym Cas9 und einer darin integrierten Leit-RNA. Die Leit-RNA enthält eine Basensequenz, die zu der, die aus der DNA herausgeschnitten werden soll, komplementär ist. Im Wesentlichen arbeitet das CRISPR/Cas-System in drei Schritten:

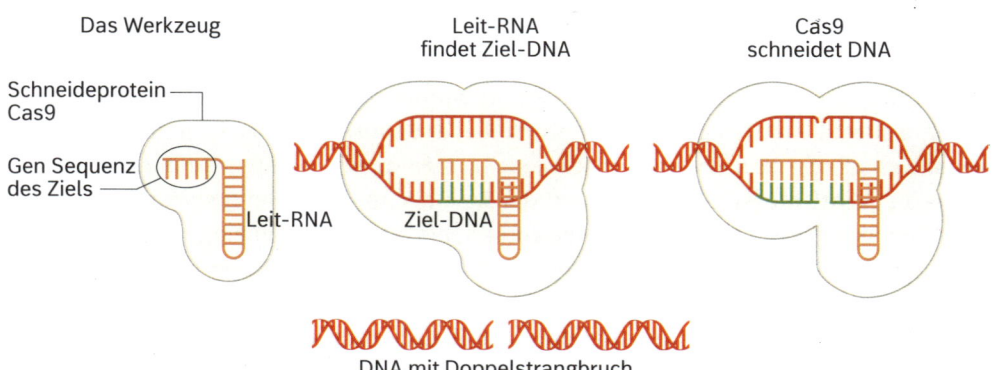

Das Werkzeug

Leit-RNA
findet Ziel-DNA

Cas9
schneidet DNA

Schneideprotein
Cas9

Gen Sequenz
des Ziels

Leit-RNA

Ziel-DNA

DNA mit Doppelstrangbruch

Wirkungsweise des CRISPR/Cas-Systems (vereinfacht)

1. **Finden der richtigen Stelle.** Das CRISPR/Cas-System erkennt die richtige Stelle der DNA anhand bestimmter Basenabfolgen. Das Cas9-Enzym öffnet den Doppelstrang und die Erkennungssequenz der Leit-RNA lagert sich komplementär an den Zielabschnitt der DNA.

2. **Schneiden.** Das Cas9-Enzym schneidet den DNA-Doppelstrang an der entsprechenden Stelle. Es entsteht ein Doppelstrangbruch.

3. **Reparieren/Editieren.** Natürlicherweise wird der entstandene Doppel-strangbruch von zellinternen Reparaturmechanismen repariert. Nutzt man das CRISPR/Cas-System aber, um Zellen gentechnisch zu verändern, wird es im Labor so ergänzt, dass mit seiner Hilfe in die Schnittstelle gezielt neue Gene (Genabschnitte) eingefügt werden können.

Anwendungen der Gentechnik (vgl. Übungsaufg. 2, 3)

Der **genetische Fingerabdruck** von Personen dient der Identifizierung mit einer Sicherheit von nahezu 100 %. Dazu verwendet man die Introns. Das sind die Abschnitte der DNA, deren Transkriptionsprodukte beim Spleißen herausgeschnitten werden. Abschnitte, die stets herausgeschnitten werden, stellen die nicht codierenden Teile der DNA dar und bestimmen somit kein einziges äußeres Merkmal oder gar eine Charaktereigenschaft. In diesen Abschnitten der DNA kommt es häufig zu Wiederholungen von bestimmten Nukleotidsequenzen. Solche Abschnitte werden STRs (short tandem repeats) genannt. Die Anzahl dieser Wiederholungen von je 2 bis 7 Basen sind sehr individuell und sind daher für den genetischen Fingerabdruck geeignet. Geeignete STRs werden zuerst durch die oben beschriebene PCR-Methode angereichert, dann durch das Gelelektro- bzw. Kapillarelektrophoreseverfahren entsprechend ihrer Größe getrennt und z. B. in einem Autoradiogramm sichtbar gemacht. Das dann entstehende Muster der unterschiedlichen STRs ist bei jedem Menschen anders. Die Sicherheit der Identifizierung wird dadurch erhöht, dass nicht nur ein einzelner DNA-Abschnitt untersucht wird, sondern viele; z. B. untersucht das FBI stets 13 definierte Intron-Abschnitte.

Von **grüner Gentechnik** spricht man, wenn Pflanzen gentechnisch verändert werden (transgene Pflanzen). Das geschieht entweder um Lebensmittel haltbarer bzw. ertragreicher zu machen oder um Futtermittel oder Baumwolle so zu verändern, dass sie gegen Schädlinge oder spezielle Insektizide bzw. Herbizide resistent sind. Als Beispiele seien die **„Anti-Matsch-Tomate"** und der Bt-Mais genannt. Bei ersterer hat man zu dem Gen, das für das Enzym Pektinase codiert, ein Antisens-Gen eingebaut. Die Pektinase baut das Pektin zwischen den Zellwänden ab und lässt die reife Tomate matschig werden. Das Gen wurde direkt hinter dem eigentlichen Gen nochmal in komplementärer Form eingebaut, sodass es automatisch mit dem normalen Gen transkribiert wird. Dadurch entsteht zu der eigentlichen mRNA eine komplementäre Antisens-mRNA. Die beiden mRNAs lagern sich zu einem Doppelstrang zusammen, werden funktionslos und abgebaut. Die Synthese von Pektinase wird so verhindert.

Der **Bt-Mais** ist durch gentechnische Veränderung in der Lage, ein Gift gegen die Larven des Maiszünslers zu produzieren. Das Bt-Toxin ist ein für diese Insekten giftiges Protein, das von einem bodenlebenden Bakterium, dem *Bacillus thuringiensis* produziert wird. Es gelang, das entsprechende Gen in das Maisgenom zu transferieren.

Klonen; In-vitro-Fertilisation; Gentherapie; pränatale Diagnostik

Mit **roter Gentechnik** bezeichnet man gentechnische Verfahren in der Medizin. Das Ziel ist es, die Möglichkeiten genetischer Diagnostik zu verbessern und neuartige Medikamente zu entwickeln. Aber auch die Produktion von Medikamenten durch gentechnisch veränderte Tiere (Gen-Pharming) oder Mikroorganismen, gehört zur roten Gentechnik. Als Beispiel sei das Schaf „Tracy" genannt, bei dem es gelang in die befruchtete Eizelle das menschliche Gen für den Wirkstoff α1-Antitrypsin (ATT) einzupflanzen. Tracy produzierte diesen für Menschen mit ATT-Mangel lebensnotwenigen Stoff mit ihrer Milch. Die rote Gentechnik eröffnet außerdem die Möglichkeit zur **Gentherapie**, zur Behandlung von Krankheiten, die auf einem genetischen Defekt beruhen. Dabei unterscheidet man zwischen **somatischer Gentherapie** und **Keimbahntherapie**. Bei der somatischen Therapie wird das defekte Gen in den betroffenen Körperzellen durch ein intaktes ersetzt. Besonders eignen sich dazu **Stammzellen**, etwa im Knochenmark, da diese lebenslang teilungsfähig sind. Ausdifferenzierte Körperzellen haben dagegen i. d. R. eine begrenzte Lebensdauer. Die bisherigen Erfolge sind sehr spärlich, da es schwierig ist zuverlässige und ungefährliche Vektoren zu finden. Die Keimbahntherapie sieht vor, dass man das entsprechende Gen in die befruchtete Eizelle injiziert. Da diese gentechnische Veränderung aber die embryonalen Stammzellen und damit nicht nur die Körperzellen, sondern auch die Geschlechtszellen beträfe, würde sie an die nachfolgenden Generationen weitergegeben werden. Da sich außerdem die Risiken der „Nebenwirkungen" einer solchen genetischen Veränderung der Keimzellen nicht vorhersagen lassen, ist die Keimbahntherapie weltweit verboten.

Auch in der Tier- und Pflanzenzucht sowie in der **Reproduktionsmedizin** werden durch die Methoden der Gentechnik neue Wege gegangen. So gelang es 1997 das erste Mal, ein erwachsenes Säugetier zu klonen. Das Klonschaf „Dolly" wurde weltbekannt. Es gibt mehrere Arten des **Klonens** in der Tierzucht. Bei Dolly wurde die Technik der Kerntransplantation angewandt. Dazu wurde der Eizelle eines Schafes der Kern entnommen und stattdessen der Zellkern einer Euterzelle eines zweiten Schafes eingesetzt. Die so „befruchtete" Eizelle wurde einem weiteren Schaf zum Austragen in die Gebärmutter eingepflanzt. Streng genommen hatte Dolly also drei Mütter und keinen Vater. Eine weitere Möglichkeit des Klonens bietet das Embryo-Splitting. Dazu lässt man eine befruchtete Eizelle mehrere Teilungsschritte durchlaufen und teilt diesen Embryo in lauter Einzelzellen, die man einer Leihmutter einpflanzt. Es entstehen eineiige Mehrlinge.

Die Zahl der Paare, die sich einer **künstlichen Befruchtung** unterziehen steigt stetig an. Die Gründe dafür sind vielfältig. Man unterscheidet zwischen künstlicher Besamung (Insemination), In-vitro-Fertilisation (IVF) und intracytoplasmatischer Spermieninjektion (ICSI). Bei der IVF werden reife Eizellen der Frau im Reagenzglas mit Spermien des Mannes gemischt („Befruchtung im Reagenzglas"). Die erzeugten Embryonen werden in die Gebärmutter eingepflanzt. Die ICSI wird angewendet, wenn der Mann nur sehr wenige oder zu unbewegliche Spermien produziert. Dabei wird ein Spermium per Injektion in eine reife Eizelle übertragen. Der entstandene Embryo wird wie bei der IVF in die Gebärmutter eingepflanzt. Beide Verfahren bieten die Möglichkeit der **Präimplantationsdiagnostik** (PID). Dazu wird dem erzeugten Embryo eine Zelle entnommen und deren Erbgut auf Gendefekte untersucht. Kritiker der PID sehen

u. a. die Gefahr, dass zu leichtfertig zwischen lebenswertem und nicht lebenswertem Leben unterschieden wird.

Unter **pränataler Diagnostik** versteht man Methoden, mit deren Hilfe man während der Schwangerschaft, das ungeborene Kind auf Gendefekte oder Fehlbildungen untersuchen kann. Man unterscheidet **nicht-invasive Verfahren** (z. B. Ultraschall, Blutuntersuchung der Mutter) und **invasive Verfahren** (z. B. Placenta-Untersuchung; Fruchtwasser-Untersuchung und Nabelschnurvenenpunktion). Während erstere sowohl für Mutter als auch Kind gefahrlos sind, haben letztere zwar eine deutlich höhere Aussagekraft, da direkt das Genom des Ungeborenen untersucht wird, allerdings besteht dabei auch ein gewisses Risiko für eine Fehlgeburt.

Kommunikation zwischen Zellen

Vorbemerkung

Dieses Kapitel ist in die beiden Bereiche Neurobiologie und Immunbiologie unterteilt, wobei Sie Letztere nur im Leistungsfach können müssen. In der Neurobiologie müssen Sie den Aufbau und die Funktion von Nervenzellen ebenso kennen wie die Mechanismen der Reizaufnahme, die Reizumwandlung in elektrische Impulse und deren Weiterleitung entlang eines Axons und über Synapsen. Es kann durchaus passieren, dass Sie in der Abiturprüfung beispielsweise mit einer Erkrankung des Nervensystems oder Nervengiften konfrontiert werden, von denen Sie noch nie etwas gehört haben. Lassen Sie sich nicht davon verunsichern oder bei der Wahl der Aufgaben abschrecken, die Fragen werden sich, wenn auch hinter etwas Unbekanntem „versteckt", mit den folgenden Grundlagen beantworten lassen. Ähnliches gilt für die Immunbiologie. Wenn Sie die Grundlagen der unspezifischen und spezifischen Immunabwehr, die Struktur und Funktion der Antikörper und Lymphozyten und die Kommunikation zwischen den Zellen des Immunsystems verstanden haben und anwenden können, werden Sie in der Lage sein, alle noch so fremd klingenden Krankheiten oder Erreger zu erklären.

Nervensystem

a. Vom Reiz zur Reaktion (vgl. Übungsaufgabe 5)

Alle Lebewesen sind in der Lage äußere und innere Reize aufzunehmen und darauf zu reagieren. Als Reize können u. a. Licht, Schall, Druck, Temperatur oder chemische Stoffe wirken. Ein Reiz wird von einem speziellen Reizrezeptor, einer **Sinneszelle**, aufgenommen. Je höher entwickelt ein Lebewesen ist, desto vielfältiger können die Form der Sinneszellen und deren Zusammenschluss zu hochspezialisierten **Sinnesorganen** sein. Jede Sinneszelle reagiert am besten auf ihren **adäquaten Reiz**, eine Lichtsinneszelle im Auge beispielsweise auf Lichtreize. Viele Sinneszellen lassen sich auch durch andere Reize erregen, wenn diese stark genug sind. So löst ein Schlag aufs Auge die Wahrnehmung eines Lichtblitzes aus. Wie unterschiedlich die einzelnen Reize auch sein mögen, sie werden von den Sinneszellen alle in elektrische Signale umgewandelt (Transduktion), die nicht mehr voneinander zu unterscheiden sind. Diese Impulse werden über angeschlossene Nervenzellen zum Zentralnervensystem weitergeleitet (afferente

Nerven) wo sie zu einer Wahrnehmung oder einer Reaktion verarbeitet werden. Findet eine Reaktion außerhalb des ZNS, etwa in einem Muskel statt, erfolgt die Informationsweitergabe vom ZNS über abgehende (efferente) Nervenzellen.

b. Bau und Funktion eines Neurons (vgl. Übungsaufg. 4; 2022/5 Teil 1))

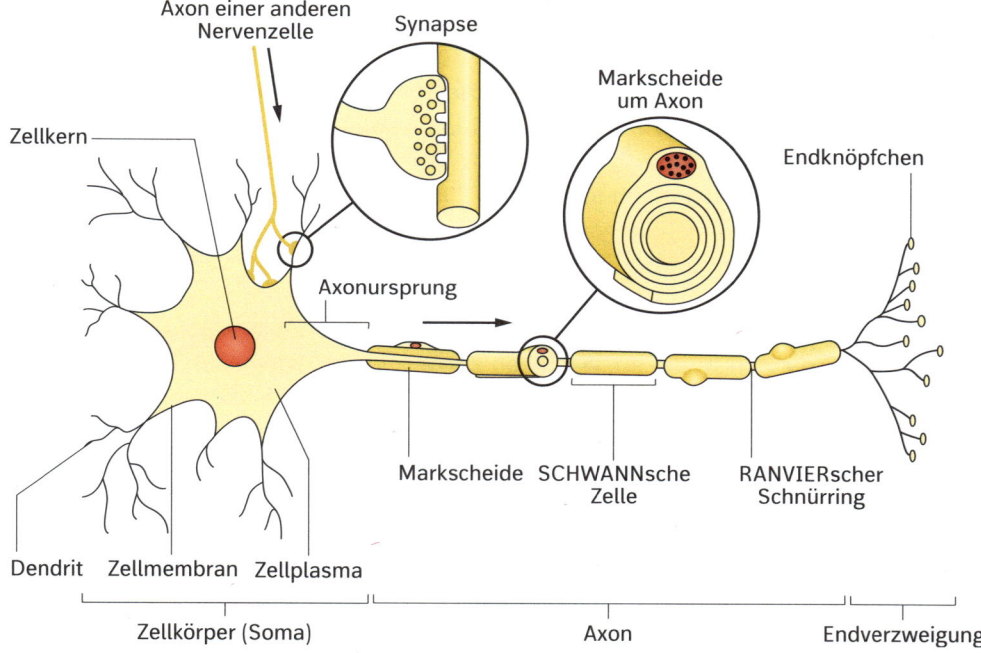

Bau eines Neurons

Bauelemente eines Neurons mit ihren Definitionen

Axon (wird auch als Neurit bezeichnet): Fortsatz von Nervenzellen, der Aktionspotenziale fortleitet. Die Erregung wird am **Endknöpfchen** mittels **Neurotransmitter** auf weitere Zellen übertragen.

Endknöpfchen: verbreitertes Ende eines Axons, enthält synaptische Vesikel, die mit Neurotransmitter gefüllt sind.

Glia: Gewebe aus Stützzellen, das für die Festigkeit des Nervengewebes, den Stofftransport im Nervensystem und die Isolierung der Neurone von Bedeutung ist.

Mark- bzw. Myelinscheide: schützende Hülle aus der Zellmembran von **Gliazellen**, die mehrfach um das Axon einer Nervenzelle gewickelt ist. Axone mit dieser Hülle bezeichnet man als markhaltig. Diese Gliazellen nennt man **Schwannsche Zellen**. Sie grenzen nicht ganz aneinander, weil sie von **Ranvierschen Schnürringen** unterbrochen werden. Myelinscheiden kommen nur bei Wirbeltierneuronen vor.

Ranvierscher Schnürring: An markhaltigen Axonen in regelmäßigen Abständen auftretender Bereich, an denen die Mark- bzw. Myelinscheide unterbrochen ist. Derartige Axone weisen nur dort spannungsgesteuerte Ionenkanäle auf, sodass bei ihnen nur an diesen Stellen Aktionspotenziale auftreten können.

Synapse: Kontaktstelle zwischen zwei Nervenzellen bzw. zwischen einer Nervenzelle und einer Muskel-, Sinnes- oder Drüsenzelle. Die meisten Synapsen übermitteln durch chemische Neurotransmitter Information. Zwischen den Zellen, die eine chemische Synapse bilden, befindet sich ein schmaler Spalt, der sogenannte synaptische Spalt.

c. Erregungsentstehung und -leitung, Synapsenvorgänge (vgl. Übungsaufg. 4, 5)

Die Aufgabe der Neuronen liegt in der Aufnahme, Weiterleitung und Verarbeitung von Informationen in Form von elektrischen Impulsen. Daran sind Ionen beteiligt, deren Konzentrationen innerhalb und außerhalb des Neurons, getrennt durch die Zellmembran, meist unterschiedlich sind. Diese ungleiche Ionenverteilung wird durch die **Natrium-Kalium-Pumpe** aktiv aufrechterhalten. Die im Innern herrschende negative Ladung kann von den vielen K^+-Ionen im unerregten Zustand nicht ausgeglichen werden. Die dadurch an der Membran entstehende elektrische Spannung wird als **Ruhepotenzial** bezeichnet. Das Ruhepotenzial verändert sich, wenn ein Neuron z.B. durch Einwirkung eines Reizes oder durch eine vorangegangene Erregung erregt wird. Dies erfolgt durch den Einstrom von Na^+-Ionen aus dem Außenmedium ins Zellinnere. Hier kann die negative Ladung nicht nur ausgeglichen werden; es kann sogar ein Überschuss an positiver Ladung entstehen. Dieser Vorgang wird als Depolarisation bezeichnet. Sie entsteht lokal und breitet sich unter Abschwächung (Dekrement) über die Zelle aus. Durch einen erhöhten Ausstrom von K^+-Ionen aus der Zelle nach außen kehrt dann das veränderte Membranpotenzial zum Ruhepotenzial zurück. Erfolgt beispielsweise durch einen starken Reiz eine Depolarisation über einen Schwellenwert hinaus, so entsteht ein kurzzeitiges **Aktionspotenzial**, das sich nur im Axon bildet und dann zur Synapse weitergeleitet wird.

Depolarisation: Veränderung des Membranpotenzials zu Werten, die positiver als das Ruhepotenzial der Zelle sind.

Hyperpolarisation: Veränderung des Membranpotenzials zu Werten, die negativer als das Ruhepotenzial der Zelle sind.

Ionenkanal: Protein in der Zellmembran, das Ionen passieren lässt. Das Öffnen eines Ionenkanals kann durch eine Spannungsänderung über der Membran (spannungsgesteuerte Ionenkanäle, z.B. Natriumkanäle), durch Bindung bestimmter Moleküle (Liganden gesteuerte Ionenkanäle) oder durch mechanische Einflüsse (mechanisch gesteuerte Ionenkanäle) ausgelöst werden.

Ionenpumpe: aktives Transportsystem, das unter ATP-Verbrauch Ionen gegen das Konzentrationsgefälle durch Biomembranen schleust.

Membranpotenzial: elektrische Spannung über der Zellmembran. Sie kommt durch die unterschiedlichen Ladungen beiderseits der Membran zustande. Die Ladungsdifferenz beruht auf der unterschiedlichen Verteilung der Ionen zwischen dem Cytoplasma (u.a. viel K^+, wenig Na^+) und dem Außenmedium (u.a. wenig K^+, viel Na^+).

Ruhepotenzial: Membranpotenzial von erregbaren Zellen im unerregten Zustand

Erregungsleitung

Die Erregung eines Neurons wird, wenn sie überschwellig ist, als Aktionspotenzial weitergeleitet. Die Leitung erfolgt in Nervenfasern ohne Myelinscheide als kontinuierliche, relativ langsame Erregungsleitung, in myelinisierten Nervenfasern als **saltatorische**

Erregungsleitung mit Bildung von Aktionspotenzialen nur an den Ranvierschen-Schnürringen. Dabei sorgt die Refraktärzeit dafür, dass das Aktionspotenzial nur in eine Richtung weitergeleitet wird und nicht zurücklaufen kann. Als Refraktärzeit bezeichnet man den kurzen Zeitraum nach einem Aktionspotenzial, währenddessen die Membran des Axons zunächst unerregbar (absolute Refraktärzeit) und anschließend vermindert erregbar ist (relative Refraktärzeit). Verursacht wird die Refraktärzeit durch Hyperpolarisation.

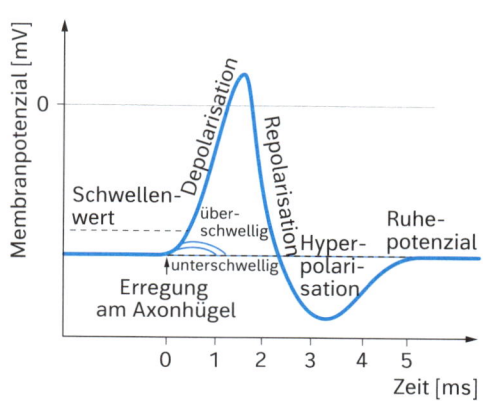

Phasen des Aktionspotenzials

Synapsenvorgänge mit molekularen Grundlagen

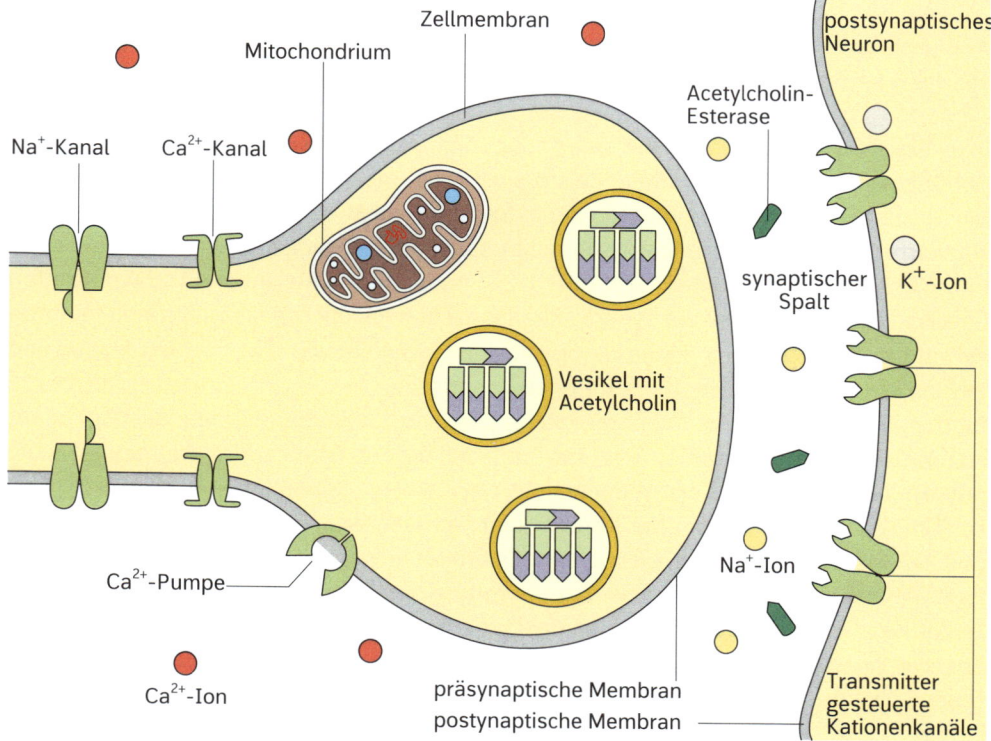

Bau einer Synapse

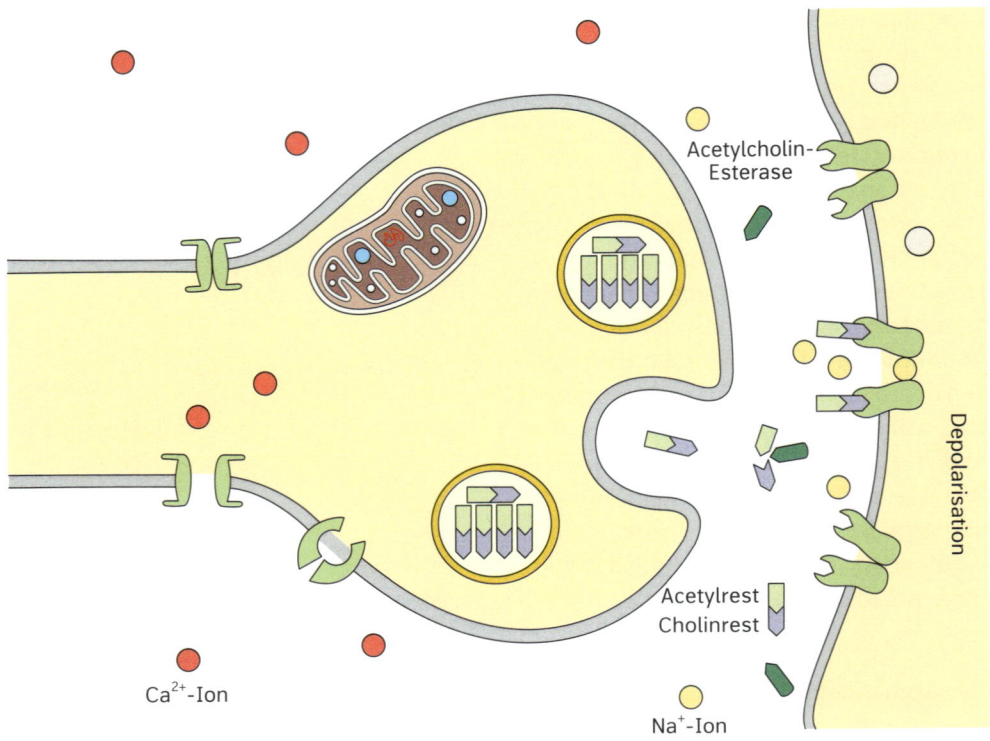

Ankommende APs bewirken eine Öffnung der Calciumionen-Kanäle und daraufhin das Verschmelzen der Vesikel mit der Membran

Erreicht ein Aktionspotenzial (AP) das Endknöpfchen, öffnen sich kurzzeitig spannungsabhängige Calciumionen-Kanäle: Calciumionen strömen in das Zellinnere, da für diese ein Konzentrationsgefälle zwischen der extrazellulären Flüssigkeit und dem Cytosol der Nervenzelle besteht. Calciumionen-Pumpen transportieren eingedrungene Calciumionen unter ATP-Verbrauch wieder nach außen. Der Anstieg der Calciumionen-Konzentration bewirkt, dass sich ein Teil der synaptischen Bläschen mit der präsynaptischen Membran verbindet. Acetylcholinmoleküle werden aus den synaptischen Bläschen freigesetzt und diffundieren durch den Spalt bis zur postsynaptischen Membran. Dort besetzen sie die Bindungsstellen der Acetylcholinrezeptoren, sodass benachbarte Ionenkanäle geöffnet werden. Entlang ihres starken Konzentrationsgefälles strömen nun Natriumionen in die postsynaptische Zelle. Gleichzeitig wandern nur wenige Kaliumionen nach außen. Diese Ladungsveränderung an der postsynatischen Membran wird als EPSP, erregendes postsynaptisches Potenzial, bezeichnet. Es breitet sich über die postsynaptische Zelle aus. Wenn es am Axonhügel bzw. Axonursprung den Schwellenwert erreicht, wird die Erregung in Form eines Aktionspotenzials bis zur nächsten Synapse weitergeleitet. Das postsynaptische Potenzial wirkt nur über kurze Zeit. Die Acetylcholinmoleküle lösen sich schnell von ihren Rezeptoren und die Kationenkanäle schließen sich wieder, sodass der Einstrom von Natriumionen in die postsynaptische Zelle unterbleibt. Im synaptischen Spalt befindet sich das Enzym Acetylcholinesterase. Sobald die Acetylcholinmoleküle an dieses Enzym gelangen, werden sie in ein Acetation und einen Cholinrest gespalten. Beide Stoffe werden wieder in die Nervenendigungen aufgenommen, wo aus ihnen erneut Acetylcholin gebildet und in Vesikel verpackt wird.

erregendes postsynaptisches Potenzial (EPSP): Depolarisation der postsynaptischen Membran aufgrund der Bindung eines Neurotransmitters an einen entsprechenden Rezeptor; erhöht die Wahrscheinlichkeit für die Ausbildung eines Aktionspotenzials.

hemmendes postsynaptisches Potenzial (IPSP): Hyperpolarisation der postsynaptischen Membran aufgrund der Bindung eines Neurotransmitters an einen entsprechenden Rezeptor; erschwert die Ausbildung eines Aktionspotenzials.

Neurotransmitter: chemische Substanz („Botenstoff"), z.B. Acetylcholin, die in der Synapse Information auf eine andere Zelle überträgt; wird von Nervenzellen hergestellt und an der präsynaptischen Membran der Synapse freigesetzt. Nach Diffusion durch den synaptischen Spalt bindet er an spezifische Rezeptoren in der postsynaptischen Membran.

postsynaptische Membran: zum synaptischen Spalt hin weisende Zellmembran der postsynaptischen Zelle.

postsynaptische Zelle: Zielzelle für die Information in einer Synapse.

präsynaptische Membran: zum synaptischen Spalt hin weisende Zellmembran der präsynaptischen Zelle.

präsynaptische Zelle: Zelle, die in einer Synapse die Information weitergibt.

synaptischer Spalt: Raum zwischen prä- und postsynaptischer Membran in einer chemischen Synapse.

Schwellenwert oder Schwellenpotenzial: Potenzial, das eine Nervenzelle am Axonhügel erreichen muss, damit ein Aktionspotenzial ausgelöst wird.

synaptische Vesikel: kleine, mit Neurotransmitter gefüllte Membranbläschen, die in den Endknöpfchen von Axonen gebildet werden und ihren Inhalt in den synaptischen Spalt freisetzen, wenn ein Aktionspotenzial das Axonende erreicht.

d. Synaptische Verschaltung und Verrechnung (vgl. Übungsaufg. 4; 2021/1 Teil 3)

Ein Neuron einer Nervenfaser wird nicht nur über eine einzelne Synapse erregt. Es werden vielmehr die Signale von zahlreichen Synapsen in einer Nervenzelle registriert. Die an den Synapsen ausgelösten postsynaptischen Potenziale (PSPs) breiten sich anders als Aktionspotenziale unter Abschwächung (Dekrement) über die Zelle aus. Sie können erregend oder hemmend wirken und dazu von unterschiedlicher Stärke sein. Diese PSPs unterschiedlicher Synapsen werden alle dann miteinander verrechnet, wenn sie nahezu gleichzeitig auftreten (räumliche Summation). Erreichen sie am Axonhügel den Schwellenwert, lösen sie gemäß ihrer Erregungsstärke ein oder mehrere Aktionspotenziale aus. Auch die PSPs an einer einzigen Synapse können summiert werden, wenn präsynaptisch mehrere Aktionspotenziale kurz hintereinander einlaufen. Dies nennt man zeitliche Summation.

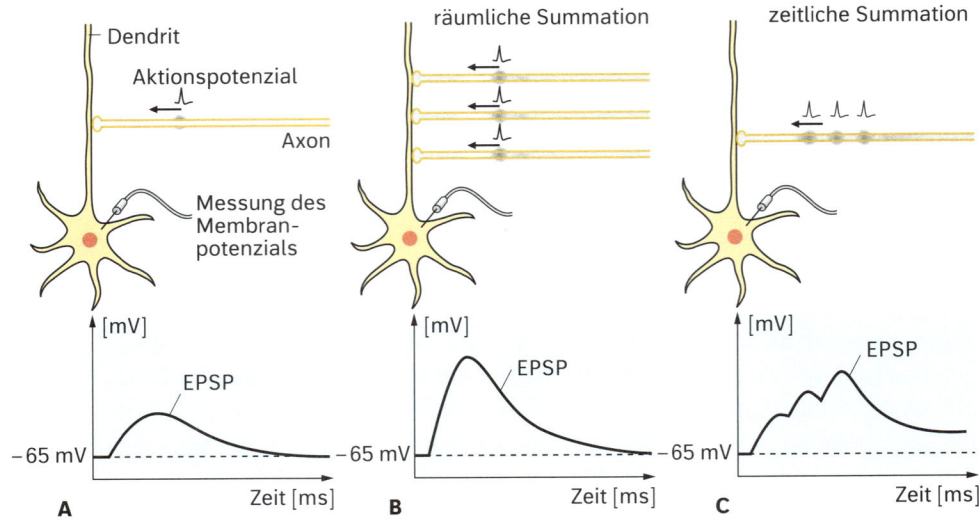

Summation

Ein einzelnes Aktionspotenzial löst ein geringeres EPSP aus (A). Wenn einzelne Aktionspotenziale an verschiedenen Synapsen gleichzeitig eintreffen (B) oder viele Aktionspotenziale rasch nacheinander an derselben Synapse (C), tritt Summation auf. Anmerkung: Nicht die Aktionspotenziale werden summiert, sondern deren Wirkungen, d. h. hervorgerufene PSPs.

e. Reizaufnahme und Erregung am Beispiel des Sehvorgangs

Der lichtempfindliche Teil des Auges ist die **Netzhaut**, die Retina. Sie besteht aus drei Zellschichten, wobei die Lichtsinneszellen, die Stäbchen und Zapfen, die unterste, lichtabgewandte Seite der Netzhaut bilden. Die 6 Millionen Zapfen und 120 Millionen Stäbchen sind unterschiedlich über die Netzhaut verteilt. Die für das Farbensehen zuständigen Zapfen befinden sich vor allem im Bereich der zentralen Sehgrube, dem gelben Fleck. Er ist, bedingt durch eine entsprechende neuronale Verschaltung, der Bereich des größten Auflösungsvermögens. An den Randbereichen der Netzhaut gibt es nur die fürs Hell-Dunkel-Sehen benötigten Stäbchen. Hier können wir keine Farben und nicht besonders scharf sehen, dafür ist die Lichtempfindlichkeit höher. Die Lichtsinneszellen sind über Bipolarzellen und amakrine Zellen mit Ganglienzellen verschaltet, deren Nervenfasern sich zum Sehnerv bündeln und über den blinden Fleck das Auge in Richtung Gehirn verlassen.

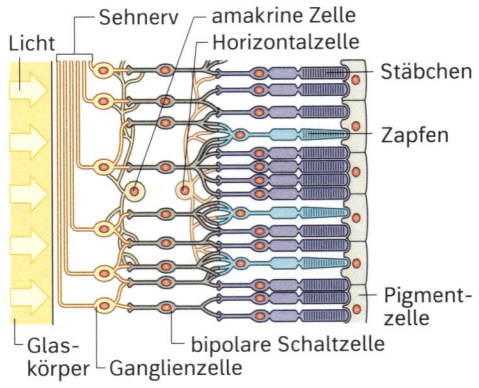

Bau der Netzhaut

Der an der Fototransduktion in den Stäbchen beteiligte Sehfarbstoff ist das **Rhodopsin**. Es besteht aus zwei Teilen, einem Proteinanteil (Opsin) und einem Farbstoffanteil (Retinal), und sitzt in den Membranscheibchen (Discs) der Stäbchen. In unbelichtetem Zustand des Stäbchens liegt das Retinal in der geknickten 11-cis-Form vor und ist mit dem Opsin verbunden. Außerdem sind die in der Außenmembran liegenden Na^+- und Ca^{2+}-Kanäle geöffnet, da sich cGMP, ein sekundärer Botenstoff, an spezielle Rezeptoren bindet. Der so ermöglichte Kationeneinstrom führt zu einem Ruhepotenzial von -35 mV. Das unbelichtete Stäbchen gibt fortlaufend hemmende Botenstoffe (Glutamat) an die benachbarte Bipolarzelle ab.

Trifft ein Lichtreiz auf das Stäbchen, wandelt sich das Retinal in die gestreckte All-trans-Form, löst sich vom Opsin und löst eine Signalwirkkette aus. Es aktiviert das Membran Transducin, das seinerseits das Enzym Phosphodiesterase (PD) aktiviert. PD katalysiert den Abbau von cGMP zu GMP, wodurch sich die Na^+- und Ca^{2+}-Kanälchen schließen. Der fehlende Kationeneinstrom führt zu einer Hyperpolarisation der Membran auf -70 mV. Die Glutamatausschüttung an der synaptischen Endigung wird unterbrochen, wodurch die Hemmung der folgenden Bipolarzelle aufgehoben wird, die nun die nachfolgenden Ganglienzellen reizen kann. Wie bei Signalwirkketten üblich kommt es von Stufe zu Stufe zu einer Verstärkung des Signals. Ein umgewandeltes Retinal-Molekül kann so den Abbau von bis zu 100000 cGMP-Molekülen zur Folge haben.

Enzyme katalysieren in den Pigment-zellen die Regeneration von All-trans-Retinal zu 11-cis-Retinal. Die Vorgänge in den Zapfen ähneln den beschriebe-nen stark, allerdings sind etwas andere Sehfarbstoffe daran beteiligt. Genau ge-nommen gibt es drei verschiedene für die Farben blau, grün und rot. Alle anderen Farben die wir wahrnehmen können, ent-stehen durch additive Farbmischung der drei Grundfarben.

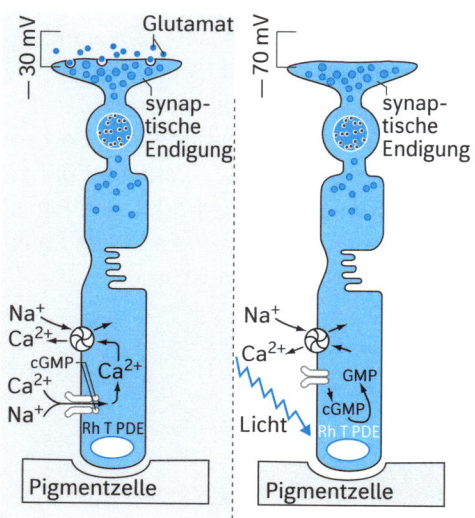

Vorgänge im Stäbchen

Hormonsystem

a. Chemische Kommunikation durch Hormone

Die ursprünglichste aller innerartlichen Kommunikationsformen bei Lebewesen be-steht im Ausscheiden von Substanzen, die von anderen Zellen desselben Körpers oder In¬dividuen derselben Art über molekulare Rezeptoren wahrgenommen werden und über die damit verbundene Informationskette kurz- und längerfristige Veränderungen beim Empfänger auslösen können. Ein Beispiel für diese chemische Kommunikation sind die Neurotransmitter, die im vorhergehenden Abschnitt in ihrer Funktion als Signal-überträger innerhalb von Nervensystemen vorgestellt wurden. Während die chemische Kommunikation zwischen Individuen, wie z.B. im Rahmen der Fortpflanzung von Säugetieren oder im Bereich der Sexuallockstoffe bei Insekten oder den Gameten vieler im Wasser lebender Wirbelloser, aber auch von Algen, durch **Pheromone** gesteuert wird, erfolgt die chemische Kommunikation zwischen Zellen eines vielzelligen Individuums über **Hormone**.

Beispiele bei Pflanzen sind das Reifungshormon Etylen, und bei Säugetieren einschl. des Menschen die Geschlechtshormone und die den Stoffwechsel regulierenden Hormone Thyroxin und Insulin. Auch die Stresshormone Adrenalin und Noradrenalin greifen, vom zentralen Nervensystem beeinflusst, in den Stoffwechsel und viele weitere Organfunktionen ein. Dabei bestehen bei Wirbeltieren wie wirbellosen Tieren in vielen Fällen enge Beziehungen zwischen dem Nervensystem und Hormondrüsen. Besonders deutlich werden diese Zusammenhänge im Wirkungskreis von Geschlechtshormonen und beim Auftreten von Stress. Hormone gehören zu Substanzgruppen im Tier- und Pflanzenreich, die von anderen Wirkstoffen nicht streng zu trennen sind. Sie wirken in sehr geringer Konzentration auf andere Zellen nach dem Schlüssel-Schloss-Prinzip, wenn sie als **hydrophile** Hormone an den Zellmembranen der Zielzellen auf entsprechende, in die Membran eingebaute Rezeptoren (Membranproteine) treffen oder als **lipophile** Hormone durch die Zellmembran diffundieren und im Cytoplasma an entsprechende Rezeptoren andocken. Hinsichtlich ihrer chemischen Struktur unterscheidet man also hydrophile (wasserlösliche) Aminosäureabkömmlinge (z. B. Adrenalin, Thyroxin), hydrophile Peptidhormone (z. B. Erythropoetin / EPO, Glucagon, Insulin, Oxytocin, Follikel stimulierendes Hormon, luteinisierendes Hormon) und lipophile (fettlösliche, hydrophobe) Steroidhormone der Nebennierenrinde (z. B. Cortisol, Cortison,) und der Keimdrüsen (Progesteron, Testosteron, Östradiol). Viele hydrophile Hormone lösen nach dem Andocken an den Rezeptor in der Zellmembran eine Signalkette im Cytoplasma aus, die durch die Aktivierung mehrerer Enzyme und das Signalmolekül cyklisches Adenosinmonophosphat (cAMP) charakterisiert ist.

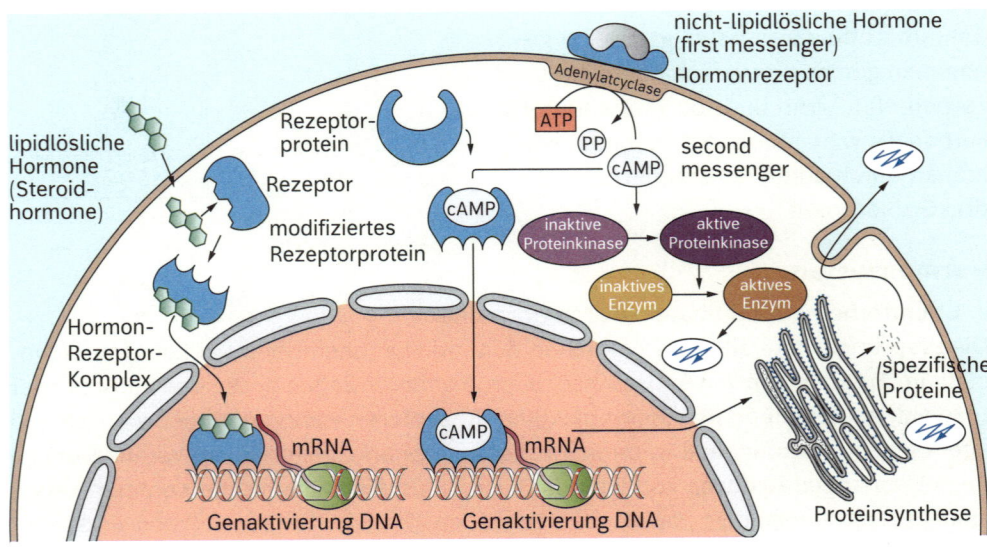

b. sekundäre Messenger

Neben den Hormonen als „primärer messenger" gilt eine Reihe von Substanzen in den Signalketten im Cytoplasma als „sekundärer messenger". Sie zeichnen sich dadurch aus, dass sie als zweiter Botenstoff das Hormonsignal vom Rezeptor in der Plasmamembran zu den Stoffwechselketten im Cytoplasma leiten. Beispiele dafür sind cAMP, Inositoltriphosphat (IP3) und membrangebundene Proteine (G-Proteine), die entweder hemmend oder fördernd auf die Weiterleitung der Signale wirken.

c. Regulation von Stoffwechselprozessen durch Hormone: Beispiel Hoden

Viele Stoffwechselprozesse werden durch Hormone gesteuert. Besonders komplex ist dabei die Steuerung der Fortpflanzung, weil das Geschehen auch durch äußere Faktoren wie Tageslänge und Raumtemperatur beeinflusst wird. Aber auch die Regulation des Blutzuckerspiegels und die Steuerung von vielen Stoffwechselprozessen durch Hormone der Schilddrüse und ihre Steuerungshormone zeigen vielfältige Einflüsse auf den Körperzustand. Ein relativ einfaches Beispiel für Rückkopplungsmechanismen ist am

Steuerungssystem der Hoden zu erkennen, auch weil ein Vergleich mit dem Hormonsystem der Fortpflan¬zung bei Frauen interessante Ergebnisse zeigt. Die Funktion der Hoden wird durch zwei Hormone aus der Hypophyse beeinflusst: Luteinisierendes Hormon („Gelbkörperhormon", LH) regt die Produktion von Testosteron an. Das „Follikel stimulierende Hormon" (FSH) stimuliert die Produktion von Samenzellen in den Hoden. FSH und LH werden sowohl bei Männern wie auch bei Frauen dann gebildet, wenn Freisetzungshormone aus dem Hypothalamus ausgeschüttet werden. Die Konzentration der Freisetzungshormone sowie von LH und FSH wird beim Mann durch die Konzentration des Testosterons durch negative Rückkopplung gesteuert. Bei Frauen erfolgt eine negative Rückkopplung über die Hormone des Eierstocks, die Estrogene und Progesteron.

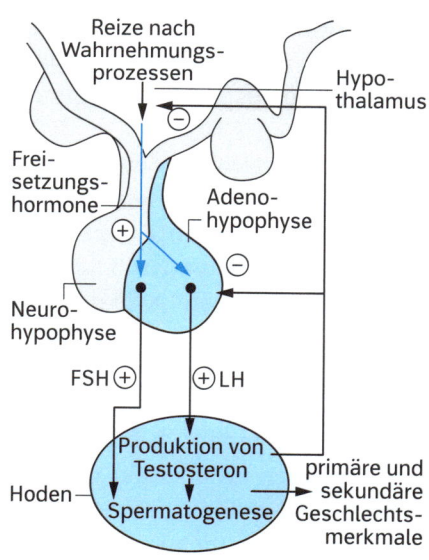

Steuerungssystem der Geschlechtshormone beim Mann

Immunsystem (nur Leistungsfach)

a. Struktur und Funktion des Immunsystems; unspezifische Abwehr

Das Immunsystem schützt uns permanent vor äußeren (Viren, Bakterien) und inneren (entartete Zellen) Gefahren. Dabei muss es zuverlässig zwischen körpereigenen und körperfremden Strukturen unterscheiden können. Der Schutz besteht aus drei unterschiedlichen „Verteidigungslinien". Eine erste, **passive** und **unspezifische Abwehr** bilden verschiedene Barrieren. Zu ihnen gehören:

- **Mechanische Barrieren** wie die Haut, Schleimhäute und Flimmerhärchen, die das Eindringen von Erregern verhindern, bzw. deren Absonderung übernehmen.
- **Chemische Barrieren** wie das saure Milieu der Haut, mancher Schleimhäute und im Magen oder Verdauungsenzyme im Speichel und der Tränenflüssigkeit.
- **Biologische Barrieren:** Die Bakterien der Darmflora konkurrieren mit potenziellen Krankheitserregern um den Lebensraum.

Werden diese Barrieren überwunden, etwa durch eine Verletzung der Haut, greift die zweite Linie, die **aktive unspezifische Immunabwehr**. Sie besteht aus verschiedenen Leukocyten, weißen Blutkörperchen. Zu ihnen gehören Fresszellen – Granulocyten und Makrophagen – und Mastzellen, die Histamin freisetzen. Histamin ist ein wichtiger Botenstoff bei Entzündungsreaktionen, der aber auch bei allergischen Reaktionen eine entscheidende Rolle spielt (S. 67). Die Fresszellen erkennen körperfremde Substanzen, phagocytieren und verdauen sie. Unterstützt werden die Leukocyten vom Komplementsystem, einer Gruppe von ca. 30 Proteinen, die vor allem an der Erkennung fremder Strukturen und der Zerstörung von Bakterien beteiligt sind. Wird auch diese Hürde überwunden und dringen Erreger in Blut- oder Lymphbahnen ein, übernimmt die dritte Verteidigungslinie, die **spezifische** oder **erworbene Immunabwehr**. Dieser Schutz ist nicht von Geburt an ausgebildet, sondern wird erst nach und nach erlangt. Die spezifische Immunabwehr ist sehr effektiv und wird im folgenden Abschnitt genauer betrachtet.

b. Spezifische Immunabwehr (vgl. Übungsaufg. 6; 2021/3 Teil 1)

Die wesentlichen Elemente der spezifischen Immunabwehr sind Antikörper und Lymphocyten. Die **Antikörper**, auch Immunglobuline (Ig) genannt, sind Proteine, deren Y-förmige Grundstruktur aus zwei schweren H-Ketten (**h**eavy) und zwei leichten L-Ketten (**l**ight) besteht. Die Ketten sind über Disulfidbrücken miteinander verbunden. Ein Teil dieser Ketten, der konstante Abschnitt, ist bei allen Antikörpern identisch aufgebaut. Die Besonderheit der Antikörper ist aber der variable Abschnitt, der bei allen unterschiedlich ist. Dadurch gibt es theoretisch zu beinahe jedem möglichen Eindringling den passenden Antikörper. Die große Vielfalt der Antikörper kommt dadurch zustande, dass die Antikörpergene während des Reifungsprozesses der Lymphocyten rekombiniert werden. Die Gene bestehen aus verschiedenen Abschnitten, die in unterschiedlicher Kombination zusammengesetzt werden können.

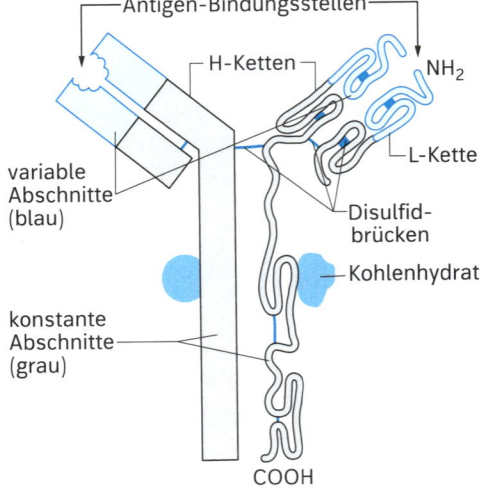

Struktur eines IgG

Man unterscheidet fünf **Antikörperklassen**:

Antikörper-klasse	IgG	IgE	IgD	IgA	IgM
Struktur					
Vorkommen	häufigster Antikörper	Haut und Schleim-häute	Oberfläche von B-Lym-phocyten	Speichel, Tränenflüs-sigkeit	erste Anti-körper bei Primärinfek-tion
Funktion	tritt v. a. bei Sekundärre-aktionen auf	Abwehr von Wurmpara-siten	Erkennung von Antige-nen	Schutzen vor Viren	effektiv im Verklum-pen von Antigenen

Körperfremde Substanzen werden als **Antigene** bezeichnet. Die besondere Fähigkeit der Antikörper ist es, bestimmte Oberflächenstrukturen (**Epitope**) der Antigene zu erkennen und sich mit ihnen zu einem Antigen-Antikörper-Komplex zu verbinden.

Die **Lymphocyten**, eine spezielle Gruppe weißer Blutkörperchen, werden abhängig von ihrem Reifungsort in zwei Klassen unterteilt, die B- und T-Lymphocyten. B-Zellen reifen im Knochenmark (bone marrow), die T-Zellen in der Thymusdrüse. Die Vorläuferzellen der Lymphocyten bilden sich aus Stammzellen im Knochenmark. Während dieses Reifungsprozesses erhalten sowohl die B- als auch die T-Zellen Oberflächenstrukturen zur Erkennung von Antigenen. Bei B-Zellen sind das Antikörper, die in die Membran eingebaut werden, bei T-Zellen antikörperähnliche Strukturen.

Dringt ein Erreger, beispielsweise ein Virus oder Bakterium, in die Körperflüssigkeit (lat. *humor*) ein, kommt es zur **humoralen Immunantwort**, die im Wesentlichen aus folgenden Schritten besteht:
1. Makrophage phagocytiert das Antigen und präsentiert Bruchstücke davon an ihrem MHC-II Komplex (s.u.).
2. T-Helferzelle dockt an das präsentierte Antigenfragment an. Makrophage schüttet Botenstoff aus (Interleukin 1), wodurch die T-Helferzelle aktiviert wird.
3. Aktivierte T-Helferzelle teilt sich vielfach (klonale Selektion) in T-Helferzellen, T-Helfer-Gedächtniszellen und T-Supressorzellen.
4. T-Helferzellen schütten ebenfalls einen Botenstoff aus (Interleukin 2).
5. Interleukin 2 aktiviert B-Lymphocyten der seinerseits das gleiche Antigen aufgenommen hat und Bruchstücke auf der Oberfläche präsentiert. Durch die Aktivierung teilt sich der B-Lymphocyt tausendfach zu B-Plasmazellen und B-Gedächtniszellen.

6. B-Plasmazellen produzieren pro Sekunde tausende spezifische Antikörper.
7. Antikörper agglutinieren freie Antigene, Makrophagen phagocytieren Antigen-Antikörper-Komplexe.
8. Nimmt die Zahl freier Antigene ab, fahren T-Supressorzellen die Immunantwort zurück.

Gelingt es einem Virus eine Wirtszelle zu befallen, präsentiert diese Antigenfragmente an ihrem MHC-I-Komplex (s. u.). Auch Tumorzellen und fremde Gewebe, z. B. ein Spenderorgan, werden an ihrem MHC-I-Komplex erkannt. Es kommt zur **zellulären Immunantwort**, die wie folgt abläuft:

1. T-Killerzelle bindet an den entsprechenden MHC-I-Komplex.
2. T-Helferzellen, die Kontakt mit dem gleichen Antigen hatten, schütten Interleukin 2 aus.
3. IL 2 aktiviert T-Killerzelle und regt sie zur Teilung an. Es entstehen T-Killerzellen, T-Gedächtniszellen und T-Supressorzellen.
4. T-Killerzellen verbinden sich mit befallenen oder entarteten Körperzellen und zerstören sie, indem sie deren programmierten Zelltod (Apoptose) einleiten oder sie mithilfe von Perforin durchlöchern und zum Platzen bringen.
5. Ist die Gefahr gebannt, fahren die T-Supressorzellen die Immunreaktion zurück.

Eine große Stärke der spezifischen Immunabwehr ist die Fähigkeit, Gedächtniszellen zu bilden. Kommt es zu einem erneuten Kontakt mit dem gleichen Antigen, werden die Gedächtniszellen aktiviert und die humorale und oder zelluläre Antwort kann wesentlich schneller ablaufen. Gedächtniszellen überdauern viele Jahre, teilweise sogar ein Leben lang. Dieses **immunologische Gedächtnis** macht man sich auch bei Schutzimpfungen zunutze.

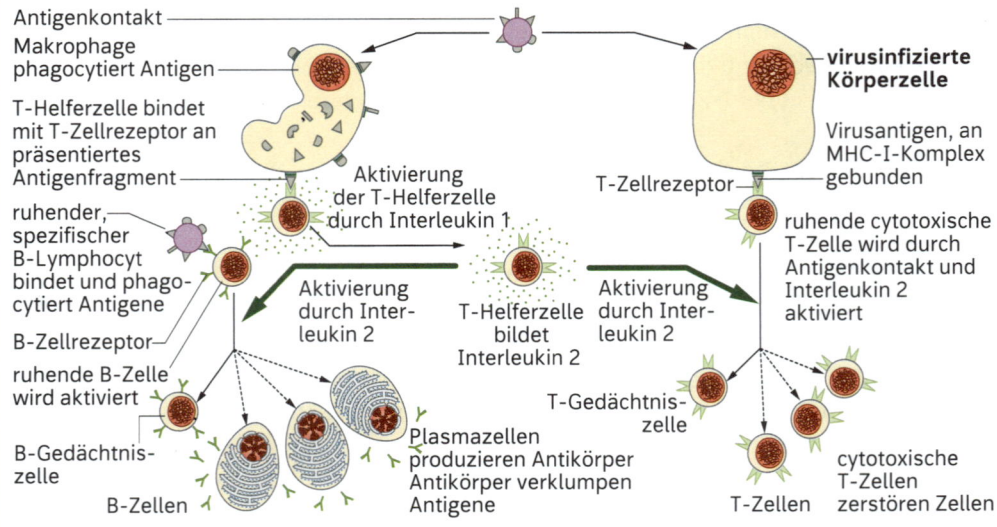

Ablauf der humoralen (links) und zellulären (rechts) Immunantwort

c. Kommunikation zwischen den Zellen des Immunsystems

Neben den genannten Botenstoffen sind an der Kommunikation zwischen (befallenen) Körperzellen und Antigen präsentierenden Makrophagen auf der einen und T-Helfer-zellen bzw. T-Killerzellen auf der anderen Seite verschiedene Proteinkomplexe beteiligt.

Protein-komplex	MHC-I	MHC-II	CD4	CD8
Vorkom-men	auf allen kernhal-tigen Körperzellen	nur auf Zellen des Immunsystems	Rezeptorprotein auf T-Killerzellen	Rezeptorprotein auf T-Killerzellen
Funktion	weisen körperei-gene Zellen als solche aus („Per-sonalausweis"); Präsentation von Viren-Antigenen durch infizierte Zellen; An-dock-stelle für T-Killer-zellen	Präsentation von Antigenfrag-menten durch Makrophagen und B-Lymphocyten; Andockstelle für T-Helferzellen	unterstützt die Verbindung mit dem MHC-II, dadurch Aus-schüttung von IL 2; Andockstelle für das HI-Virus (s.u.)	unterstützt die Ver-bindung mit dem MHC-I; da-durch Aktivierung der T-Killerzelle und Zer-störung der infizierten Zelle

Die Abkürzung MHC steht für **m**ajor **h**istocompatibility **c**omplex, was übersetzt so viel heißt wie „Haupt-Gewebeverträglichkeits-Komplex".

d. Monoklonale Antikörper und ELISA-Test (vgl. Übungsaufgabe 6; 2021/3 Teil 5)

Um zu testen, ob sich eine Person mit einem bestimmten Erreger infiziert hat, kann man prüfen, ob sich der Erreger selbst oder Antikörper gegen ihn im Blut der Testper-son befinden. Häufig nutzt man dazu den **ELISA-Test** (**e**nzym-**l**inked **i**mmun**o**sorbent **a**ssey). Für das Testverfahren werden **monoklonale Antikörper** (MAK) benötigt. Diese werden gewonnen, indem man ein Tier mit dem Erreger infiziert, die darauf spezifischen B-Plasmazellen entnimmt und mit einer Myelomzelle (Krebszelle) zu einer sogenannten **Hybridomzelle** verschmilzt. Diese teilt sich fortwährend und produziert lauter identische Antikörper gegen ein einziges Epitop.

Ablauf des Elisa-Tests:

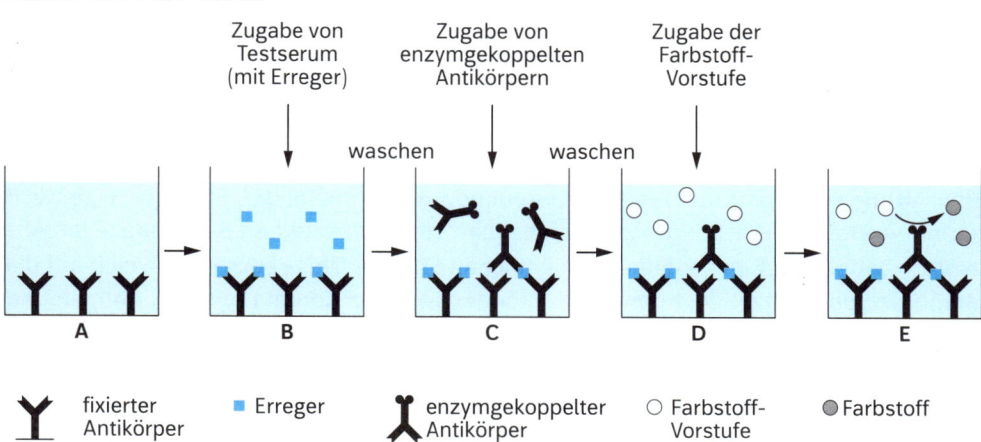

e. Störungen des Immunsystems (vgl. Übungsaufg. 6)

Hinweis: Da die folgenden Themen teilweise nur Wahlthemen sind und nicht alle behandelt werden müssen, sind sie hier nur relativ knapp wiedergegeben. Wiederholen Sie das im Unterricht bearbeitete Thema vor der Klausur mithilfe ihres Schulbuches nochmals intensiver. Obwohl nur Wahlthemen, können diese Themen alle im Abitur drankommen. Lassen Sie sich davon nicht beirren, Sie erhalten in diesem Fall alle benötigten Informationen in den entsprechenden Materialien. Sie benötigen zur Bearbeitung lediglich das in **a. – c.** aufgeführte Wissen.

Das **h**uman-**i**mmonodeficiency-**v**irus, kurz **HIV**, ist ein Virus aus der Familie der Retroviren. Retroviren tragen RNA als Erbgut in sich. Befällt das HI-Virus eine Wirtszelle, wird das Virengenom durch das Enzym Reverse Transkriptase zunächst in DNA umgeschrieben, die anschließend in das Wirtsgenom eingebaut wird. Hier liegt eine der großen Schwierigkeiten in der Bekämpfung des Virus. Die Reverse Transkriptase hat eine sehr hohe Fehlerrate, wodurch es zu einer permanenten Mutation des Virus kommt. Es ist damit dem Immunsystem und entwickelten spezifischen Medikamenten stets einen Schritt voraus. Das zweite Problem am HIV ist, dass es die T-Helferzellen, also die zentralen Schaltstellen der spezifischen Immunabwehr, befällt und zerstört. Die Infektion erfolgt, indem sich das Glykoprotein gp 120 mit dem CD4-Rezeptor verbindet. Sind irgendwann nicht mehr genügend T-Helferzellen vorhanden, bricht das Krankheitsbild AIDS aus. Der Patient stirbt aufgrund seiner Immunschwäche an Folgekrankheiten wie Lungenentzündungen, Pilzinfektionen o. Ä. Die nebenstehende Abbildung zeigt schematisch die Infektion der T-Helferzelle und die Schritte, die man unternimmt, um die Vermehrung des Virus medikamentös zu unterbinden.

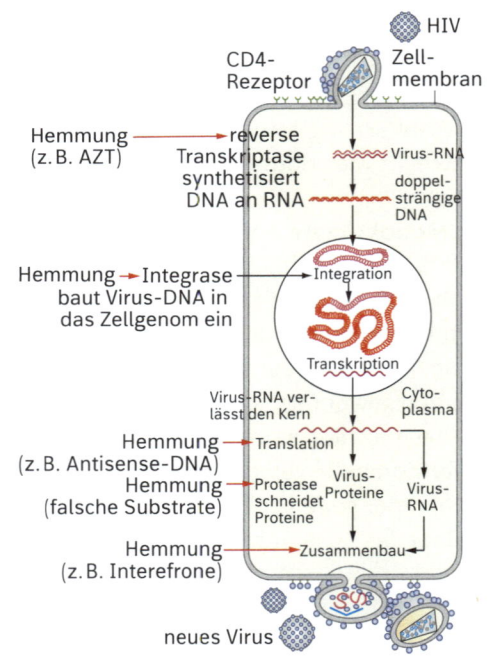

Infektion mit dem HI-Virus

Eine **Allergie** entsteht durch eine Überreaktion des Immunsystems gegen eigentlich harmlose Stoffe, wie z. B. Pflanzenpollen. Beim Erstkontakt bilden B-Plasmazellen Antikörper vom Typ IgE gegen den vermeintlichen Erreger. Diese IgEs setzen sich auf die Membran von Mastzellen. Kommt es zu einem erneuten Kontakt mit dem Antigen und besetzt das Antigen zwei Antikörper auf der Mastzelle gleichzeitig, veranlasst es diese, große Mengen Histamin auszuschütten. Histamin weitet die Gefäße. Die Folge sind Rötungen, Schwellungen und vermehrte Absonderung von Flüssigkeit an den Schleimhäuten. Im schlimmsten Fall kann es zu einem anaphylaktischen Schock kommen. Dabei werden die Blutgefäße so stark geweitet, dass der Blutdruck fällt bis die Betroffenen ohnmächtig werden oder im Extremfall sogar an Organversagen sterben können.

Bei einer **Autoimmunerkrankung** richtet sich die zelluläre Immunantwort fälschlicherweise gegen körpereigene Zellen. Bei Diabetes vom Typ 1 beispielsweise, dem Jugenddiabetes, zerstören T-Killerzellen die β-Zellen der Bauchspeicheldrüse, die das Hormon Insulin produzieren. Wie es zu einer solchen Verwechslung kommen kann ist noch nicht eindeutig geklärt, man vermutet aber, dass eine Infektion mit einem Virus vorausgegangen sein könnte, dessen Epitope den Oberflächenstrukturen der betroffenen körpereigenen Zellen so ähnlich sind, dass die spezialisierten Abwehrzellen anschließend die körpereigenen Zellen angreifen.

Evolution und Ökologie

Vorbemerkung

Der Bildungsplan sieht vor, dass Sie in der Kursstufe eine oder mehrere Exkursionen in ein Ökosystem oder Museum unternehmen, um die Vielfalt des Lebens und die Bedeutung einer systematischen Ordnung der Lebewesen kennen zu lernen. Von der gebräuchlichen Systematik zur Einordnung von Lebewesen, der Taxonomie, sollten Sie tatsächlich etwas Ahnung haben. Es macht sich nicht gut, wenn Sie Begriffe wie „Art", „Gattung", „Familie" „Stamm" oder „Klasse" falsch verwenden. Prägen Sie sich die (vereinfachte) Systematik anhand des Beispiels in nebenstehender Tabelle ein. Mehr zur Systematik der Wirbeltiere finden Sie auf Seite 72.

Taxon	Beispiel
Reich	Tiere
Abteilung/Stamm	Wirbeltiere
Klasse	Säugetiere
Ordnung	Raubtiere
Familie	Katzen
Gattung	Altwelt-Wildkatzen
Art	Hauskatze

Beispiel für die Systematik der Tiere

Grundlagen evolutiver Veränderung

Eine Population ist eine Gruppe von artgleichen Individuen, die eine Fortpflanzungsgemeinschaft bilden, also einen gemeinsamen Genpool besitzen. Die Mitglieder der Population unterscheiden sich nicht nur in ihren Genen (Genotyp), sondern auch im Aussehen (Phänotyp) voneinander. Die daraus resultierende Variabilität kann durch neue Mutationen und zusätzlich durch unterschiedliche Kombinationen der Allele des gesamten Genpools vergrößert werden. Die genotypische Variabilität und somit auch die phänotypische ist die Grundlage für evolutive Veränderungen.

a. Art und Artbildung – Entstehung der Vielfalt und Variabilität (vlg. Übungsaufgabe 7)

Zu einer Art werden alle diejenigen Individuen zusammengefasst, die unter natürlichen Bedingungen miteinander fertile Nachkommen haben. Zwischen diesen findet also ein Genfluss statt. Eine Art wird mit ihrem Gattungs- und Artnamen bezeichnet (z. B. *Homo sapiens*). Einflüsse, die einen Artenwandel hervorrufen können, werden als **Evolutionsfaktoren** bezeichnet. Dazu zählen:

Mutation und Rekombination: Mutationen liefern neue Allele. Sie verändern damit die Allelfrequenz in einer Population. Sexuelle Rekombination erhöht die Variabilität einer Population, ohne die Häufigkeit der Allele (Allelfrequenz) in einem Genpool zu verändern.

Selektion: Durch Auslese wird die Allelfrequenz im Genpool verändert. Der künstlichen Selektion, die vom Menschen ausgeht (Züchtung) steht die natürliche gegenüber. Sie kann sowohl von abiotischen Faktoren wie Temperatur, Wind etc. hervorgerufen werden als auch von biotischen wie Fressfeinden, Parasiten (zwischenartliche Selektion) sowie von Artgenossen (innerartliche Selektion, die z. B. zum Sexualdimorphismus führt).

Bei der Auswirkung der Selektion auf eine Population unterscheidet man die stabilisierende von einer gerichteten bzw. transformierenden und einer aufspaltenden bzw. disruptiven Selektion.

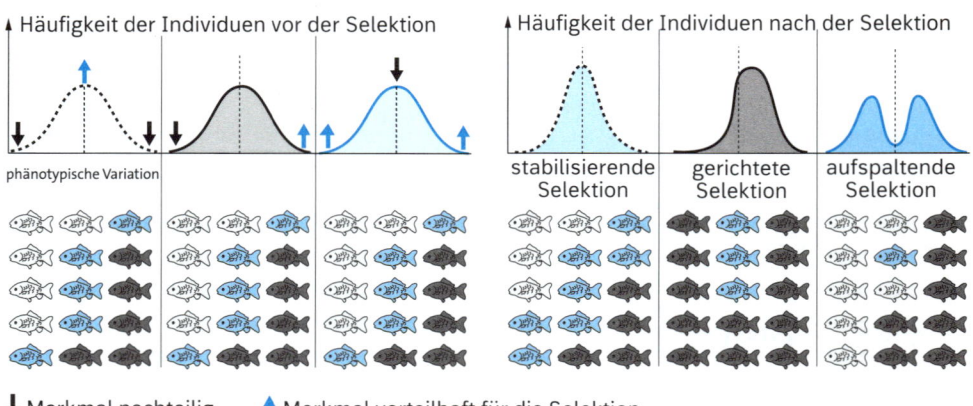

▼ Merkmal nachteilig   ▲ Merkmal vorteilhaft für die Selektion

Auswirkungen der Selektion auf eine Population

Gendrift: Dieser Evolutionsfaktor bewirkt eine zufallsbedingte Änderung eines Genpools und damit der Allelfrequenz. Er ist für kleine Populationen bedeutend und spielt z. B. bei kleinen Inselpopulationen (Gründerpopulationen) eine Rolle.

Migration: Eine Veränderung des Genpools kann durch Zu- und Abwanderungen von artgleichen Individuen hervorgerufen werden.

b. Die Evolutionstheorien DARWINS und LAMARCK im Vergleich

Nachdem LINNÉ in der 2. Hälfte des 18. Jahrhunderts damit begann, die Vielfalt des Lebendigen zu erfassen und sie im Wesentlichen entsprechend der Baupläne systematisierte, stellte CUVIER fest, dass die Organismen in der Vergangenheit nicht immer nur in der Form vorkamen, in der sie uns heute erscheinen. Beide Wissenschaftler konnten aufgrund ihrer Vorstellung, dass die Erde erst 6000 Jahre alt sei, keine oder keine hinreichende Erklärung für die Vielfalt des Lebens geben. Erst LAMARCK entwarf die Idee von der stammesgeschichtlichen Entwicklung des Lebendigen, mit der er die Vielfalt begründete. Zur Bekräftigung seiner Idee entwickelte er die Vorstellung von der Weitergabe erworbener Eigenschaften (durch Gebrauch oder Nicht-Gebrauch von Organen) von den Eltern an ihre Nachkommen. Diese Hypothese von der willentlichen und aktiven Anpassung des Individuums an die Umwelt konnte den späteren Erkenntnissen der Genetik nicht standhalten. 50 Jahre später, 1859, lieferte DARWIN eine neue Theorie für die stammesgeschichtliche Entwicklung des Lebendigen. Er übernahm eine Idee von MALTHUS und erkannte, dass Lebewesen mehr Nachkommen haben als zum Überleben der Art nötig wären. Diese weisen Unterschiede auf, die als Varianten für den Kampf ums Dasein (struggle for life) unterschiedlich geeignet sind. Der Bestangepasste setzt sich durch und überlebt in seinen Nachkommen als Tüchtigster (survival oft the fittest). Dabei bestimmt die Umwelt, wer am besten geeignet ist. Sie selektiert. Die Individuen werden mit ihren Eigenschaften der Umwelt ausgesetzt. Im Wechselspiel zwischen Umwelteinfluss und individueller Ausstattung ergibt sich der Grad der Angepasstheit. DARWIN bezog diese Erkenntnisse auf alle Lebewesen und formulierte sie als Selektionstheorie. Zahlreiche Belege aus vielen Disziplinen der Biologie, z. B. der Genetik, der Paläontologie, Ethologie, Ökologie und Biochemie bestätigten DARWINS Selektionstheorie. Alle diese Erkenntnisse aus den unterschiedlichen Fachgebieten erweiterten die Selektionstheorie zur **Synthetischen Evolutionstheorie**.

Artbildung – Formen und Ursachen

Isolation: Werden Individuen von anderen Individuen derselben Art räumlich, zeitlich oder allgemein durch Änderungen, die sich auf den Bereich der Fortpflanzung auswirken, getrennt, so kann dies unterschiedliche Veränderungen für den einzelnen Genpool hervorrufen. Aufgrund des zunächst gebremsten und schließlich unterbrochenen Genflusses können z. B. unterschiedliche Neumutationen nicht mehr ausgetauscht werden. Die Isolation der Genpools kann durch vielfältige Faktoren bewirkt werden: geografisch, ökologisch, ethologisch, genetisch und mechanisch.

All diese Isolationsformen verhindern die Fortpflanzung zwischen Gruppen von Individuen und führen zur Aufspaltung eines vormals gemeinsamen Genpools. Dabei unterscheidet man zwischen zwei Formen der Artenbildung: Bei der **sympatrischen** Artenbildung entstehen in einem Lebensraum ohne geografische Isolation zwei neue Arten durch Ausbildung einer biologischen Fortpflanzungsschranke aufgrund ökologischer, ethologischer, mechanischer oder genetischer Isolationsfaktoren. Bei der **allopatrischen** Artenbildung führt die räumliche Trennung von Teilpopulationen zu einer Aufspaltung und Veränderung der beiden Genpools aufgrund unterschiedlicher Mutationen und Selektionen, die von den unterschiedlichen Umwelteinflüssen ausgehen. Bei beiden Formen der Artenbildung kommt es zu einer genetischen Separation, also der Auftrennung des Genpools. Bei einer allopatrischen Artenbildung zeigt sich dies aber erst, wenn nach einem Wegfall der geografischen Isolationsschranken die zuvor getrennten Populationen keine gemeinsamen Nachkommen mehr erzeugen.

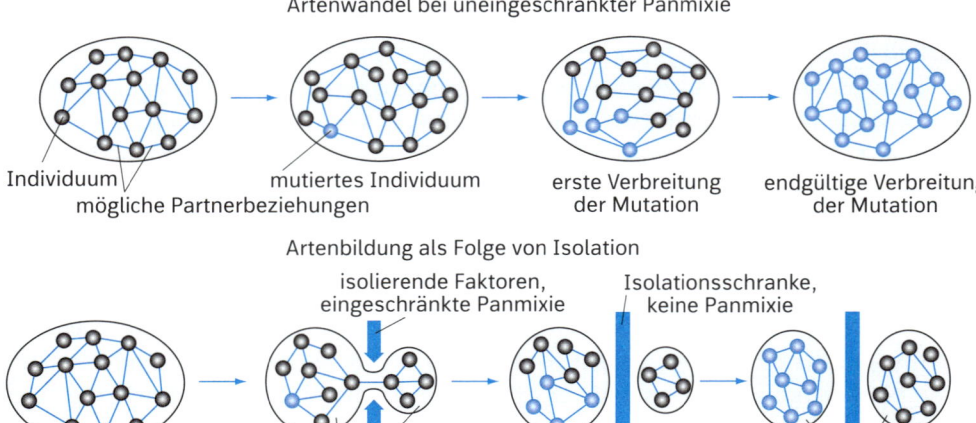

Entwicklung von Arten

Gelangen Gründerindividuen in einen Raum, in dem noch wenige ökologische Nischen ausgebildet sind, divergiert die neue Stammpopulation aufgrund vielfältiger Evolutionsfaktoren sehr schnell in viele Teilpopulationen. Dabei bilden die Teilpopulationen viele unterschiedliche ökologische Nischen aus (Einnischung). Dieser Vorgang wird adaptive **Radiation** genannt. Beispiele hierfür sind die Darwinfinken auf dem Galapagos-Archipel, die Kleidervögel auf Hawaii, die Beuteltiere Australiens oder die Tanreks auf Madagaskar, aber auch die vielen heimischen Hummelarten.

Evolutionshinweise und Evolutionstheorie (nur Leistungsfach)

a. Morphologisch-anatomische Betrachtung der Baupläne rezenter und fossiler Organismen (vgl. 2022/4 Teil 1)

Aus allen Bereichen der Biologie gibt es Belege (Hinweise) für die Evolution. Die Paläontologie kennt Fossilien von Pflanzen und Tieren, die heute nicht mehr existieren. Darunter gibt es auch Übergangsformen, die Merkmale verschiedener Tiergruppen besitzen (z. B. Archaeopteryx mit Merkmalen von Reptilien und Vögeln). Auch die Merkmale rezenter (heutiger) Lebewesen, vor allem der Brückentiere, geben Hinweise auf die Entwicklung von Organismen. Rudimente und Atavismen sind nur erklärbar unter der Annahme von Evolution. Nur so können auch die Ähnlichkeiten in der Keimentwicklung (Ontogenese) mit denen in der Stammesentwicklung (Phylogenese) erklärt werden. Belege für die Evolution sind auch Ähnlichkeiten im Aufbau der Proteine, Nucleinsäuren oder Zellorganellen sowie Organen unterschiedlicher Lebewesen. Obwohl nach dem gleichen Grundmuster aufgebaut, können sie eine andere Funktion besitzen.

Ist der Aufbau von Organen unterschiedlich, ihre Funktion aber gleich, handelt es sich um eine Analogie (z. B. Auge des Menschen und Auge des Tintenfisches). Diese Ähnlichkeit hinsichtlich der Funktion ist eine Folge der Anpassung an ähnliche Umweltbedingungen. Eine Ähnlichkeit des Bauplans trotz unterschiedlicher Funktion nennt man Homologie. Sie ist mit einer gemeinsamen Abstammung zu erklären. Ein bekanntes Beispiel sind die Homologien bei den Extremitäten der Wirbeltiere.

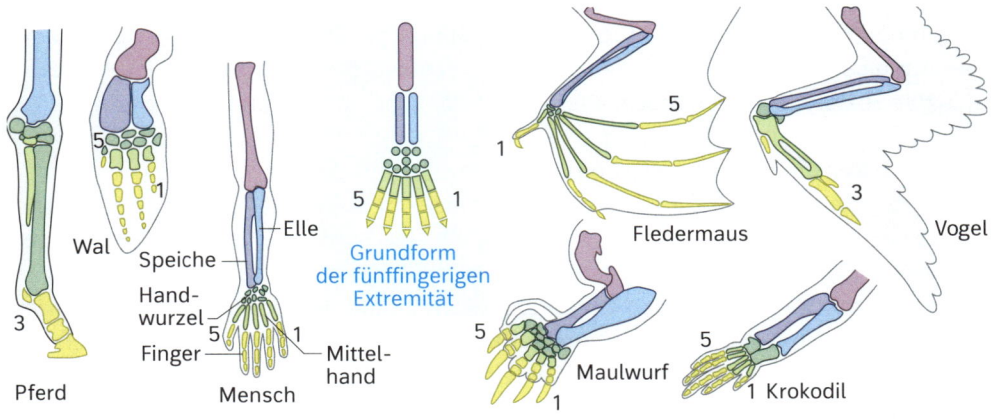

Homologie bei Wirbeltierextremitäten

Obwohl die Vorderextremitäten unterschiedlichen Funktionen (fliegen, graben, laufen oder schwimmen) dienen, haben sie einen gemeinsamen Grundbauplan. Die Annahme einer Evolution der Wirbeltierarten führt zu der Vorstellung einer früheren Existenz eines gemeinsamen Vorfahrens.

b Systematik und phylogenetischer Stammbaum

CARL VON LINNÉ (1707 – 1778) ordnete die Lebewesen, z. B. die Wirbeltiere, auf der Basis von morphologischen Ähnlichkeiten.

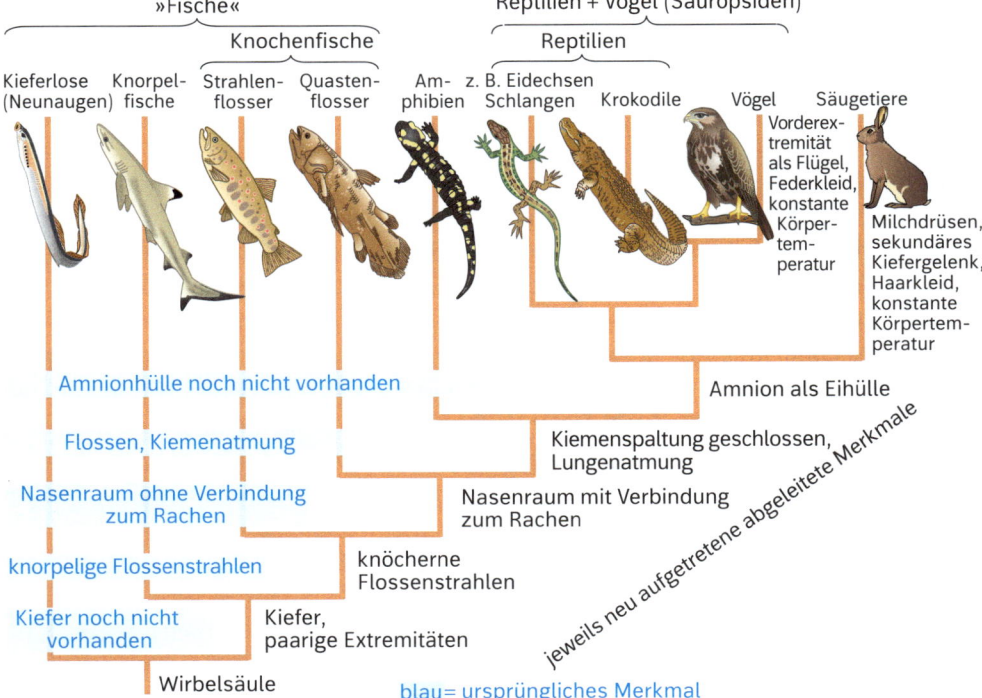

Stammbaum der Wirbeltiere

Stammbäume wie z. B. in der Abbildung der Stammbaum der Wirbeltiere können immer nur eine Hypothese darstellen. Stammbäume werden prinzipiell durch Vergleich, also das Feststellen von Ähnlichkeiten und Unterschieden, erstellt:

Vergleich der Baupläne von Organen

- **Homologien** deuten auf eine divergente Entwicklung aus gemeinsamen Vorfahren hin und sind ein Beleg für Verwandtschaft. Es gelten die Homologiekriterien der Lage, der spezifischen Qualität und der Stetigkeit, d. h. der Verknüpfung durch Zwischenformen. **Analogien** deuten auf eine konvergente Entwicklung hin und machen keine Aussage über den Grad der Verwandtschaft. Die Knochen der Vorderextremitäten von Fledermaus und Vogel sind als homolog anzusehen, wenn man die Entwicklung der Vorderextremitäten der Säuger und Vögel aus den Vorderextremitäten der Reptilien als gemeinsamen Vorfahren betrachtet. Die Vorderextremitäten sind als analog anzusehen, wenn die Organe betrachtet werden, die zur Flugfähigkeit beisteuern: Die Flughaut ist also analog zu den Federn.
- **Rudimente** sind zurückgebildete Organe, die i. d. R. funktionslos sind oder einen Funktionswechsel erfahren haben. Reste des Beckengürtels bei Bartenwalen sind ein Hinweis dafür, dass die Vorfahren funktionierende Hintergliedmaße besaßen und somit Landbewohner waren. Heute dient dieser Knochenrest als Haltevorrichtung für den Penis. Bei Menschen gilt z. B. das Steißbein als Hinweis dafür, dass unsere Vorfahren einen Schwanz besaßen.
- **Atavismen** sind relativ seltene Abweichungen in der Ausbildung von anatomischen oder verhaltensbiologischen Merkmalen, die Ähnlichkeiten mit den Eigenschaften der Vorfahren aufweisen. Beim Menschen kennt man z. B. die schwanzartige Verlängerung des Steißbeins (seltener als 1 : 1 000 000), zusätzliche Brustwarzen oder eine Ganzkörperbehaarung.

Embryologie

Nach Haeckels biogenetischer Grundregel ist die Ontogenese (Keimesentwicklung) ein kurzer Abriss der Phylogenese (stammesgeschichtliche Entwicklung). Nach heutigem Verständnis richtet sich die Individualentwicklung nur teilweise nach Entwicklungsprogrammen der stammesgeschichtlichen Vorfahren, sodass nur wenige Stadien der Embryonalentwicklung Anklänge an die stammesgeschichtliche Entwicklung zeigen. In wenigen Ausnahmefällen lassen sich ausgebildete Einzelmerkmale entdecken, die Übereinstimmungen mit Merkmalen der Vorfahren zeigen und somit Hinweise auf eine stammesgeschichtliche Entwicklung darstellen. Beispiele sind die Zahnanlagen im Kiefer von Bartenwal-Embryonen und die als Kiemenanlagen anzusehenden Furchen bei Landwirbeltieren.

Paläontologie

In seltenen Fällen wurden durch glückliche Zufälle Reste von Organismen (tiefgefrorene Mammuts, in Bernstein eingeschlossene Insekten, Knochen, Kalkschalen etc.) gefunden, die teilweise viele 100 Millionen Jahre überdauert haben. Hinzu kommen Abdrücke, Versteinerungen oder Inkohlungen. Diese Fossilien können uns Hinweise über den Weg der Evolution geben. Hierbei sind besonders Reste von Lebewesen von Bedeutung, die Ausgangspunkte von divergierenden Entwicklungen (z. B. Ur-Säuger) oder Übergangsformen unterschiedlicher Gruppen waren.

Schon LINNÉ hat den Menschen problemlos in sein System eingeordnet und ihn mit den Affen und Halbaffen zur Ordnung der Primaten (Herrentiere) zusammengefasst. Durch neuere Erkenntnisse konnte die Klassifikation der Primaten verfeinert und mithilfe weiterer Methoden zu einer Erstellung des Stammbaumes der Primaten genutzt werden.

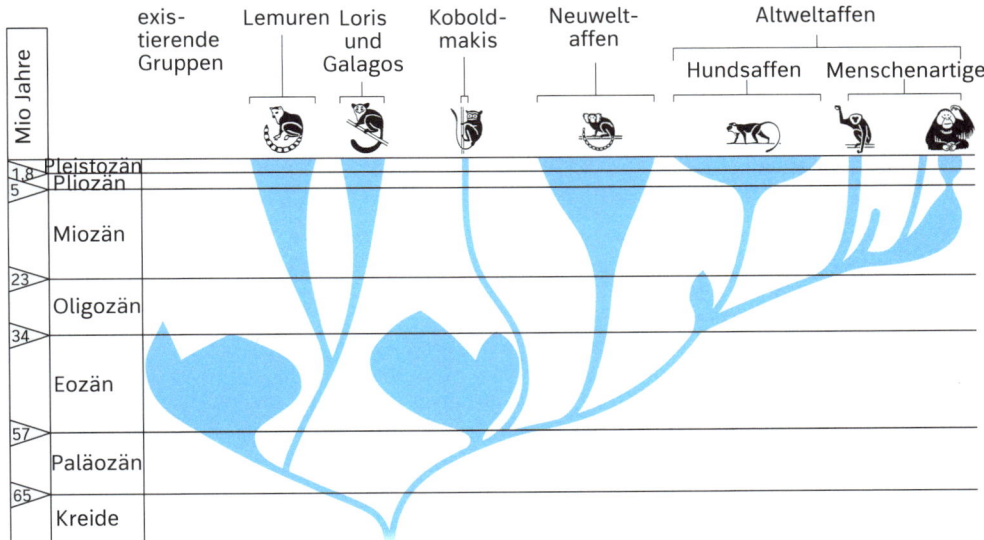

Stammbaum der Primaten

Oft unterstützen unterschiedliche Hinweise die gleiche Hypothese über die stammesgeschichtliche Entwicklung. Manchmal können diese Hinweise auch widersprüchlich sein. Dann können verschiedene Hypothesen aufgestellt werden und somit unterschiedliche Stammbäume erstellt werden. Wichtig ist: Stammbäume sind nur Hypothesen und sind nicht immer widerspruchsfrei. Sie können je nach Gewichtung der verschiedenen Hinweise unterschiedlich sein und sich im Laufe der Zeit ändern.

c. Molekularbiologische Verfahren zur Bestimmung von Verwandtschaftsbeziehungen
Proteinvergleich
Proteine, die bei verschiedenen Lebewesen die gleiche Funktion übernehmen, müssen nicht völlig identisch sein. Mutationen (siehe Abschnitt Genetik) können zu Veränderungen führen, ohne die Funktionen des Proteins zu beeinträchtigen. Die Menge solcher Veränderungen sind ein Hinweis auf die stammesgeschichtliche Distanz bzw. die Verwandtschaft von Lebewesen. Keine oder wenige Unterschiede in der Aminosäuresequenz deuten auf einen kürzeren Zeitraum seit der Trennung, mehrere oder gar viele

Abweichungen deuten auf einen längeren Zeitraum seit der Trennung hin. Ein gut geeignetes Untersuchungsobjekt ist das Cytochrom c, das als Enzym in allen Lebewesen, die Mitochondrien besitzen, vorkommt. Neben dem heute üblichen direkten Vergleich der Aminosäuresequenz verglich man früher die Proteine auf indirektem Wege. Bei diesem Verfahren (Präzipitintest) werden Blutproteine von unterschiedlichen Säugetieren verglichen. Durch Injektion von Blutserum des zu testenden Tieres in ein anderes Säugetier wird zunächst ein Antiserum gewonnen. Dieses fällt bei der Zugabe zum Blut des zu testenden Tieres Blutproteine aus, deren Ausfällungsgrad man mit 100 % angibt. Wird dieses Antiserum mit dem Blut anderer Säugetierarten vermischt, ist der Grad der Ausfällung kleiner. Je geringer der Grad, desto geringer die Ähnlichkeit der Proteine, desto geringer die stammesgeschichtliche Verwandtschaft.

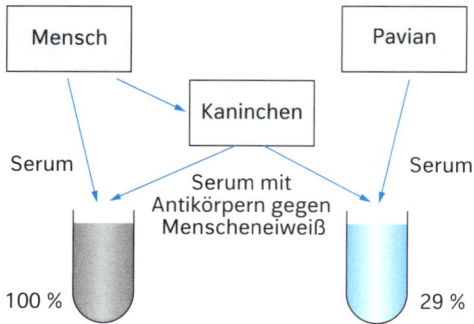

Präzipitintest am Beispiel Pavian und Mensch

DNA-Vergleich

DNA-Vergleiche geben genauso wie Proteinvergleiche Hinweise auf die stammesgeschichtliche Distanz von Arten. Große Ähnlichkeit bestimmter DNA-Abschnitte deutet auf geringe stammesgeschichtliche Distanz (hoher Verwandtschaftsgrad), geringere Ähnlichkeiten auf größere Distanz (geringerer Verwandtschaftsgrad) hin. Nicht codierende Abschnitte der DNA unterliegen in geringerem Maße der Selektion, weisen somit mehr Mutationen pro Zeit auf und sind exakter in der Bestimmung des Verwandtschaftsgrades. Die DNA-Unterschiede können sowohl qualitativ als auch quantitativ ausgewertet werden. Ein geeignetes Verfahren ist die DNA-Hybridisierung. DNA-Doppelstränge unterschiedlicher Arten werden durch Erhitzen voneinander getrennt (Schmelzen der DNA). Nach dem Abkühlen können homologe Abschnitte von DNA-Einzelsträngen unterschiedlicher Arten hybridisieren, indem sich zwischen komplementären Basen der beiden Einzelstränge Wasserstoffbrücken ausbilden. Beim erneuten Schmelzen dieser **Hybridstänge** trennen sich diese umso schneller, je weniger komplementäre Basen sie aufweisen. Gemessen wird die Temperatur, bei der die Hälfte aller Brücken aufgelöst ist (Schmelzpunktbestimmung). Je niedriger dieser Schmelzpunkt ist, desto geringer ist somit die Ähnlichkeit der beiden hybridisierten DNA-Einzelstränge und desto geringer die Verwandtschaft der untersuchten Arten.

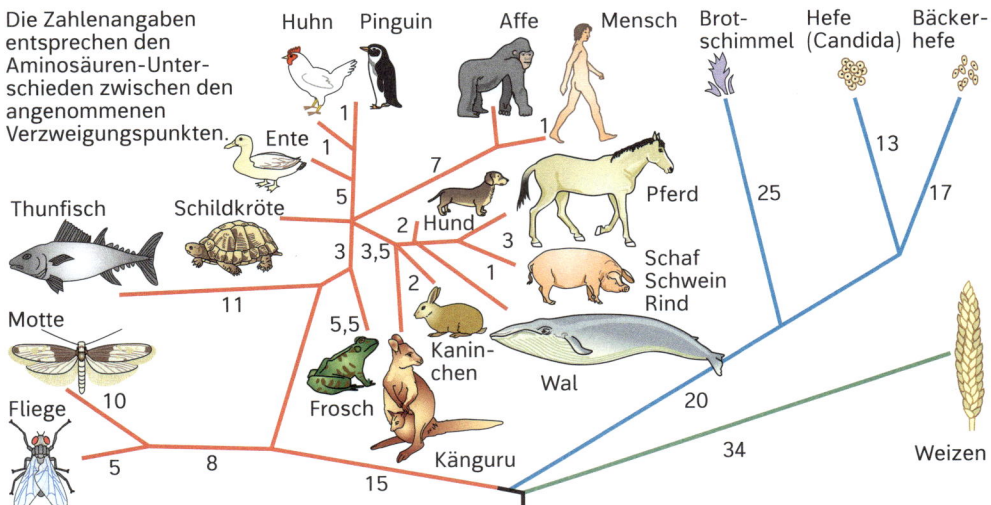

Die Zahlenangaben entsprechen den Aminosäuren-Unterschieden zwischen den angenommenen Verzweigungspunkten.

Huhn Pinguin Affe Mensch Brot-schimmel Hefe (Candida) Bäcker-hefe

Ente

Thunfisch Schildkröte

Motte

Fliege

Frosch Känguru

Hund Pferd Schaf Schwein Rind

Kanin-chen Wal

Weizen

1 1 7 5 2 3 3 1 2 11 5,5 10 5 8 15 25 13 17 20 34

Stammbaum nur auf Basis des Vergleichs des Enzyms Cytochrom

d. Erklärung bestimmter Merkmale mithilfe der synthetischen Evolutionstheorie (vgl. 2021/2 Teil 3)

Zu den fast jedes Jahr im Abitur vorkommenden Aufgaben gehört es, das Auftreten eines bestimmten Merkmals mithilfe der synthetischen Evolutionstheorie zu erklären. Dabei geht es darum, die Mechanismen der Evolution auf das jeweilige Merkmal anzupassen und eine schlüssige Erklärung zu schreiben, wie sich das Merkmal durchsetzen konnte. Arbeiten Sie dabei folgendes Schema ab:

In einer Population von Vorfahren ist das Merkmal noch nicht vorhanden → durch Rekombination und Mutation tritt das neue Merkmal auf → neues Merkmal verschafft den Merkmalsträgern durch bessere Angepasstheit an abiotische und/oder biotische Selektionsfaktoren einen Selektionsvorteil → die reproduktive Fitness der Merkmalsträger erhöht sich, sie haben einen größeren Fortpflanzungserfolg → es kommt zu einer Verschiebung der Allelfrequenz innerhalb des Genpools → Zahl der Individuen mit dem neuen Merkmal nimmt zu → durch Isolation (genetisch, Verhalten, geografisch ...) kommt es zur Entstehung einer neuen Art (sympatrische oder allopatrische Artbildung).

Achten Sie bei der Anwendung dieses Schemas stets darauf, es auf die gegebene Situation anzupassen. Nehmen Sie in Ihrer Erläuterung immer wieder Bezug auf das genannte Merkmal oder Lebewesen, beschreiben Sie die Evolution des Merkmals nicht zu allgemein!

Evolution der Primaten

Fossile und rezente Hinweise zur Evolution des Menschen

Die Einordnung des Menschen in die Ordnung der Primaten stellte von Anfang an keine Probleme dar. Die Stellung der einzelnen Menschenaffen zum Menschen und die damit verbundene Einordnung der Vorfahren der heutigen Menschen in den Stammbaum der Hominiden (Große Menschenaffen und Mensch) haben sich dagegen aufgrund neuer Erkenntnisse immer wieder verändert.

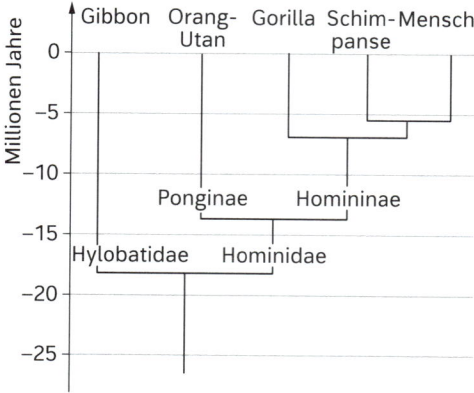

Stammbaum der Hominiden

Folgende **fossile** anatomisch-morphologische Merkmale spielen bei der Erstellung des Stammbaums der Menschen und Menschenaffen eine Rolle:
- Die Lage des Hinterhauptloches in der Schädelbasis ist ein Hinweis auf die Angepasstheit an den aufrechten Gang (je mehr das Loch in der Mitte liegt, desto fortgeschrittener ist der Grad der Angepasstheit).
- Form des Schädels: Kräftige Überaugenwülste, eine weit vorspringende Schnauze (Prognathie) und ein fliehendes Kinn sind Merkmale der Menschenaffen. Größeres Hirnvolumen, Stirn und ein spitz zulaufendes Kinn sind Menschenmerkmale.
- Das Becken gibt Hinweise über die Angepasstheit an den aufrechten Gang. Eine schüsselartige Form ist ein Hinweis auf den aufrechten Gang.
- Eine doppel S-förmige Wirbelsäule zeigt wegen ihrer mechanischen Eigenschaften ebenfalls die Angepasstheit an den aufrechten Gang an.
- Form des Gebisses: Menschenaffen haben im Gegensatz zum Menschen parallele Zahnreihen und eine Lücke zwischen Schneidezähnen und Eckzähnen.
- Die Füße können mehr als Greiffuß oder mehr als Standfuß entwickelt sein.
- Die Hände können mit einem kurzen fast funktionslosen Daumen mehr ans Hangeln oder mit einem opponierbaren (gegenübergestellten) Daumen mehr ans Greifen angepasst sein.

Cytologisch-biochemische Untersuchungen an **rezenten** (heute lebenden) Menschen und Menschenaffen können ebenfalls Hinweise zur Erstellung eines Stammbaumes geben. Hierbei können die oben aufgeführten Methoden wie z. B. Protein- und DNA-Vergleiche zum Einsatz kommen.

Name: Homo rudolfensis
Größe: bis 1,55 m
Fundort:
Turkana-(Rudolf-)See

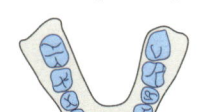

Alter:
2,5 bis 1,8 Mio. Jahre
Gehirnvolumen:
600 bis 800 cm^3

Name: Homo habilis
Größe: bis 1,65 m
Fundort:
Olduvai-Schlucht

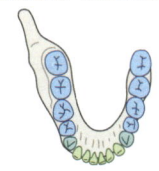

Alter:
2,1 bis 1,5 Mio. Jahre
Gehirnvolumen:
500 bis 650 cm^3

Name: Homo erectus
Größe: bis 1,65 m
Fundort:
Turkana-See,
Java, China

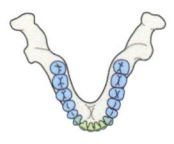

Alter:
1,8 Mio. bis 40000 Jahre
Gehirnvolumen:
750 bis 1250 cm^3

Merkmale und Lebend-Rekonstruktion dreier Arten der Gattung Homo

Da die Hinweise nicht immer widerspruchsfrei sind, gibt es unterschiedliche Hypothesen und damit unterschiedliche Stammbäume der Hominiden. Ein zurzeit gängiger Stammbaum ist im Folgenden abgebildet:

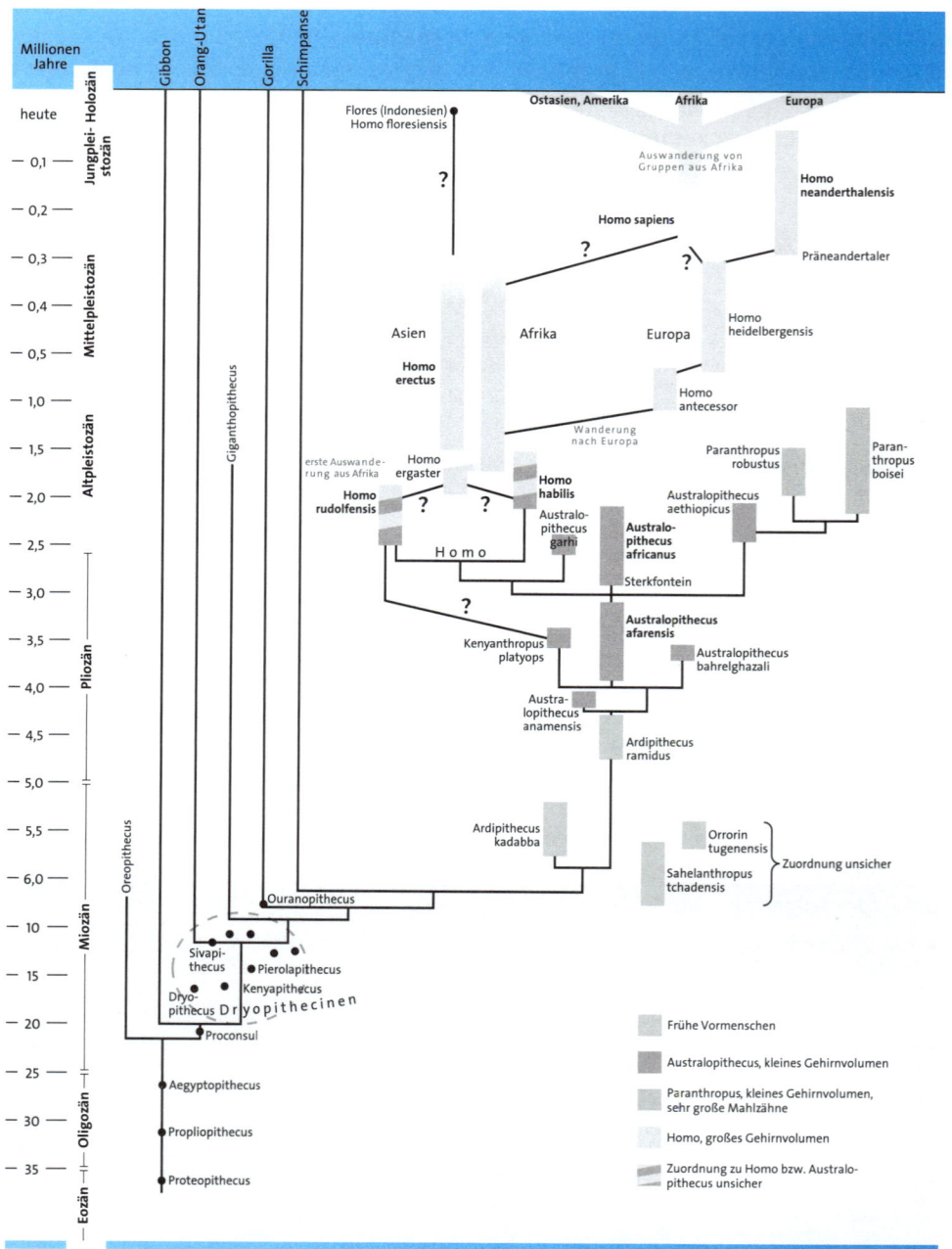

Stammbaum der Hominiden (Kenntnisstand 2010)

TIPP

Der vorliegende Stammbaum muss auf keinen Fall auswendig gelernt werden, er muss nur gelesen werden können. Bei einer Abituraufgabe mit diesem Thema werden die einzelnen fossilen Lebewesen im Material vorgestellt.

Ökologischer Fußabdruck und Nachhaltigkeit

a. Populationsentwicklung des Menschen und deren Auswirkungen auf die Biodiversität

Individuen der Art Homo sapiens vermehren sich superexponentiell, d. h. die Population verdoppelt sich in einem immer kleiner werdenden Zeitintervall. Es gibt jedoch regional erhebliche Unterschiede im Wachstum: Während in den sog. „Entwicklungsländern" die Wachstumsrate r tatsächlich immer größer wird, geht sie in den sog. „Industrieländern" stetig zurück oder stagniert. Global betrachtet aber leben immer mehr Menschen auf der Erde, was zwangsläufig zu Problemen führen wird.

Zunehmend werden dichteabhängige Faktoren die Menschheit und daher auch deren Umwelt stark beeinflussen: Hunger, Wasser- und Energiemangel, Umweltverschmutzung durch Abfälle oder radioaktiven Müll sind nur einige Beispiele dafür. Die Folgen sind – ähnlich wie beim Wachstum selbst – regional unterschiedlich zu spüren. Zum Beispiel leben die Menschen in Europa und Nordamerika überwiegend im Überfluss, wohingegen z. B. in Teilen Afrikas und Asien viele Menschen unter dem enormen direkten wie indirekten Ressourcen- und Landver-brauch einer Minderheit (nämlich der Menschen in den sog. „Industrieländern") leiden und teilweise ums Überleben kämpfen müssen. Das krasse Bevölkerungswachstum des Menschen gründet sich u. a. auf eine „effizien-tere" Nahrungsmittelproduktion (z. B. durch Düngung, Massentierhaltung), Erschließung neuer Acker- und Anbauflächen und auf die Entwicklung im Bereich der Medizin und Pharmaindustrie, die es z. B. sehr vielen Menschen ermöglicht länger zu leben.

b. Ökologischer Fußabdruck

Das Konzept des ökologischen Fußabdrucks (ecological footprint) vergleicht verschie-dene Nationen auf der Erde untereinander hinsichtlich des jeweiligen Wasser- und Flächenverbrauchs, die zur Produktion aller nötigen Ressourcen und zur Entsorgung des kompletten Abfalls für diese Nation verwendet werden. Es lohnt sich hier einmal genauer zu recherchieren, um mit Fakten in Prüfungen einen guten Eindruck zu hinter-lassen und sein Allgemeinwissen auszubauen. Wie sieht die Lösung des Problems der Überbevölkerung der Erde durch den Menschen nun aus? Es wird keinen Königsweg geben, der alle Menschen gleichermaßen zufriedenstellen und der die Umwelt und die anderen Lebewesen auf der Erde im selben Maße angemessen berücksichtigen wird. Letztendlich werden immer einige Menschen in irgendeiner Weise auf Kosten anderer Menschen leben, wenn diejenigen, denen es heute gut geht, nicht auf die Bedürfnisse und Belange derer achten, denen es heute nicht so gut geht. Aber natürlich werden nicht nur die Menschen selbst wegen ihrer eigenen Überbevölkerung negative Folgen zu spüren bekommen.

Die Umwelt und damit alle anderen Tiere und Pflanzen, die belebte aber auch die un-belebte Natur werden aufgrund der Folgen des Handelns der Menschheit mehr oder weniger starke Einflüsse erleben.

Das Ozonloch und die derzeit stattfindende globale Klimaveränderung haben bereits starke Auswirkung auf unser Leben. Die Einen spüren diese noch nicht oder nur kaum, die Anderen hingegen haben schon sehr mit der Veränderung zu kämpfen, wenn z. B. Inseln aufgrund des steigenden Meeresspiegels im Meer versinken.

Wissenschaftler mögen sich streiten, wie hoch der Anteil des menschenverursach-ten Einflusses auf die Klimaerwärmung tatsächlich ist – fest steht allerdings, dass sich die Welt, in der wir leben, verändert. Letztendlich werden sich alle Lebewesen den neuen Bedingungen, wie auch immer sie aussehen mögen, anpassen müssen.

c. Nachhaltigkeit

Naturschutzgebiete, Nationalparks oder andere Gebiete können eingerichtet werden, in denen die Natur völlig oder überwiegend ohne direkte anthropogene Einflüsse existieren darf. Es gilt, die Artenvielfalt auf unserer Erde zu erhalten, denn nur durch eine ausreichend große Biodiversität ist die Umwelt, so wie wir sie kennen, schätzen und benötigen, zu erhalten.. Das Nutzungsprinzip der Nachhaltigkeit sieht vor, dass wir nachwachsende Rohstoffe, wie beispielsweise Holz, nur in einem solchen Maße nutzen, dass sich die entnommenen Rohstoffmengen von alleine wieder regenerieren können.

4 Übungsaufgaben

Aufgabe 1: Was Babys und Eisbären verbindet

Bau und Funktion von Biomembranen, Zellatmung, Enzymhemmung

Einleitung

Menschliche Babys und Eisbären haben einen hohen Anteil eines bestimmten Gewebes gemeinsam: Braunes Fettgewebe, getarnt als Babyspeck bzw. Winterspeck. Im Gegensatz zum weißen Fettgewebe, das vor allem als Energiespeicherstoff, zur Wärmeisolation, als mechanischer Schutz und als Einbettungspolster für innere Organe dient, erfüllt braunes Fettgewebe eine wichtige Schutzfunktion im Wärmehaushalt von Säugetieren: Alle Neugeborenen sowie Winterschlaf haltende Tiere benötigen zum Schutz lebenswichtiger Funktionen viel Energie in Form von Wärme. Neugeborene sind aufgrund ihres Oberfläche-Volumen-Verhältnisses stark von Auskühlung bedroht, jedoch sind Mechanismen der Thermoregulation (z. B. isolierendes weißes Fettgewebe und Kältezittern) noch nicht vollständig ausgebildet. Winterschläfer und andere kälteangepasste Säuger wie beispielsweise der Eisbär benötigen braunes Fett zur schnellen Erwärmung des Körpers in den Aufwachphasen bzw. zur zitterfreien und damit energiesparenden Thermogenese (Wärmebildung).

Nur in den braunen Fettzellen kann die benötigte Wärme von den Mitochondrien erzeugt werden. Verantwortlich dafür ist das ausschließlich in diesen Zellen vorkommende Protein Thermogenin. Es wirkt als sogenannter Entkoppler. Das bedeutet, es kommt parallel zu den ATP-Synthasen in der inneren Mitochondrienmembran vor. Durch bestimmte Fettsäuren kann es aktiviert werden und setzt dann bei Protonendurchtritt direkt Wärme frei.

AUFGABENSTELLUNG

1. Weißes Fettgewebe dient bei allen Säugetieren als Energiespeicherstoff. Über die Nahrung aufgenommene Kohlenhydrate und Fette werden dort als Fettmoleküle gespeichert. Anschließend kann der Körper die Lipide in biochemischen Reaktionen zu Glucose umwandeln, welche für die Energiebereitstellung in den Mitochondrien benötigt wird.
   Formulieren Sie die vollständige Summengleichung der Zellatmung ausgehend von Glucose. **Stellen** Sie die wesentlichen Teilprozesse dieses Stoffwechselprozesses sowie deren Bedeutung zusammenhängend **dar**.

2. **Zeichnen** Sie einen vollständig beschrifteten Ausschnitt aus der inneren Mitochondrienmembran (ohne Elektronentransportkette) als Schema, aus dem neben dem Aufbau einer Biomembran sowohl die ATP-Bildung als auch die Wärmeproduktion durch Thermogenin hervorgeht.

3. **Erklären** Sie das chemiosmotische Modell am Beispiel von Thermogenin.

4. Um die Wirkungsweise von Thermogenin aufzuklären, wurde folgender Versuch durchgeführt: Aus braunen Fettzellen wurden Mitochondrien isoliert und in einer

Lösung gehalten, die von ihrer Zusammensetzung dem Cytoplasma der Fettzellen entsprach, also auch NADH/H⁺ und Brenztraubensäure (Pyruvat) enthielt. Dem Versuchsansatz wurden nach zehn Minuten die Fettsäuren zugesetzt, die für die Aktivierung des Thermogenins verantwortlich sind. Während der gesamten Versuchsdauer wurde die Änderung der Sauerstoffkonzentration in der Lösung mit einer Sauerstoffelektrode verfolgt. Material M1 zeigt das vorliegende Versuchsergebnis.

4.1 **Beschreiben** Sie die Beobachtungen des Versuchs und **erklären** Sie diese.

4.2 In einem zweiten Versuch wurde anstatt der Fettsäuren nach zehn Minuten der Giftstoff Antimycin A zugesetzt, welches den Elektronenfluss am Cytochrom b_H (enthalten im Komplex III der Elektronentransportkette) irreversibel inaktiviert. **Erstellen** Sie eine **begründete Hypothese** zum möglichen Kurvenverlauf.

5 In den Mitochondrien der brauen Fettzellen wird in einem weiteren Versuch das Enzym Succinatdehydrogenase untersucht. Dieses oxidiert an einer bestimmten Stelle der Zellatmung Succinat zu Fumarat, wobei zugleich FAD zum Reduktionsäquivalent $FADH_2$ reduziert wird (Material M2). **Stellen** Sie die Versuchsergebnisse aus Material M3 in einem vollständig beschrifteten Diagramm **dar** und **beschreiben** Sie diese. **Erklären** Sie dabei den Einfluss von Malonat, auf die Zellatmung. Berücksichtigen Sie auch die Strukturformeln.

6 Die vom Thermogenin der braunen Fettzellen produzierte Wärme wird durch den Blutkreislauf im Körper von Babys und Eisbären verteilt. Blut dient jedoch nicht nur der Wärme- und Nährstoffverteilung, sondern die roten Blutkörperchen (Erythrocyten) transportieren auch den Sauerstoff, den alle Zellen des Körpers zur Energiebereitstellung benötigen. Für einen effektiven Sauerstofftransport liegt im Erythrocyten-Cytoplasma eine sehr hohe Hämoglobinkonzentration vor, wobei jedes Hämoglobin-Molekül ein Eisenion (Fe^{2+}) enthält. Wegen der hohen Konzentration an Eisenionen muss die Konzentration der übrigen Ionen durch Natrium-Kalium-Ionenpumpen niedrig gehalten werden.

6.1 **Skizzieren** Sie die Natrium-Kalium-Ionenpumpe und **beschreiben** Sie deren Funktion.

6.2 **Analysieren** Sie, warum Erythrocyten platzen, wenn die Natrium-Kalium-Ionenpumpen in der Zellmembran durch einen Giftstoff gehemmt werden.

Material

M1 **Veränderung der Sauerstoffkonzentration nach Zugabe von Thermogenin**

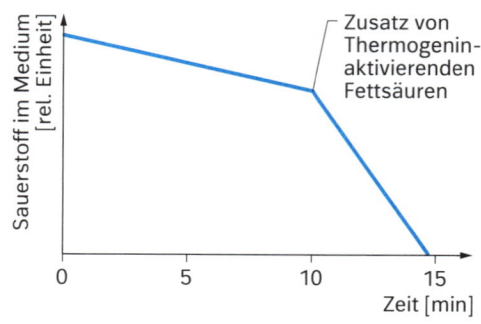

M2 Reaktion der Succinatdehydrogenase

Succinat → FAD → FADH₂ → Fumarat

M3 Aktivität der Succinatdehydrogenase

Die Tabelle zeigt die Ergebnisse zweier Versuchsreihen zur Aktivität der Succinatde-hydrogenase, die anhand der pro Zeiteinheit gebildeten Menge an Fumarat in Abhängigkeit des Substrates Succinat sowie mit und ohne Malonat gemessen wurde.

Substratkon-zentration S [μmol/L]	Reaktionsgeschwindigkeit v [μmol/(L*min)]	
	ohne Malonat	mit Malonat
1,0	1,2	0,3
2,0	1,9	0,5
4,0	2,7	0,9
6,0	3,2	1,3
8,0	3,7	1,7
10,0	4,0	2,4
20,0	4,3	3,3
30,0	4,5	4,1
40,0	4,5	4,5

Malonat

TIPP Benötigte Fachkenntnisse

Summenformel und Teilprozesse der Zellatmung, Aufbau einer Biomembran, chemiosmotisches Modell der ATP-Synthese, Enzymhemmung, Natrium-Kalium-Pumpe, Osmose (S. 39 ff.)

TIPP Benötigte Methodenkenntnisse

Analyse von Diagrammen und Tabellen, Anfertigung von Diagrammen und Zeichnungen, Auswertung von Sachtexten, Hypothesenbildung (S. 20 ff.)

Lösungen

1. Die vollständige Summengleichung der Zellatmung lautet:

$C_6H_{12}O_6 + 6\ O_2 + 38\ ADP + 38\ \text{P} \rightarrow 6\ CO_2 + 6\ H_2O + 38\ ATP$

Die Zellatmung gliedert sich in verschiedene Teilprozesse: In der im Cytoplasma stattfindenden **Glykolyse** wird jedes Molekül Glucose (C_6-Körper) zu zwei Molekülen Brenztraubensäure (Pyruvat, C_3-Körper) umgewandelt. Dadurch wird bereits ein geringer Teil ATP gebildet. Pyruvat dringt anschließend in die Mitochondrienmatrix ein, wo die **oxidative Decarboxylierung** stattfindet. Hier wird jedem C_3-Körper Pyruvat ein Molekül CO_2 abgespalten. Das Produkt, aktivierte Essigsäure (Acetyl-CoA), tritt anschließend in den Citatzyklus ein. Hier werden die Reduktionsäquivalente NADH/H$^+$ und FADH$_2$ in mehreren Stoffumwandlungen gebildet und zwei weitere Moleküle CO$_2$ werden frei. Im letzten Schritt werden die Reduktionsäquivalente durch bestimmte Enzymkomplexe in der inneren Mitochondrienmembran oxidiert und geben die Elektronen in die **Atmungskette**. In dieser Elektronentransportkette werden die Elektronen langsam auf Sauerstoff übertragen, so dass Wasser gebildet werden kann. Dabei wird ein Protonengradient aufgebaut mit dessen Hilfe ATP gebildet wird (**oxidative Phosphorylierung**).

2. Aufbau der inneren
    Mitochondrienmembran:

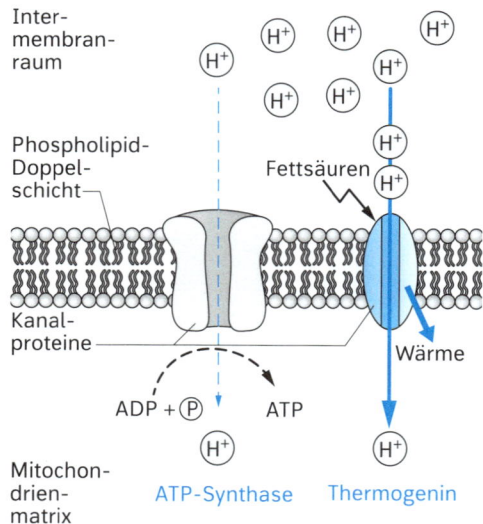

3. Durch die in der Zellatmung vorhergehenden Schritte wurden Elektronen mit hohem Energiegehalt in den Reduktionsäquivalenten gespeichert. Indem deren Energiegehalt im Verlauf der Atmungskette gesenkt wird, wird die dabei frei werdende Energie dazu genutzt Protonen entgegen deren Konzentrationsgradienten in den Intermembranraum zu pumpen. Aufgrund der Konzentrationsverhältnisse strömen die Protonen durch den Protonenkanal Thermogenin zurück in die Mitochondrienmatrix. Dieses Protein erzeugt beim Durchtritt von Protonen Wärme.

4.1 Der Versuch weist zwei Phasen auf: In den ersten beiden Minuten ist ein kontinuierliches, jedoch nicht allzu starkes Absinken der Sauerstoffkonzentration zu erkennen. Nach dem Zusatz von Thermogenin mit den aktivierend wirkenden Fettsäuren ist ein rascher Abfall der Sauerstoffkonzentration zu erkennen.
    In der ersten Phase zeigen die Mitochondrien ihre normale Wirkung. In der Atmungskette wird Sauerstoff mit Wasserstoff zu Wasser umgewandelt sowie chemiosmotisch ATP gebildet. Daher sinkt die Sauerstoffkonzentration.

Das beschleunigte Absinken der Sauerstoffkonzentration in der zweiten Hälfte des Versuchs ist auf die Wirkung von Thermogenin zurückzuführen. Der Protonengradient wird schneller abgebaut, da nun zusätzlich zur ATP-Synthase auch durch Thermogenin Protonen aufgrund des Konzentrationsgefälles vom Intermembranraum in die Mitochondrienmatrix zurückströmen können.

4.2 Indem der Giftstoff Antimycin A ein Element der Elektronentransportkette (Cyctochrom b_H) dauerhaft inhibiert, kann dieses weder die Elektronen weiterleiten noch zum Aufbau eines Protonengradienten beitragen. Die Atmungskette kommt zum Erliegen. Dies bedeutet auch, dass die Reduktion von Sauerstoff zu Wasser zum Erliegen kommt. Die Sauerstoffkonzentration bleibt daher im Versuch konstant.

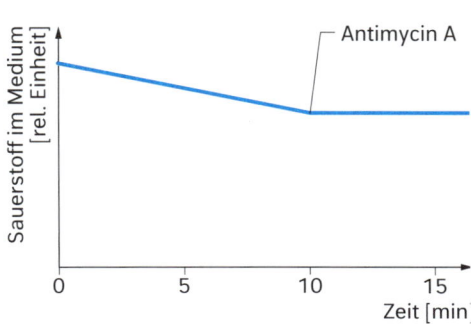

5. Im Versuch zur Untersuchung der Aktivität der Succinatdehydrogenase wird die Reaktionsgeschwindigkeit der enzymatisch katalysierten Umsetzung von Succinat in Fumarat in Abhängigkeit der Substratkonzentration des Ausgangsstoffes gemessen. Dabei wird in einem von zwei Versuchsansätzen Malonat zugesetzt.
Man erkennt deutlich, dass die Reaktion durch den Zusatz von Malonat

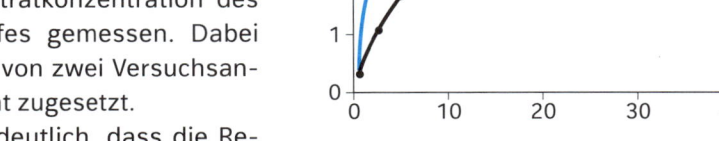

gehemmt wird. Bei gleicher Substratkonzentration ist die Reaktionsgeschwindigkeit deutlich herabgesetzt (außer bei ganz niedrigen und ganz hohen Konzentrationen), die maximale Reaktionsgeschwindigkeit v_{max} wird jedoch trotzdem erreicht.
Es handelt sich also um eine kompetitive Hemmung. Malonat kann aufgrund seiner ähnlichen chemischen Struktur ebenfalls an das aktive Zentrum der Succinatdehydrogenase binden, wird aber nicht wie Succinat oxidiert. Malonat und Succinat konkurrieren also um die Besetzung des aktiven Zentrums, was die Geschwindigkeit der Enzymreaktion vermindert. Mit zunehmender Substratkonzentration steigt die Wahrscheinlichkeit, dass Succinat an das aktive Zentrum bindet. So kann v_{max} dennoch erreicht werden.

6.1 Die Natrium-Kalium-Pumpe gehört zu den Transportproteinen, die einen Cotransport ausführen. Im Fall der Natrium-Kalium-Pumpe handelt es sich um einen Antiport, da pro „Pumpzyklus" drei Natriumionen nach außen und zwei Kaliumionen ins Innere der roten Blutkörperchen geschleust werden. Die erfolgt gegen den vorliegenden

Konzentrationsgradienten und verläuft damit unter ATP-Verbrauch, d. h. unter Energieaufwand.

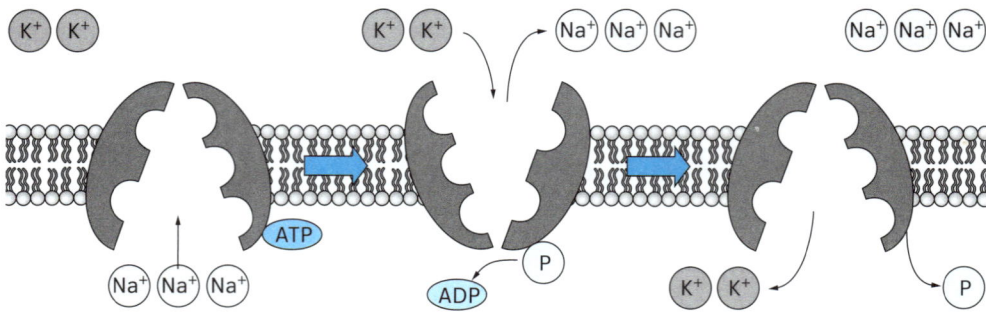

6.2 Die Natrium-Kalium-Pumpe sorgt bei den Erythrocyten dafür, dass die Gesamtkonzentration an geladenen Teilchen im Blutplasma der Gesamtkonzentration an Ionen in der Zelle entspricht. Wird die Ionenpumpe durch einen Giftstoff inaktiviert, so kommt es zur Osmose. Wasser, das durch Aquaporine in die Erythrocyten einströmt, versucht die unterschiedlichen Ionenkonzentrationen auf den beiden Seiten der semipermeablen Biomembran auszugleichen. Dringt zuviel Wasser in die Zelle ein, kommt es aufgrund des hohen Volumens zum Platzen dieser Zellen.

Selbstdiagnosebogen

Aufgabe Nr.	Kernkompetenz	AFB	Punkte	erreichte Punkte	Förderung
1	Wiedergeben der Summengleichung der Zellatmung, Darstellen der Teilprozesse und deren Bedeutung	I II	10		Energiefreisetzung durch aeroben Stoffabbau (S. 42 f.)
2	Anfertigen der Zeichnung einer Biomembran	I-II	7		Aufbau von Biomembranen (S. 38), Atmungskette und oxidative Phosphorylierung (S. 43 f.)
3	Erklären des chemiosmotischen Modells an einem unbekannten Beispiel (Thermogenin)	II	4		Chemiosmotische ATP-Synthese (S. 43 f.)

Aufgabe Nr.	Kernkompetenz	AFB	Punkte	erreichte Punkte	Förderung
4.1	Auswerten und Erklären der in Text und Diagramm beschriebenen Versuchsergebnisse	II-III	6		Atmungskette und oxidative Phosphorylierung (S. 43f.)
4.2	Erstellen einer begründeten Hypothese incl. Zeichnen eines entsprechenden Diagrammes	III	4		
5	Anfertigen eines Diagrammes Beschreiben der Diagrammaussagen, Erklären des Einflusses von Malonat	II	5		Hemmstoffe beeinflussen Reaktionsgeschwindigkeit von Enzymreaktionen (S. 47f.)
			7		
6.1	Anfertigen einer Skizze, Beschreiben der Funktion der Na+/K+-Ionenpumpe	II	8		Aktive Transportmechanismen an Biomembranen (S. 41) Passive Transportmechanismen an Biomembranen (S. 40f.)
6.2	Analysieren der Auswirkung eines Na+/K+-Ionenpumpen-Giftes	III	4		

Gesamtbewertungseinheiten: 55, davon AFB I: 8 BE (15 %), AFB II: 35 BE (63 %), AFB III: 12 BE (22 %)

Materialgrundlage:
Berg, J. M., Tymoczko, J. L. Stryer, L. (2003). Biochemie. Berlin: Spektrum Akademischer Verlag.
Braun, J. (Hrsg.) (2013): Biologie Heute SII. Braunschweig: Bildungshaus Schulbuchverlage, Schroedel.
http://www.zum.de/Faecher/Materialien/beck/bs11-15.htm
http://de.wikipedia.org/wiki/Thermogenin

Aufgabe 2: Glutarazidurie Typ I bei den Amish (nur Leistungsfach)

Molekulare Grundlagen: Enzyme, Proteinbiosynthese und Genwirkketten
Angewandte Genetik: Gensonde als Werkzeug der Gentechnik

Einleitung

Die Glutarazidurie Typ I (GA I) ist eine sehr seltene Stoffwechselerkrankung, die weltweit mit einer Häufigkeit von 1 auf 100 000 Neugeborenen vorkommt. Dagegen leidet eins von 400 Kindern bei den Amish an dieser Erbkrankheit. Die Amish gehören einer Glaubensgemeinschaft an, die heute vornehmlich in den USA und Kanada lebt. Sie sind bekannt dafür, dass sie viele Formen des technischen Fortschritts ablehnen und Neuerungen nur nach sorgfältiger Überlegung akzeptieren. Sie legen großen Wert auf Familie, Gemeinschaft und Abgeschiedenheit von der Außenwelt. Überwiegend stammen sie von Südwestdeutschen oder Deutschschweizern ab und sprechen untereinander meist Pennsylvaniadeutsch.

AUFGABENSTELLUNG

1 An Stoffwechselprozessen sind stets Enzyme beteiligt.
(a) **Beschreiben** Sie den Aufbau und die Funktion eines Enzyms.
(b) **Erklären** Sie, was man unter der RGT-Regel versteht.
(c) Möchte man Versuche zur Enzymaktivität machen, ist es von großer Wichtigkeit, dass man steril und unter klar definierten Bedingungen arbeitet. **Begründen** Sie diese Notwendigkeit.

2 **Beschreiben** Sie die Erbkrankheit Glutarazidurie Typ I durch Auswertung der Materialien M1 bis M5 und **begründen** Sie Ihre Schlussfolgerungen. **Benennen** Sie auch den genetischen Defekt.

3 **Ermitteln** Sie mithilfe der Materialien M5 und M6 die Unterschiede im Bau der Glutaryl-CoA-Dehydrogenase von Gesunden und GA I-Patienten.

4 **Erläutern** Sie, wie mithilfe der Amniozentese (Fruchtwasseruntersuchung) und einer Gensonde festgestellt werden kann, ob ein menschlicher Embryo die Krankheit Glutarazidurie Typ I in den ersten Lebensjahren ausbilden oder nicht ausbilden könnte.

5 **Begründen** Sie mithilfe von M1, wie bei einem Neugeborenen die Krankheit Glutarazidurie Typ I biochemisch festgestellt werden könnte.

6 **Beurteilen** Sie die Aufnahme eines Glutarazidurie-Tests in die Testverfahren, die jedes Neugeborene durchlaufen muss (Neugeborenenscreening).

7 **Stellen Sie eine Hypothese auf** für eine Glutarazidurie-Typ I-Therapie.

Material

M1 Ausschnitt aus dem Aminosäurestoffwechsel

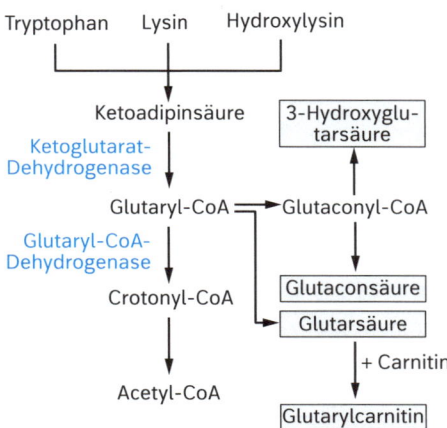

M1 Abbauwege der Aminosäuren Tryptophan, Lysin und Hydroxylysin. Das Abbauprodukt Acetyl-CoA kann z. B. im Citratzyklus weiterverarbeitet werden. Bei Patienten mit GA I kommt es zur Anreicherung von Glutaryl-CoA. Im Urin dieser Kranken findet man vor allem das *harmlose* Glutarylcarnitin, aber auch die *giftigeren* Stoffe Glutarsäure, Glutaconsäure und die *besonders gefährliche* 3-Hydroxyglutarsäure.
Hinweis: Enzyme in blauer Schrift

M2 Symptome von GA I-Patienten

Die meisten Patienten mit GA I erleiden in den ersten Lebensjahren eine einzige enzephalopathische Krise. In wenigen Minuten werden dabei bestimmte Neurone im Bewegungszentrum des Gehirns zerstört. Die Folge ist eine äußerst schwere Bewegungsstörung. Die Intelligenz der Kinder dagegen ist weitgehend unbeeinträchtigt. Bleibt die Erkrankung unbehandelt, entwickelt sich in späteren Jahren oft zusätzlich eine geistige Retardierung. Ungefähr 25 Prozent der Patienten erleiden keine enzephalopathischen Krisen, sondern entwickeln schleichend eine Bewegungsstörung unterschiedlichen Ausmaßes.

M3 Strukturelle Ähnlichkeit des Neurotransmitters Glutamat

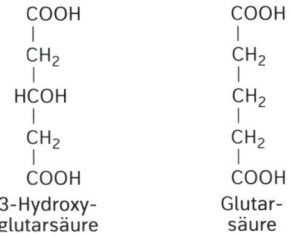

M3 Das Salz der Glutarsäure Glutamat ist ein wichtiger erregender Neurotransmitter im Gehirn. Die Glutarsäure ist der 3-Hydroxyglutarsäure strukturell sehr ähnlich.

M4 Lokalisation des Gens für das Enzym Glutaryl-CoA-Dehydrogenase

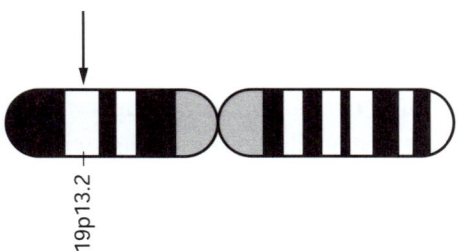

M4 Chromosoms 19 (schematisch): Das Gen für das Enzym Glutaryl-CoA-Dehydrogenase *GCGH* befindet sich auf dem kurzen Arm (p) des Chromosoms 19 an Position 13.2.

M5 Veränderung im GCGH-Gen

Das menschliche Glutaryl-CoA-Dehydrogenase-Gen GCGH enthält 11 Exons und umfasst 7 kb. Die Exons bestehen aus 438 Basentripletts. Das 421. Basentriplett von GA I-
Patienten unterscheidet sich im codogenen Strang von dem der gesunden Menschen:

421. Basentriplett im Matrizenstrang des *GCGH*-Gens	**gesunde Person**	3′ CGT 5′
421. Basentriplett im Matrizenstrang des *GCGH*-Gens	**GA I-Patient**	3′ CAT 5′

M6 Genetischer Code (S. 33)

TIPP Benötigte Fachkenntnisse

Grundlagen der Enzymatik, Proteinbiosynthese, Ein-Gen-ein-Enzym-Hypothese, Punktmutation durch Basenaustausch als Form der Genmutation (S. 51 ff.)

TIPP Benötigte Methodenkenntnisse

Analyse von Texten und schematischen Zeichnungen, Umgang mit der Codesonne,
Grundkenntnis von chemischen Strukturformeln (S. 20 ff.)

Lösungen

1. (a) Enzyme sind Proteine mit katalytischer Wirkung. Sie beschleunigen oder er-
    möglichen Reaktionen, indem sie die dafür benötigte Aktivierungsenergie herab-
    setzen. Aufgebaut sind sie aus Aminosäuren, die zunächst zu einer Kette verbun-
    den werden (Primärstruktur). Durch verschiedene Bindungen verdreht (α-Helix)
    oder faltet (β-Faltblatt) sich die Kette zur Sekundärstruktur. Weitere Bindungen,
    wie beispielsweise Wasserstoffbrücken oder Disulfidbrücken zwischen den Ami-
    nosäuren, führen zu einer verknäulten, dreidimensionalen Form, der Tertiärstruk-
    tur. Erst in der Tertiärstruktur ist ein Enzym funktionsfähig. Es verfügt über ein
    aktives (auch katalytisches) Zentrum, das aufgrund seiner räumlichen Struktur
    nur zu einem ganz bestimmten Substrat passt („Schlüssel-Schloss-Prinzip“).
    Enzyme sind daher substratspezifisch. Bindet das passende Substrat im aktiven
    Zentrum, wird es immer zum gleichen Produkt umgesetzt, Enzyme sind also auch
    wirkungsspezifisch.

    (b) Die Reaktionsgeschwindigkeit-Temperatur-Regel lautet: Eine Temperaturerhö-
    hung von 10 °C verdoppelt bis verdreifacht die Reaktionsgeschwindigkeit eines
    Enzyms. Dies gilt aber nur bis zu der Temperatur, bei der das Enzym denaturiert.
    Erklärung: Die höhere Temperatur führt zu einer schnelleren Bewegung der Mo-
    leküle (brownsche Molekularbewegung). Dadurch steigt die Wahrscheinlichkeit,
    dass ein Enzym und das passende Substrat zufällig zueinander finden, die Reak-
    tionsgeschwindigkeit (katalysierte Substrate pro Zeit) steigt. Wird die Temperatur zu

hoch, brechen die Bindungen, die die Tertiärstruktur zusammenhalten auseinander, das Enzym denaturiert und wird funktionslos.

(c) Die Enzymaktivität lässt sich durch verschiedene Faktoren beeinflussen. Neben der in 1 (b) genannten Abhängigkeit von der Temperatur – Enzyme haben teilweise sehr unterschiedliche Temperaturoptima – sind dies die Substratkonzentration, der pH-Wert (jedes Enzym hat ein pH-Optimum) und die Anwesenheit von substratähnlichen Molekülen (kompetitive Hemmung) oder Schwermetallionen (nicht-kompetitive Hemmung). Versuche mit Enzymen enthalten daher oftmals verschiedene Ansätze, in denen jeweils einer dieser Faktoren verändert wird. Dazu bedarf es einer sauberen und klar strukturierten Arbeitsweise.

2. Die Erbkrankheit Glutarazidurie Typ I ist eine Stoffwechselkrankheit, die aufgrund eines Enzymdefekts entsteht. Arbeitet die Glutaryl-CoA-Dehydrogenase nicht mehr, kann Glutaryl-CoA nicht mehr zu Crotonyl-CoA abgebaut werden (M1). Dann reichert sich das Glutaryl-CoA an und wird zu Glutarsäure, 3-Hydroxyglutarsäure und Glutaconsäure umgebaut. Diese Stoffe können den Körper schädigen und werden mit dem Urin ausgeschieden. Die Glutarsäure kann vorher noch zum weniger giftigen Glutarylcarnitin umgewandelt werden. M3 legt nahe, dass die 3-Hydroxyglutarsäure deshalb besonders gefährlich ist, weil sie im Gehirn aufgrund ihrer strukturellen Ähnlichkeit anstelle des Neurotransmitters Glutamat angelagert werden kann. Das kann zu Fehlfunktionen im Gehirn führen (M3). Während einer enzephalopathischen Krise werden in frühen Lebensjahren Neuronen des Bewegungszentrums zerstört, sodass es zu Fehlfunktionen in der Bewegung kommt (M2).
    Die Krankheit ist auf ein defektes Gen zurückzuführen, das auf dem kurzen Arm des Chromosoms 19 liegt (M4). Es ist, die Introns nicht eingerechnet, 438 Basentripletts lang. Das 421. Basentriplett ist gegenüber dem gesunden Gen verändert, im Basentriplett CGT befindet sich an der zweiten Position anstelle von Guanin Adenin (M5). Hier handelt es sich um eine Punktmutation. Als Folge davon wird in dem Enzym Glutaryl-CoA-Dehydrogenase an der 421. Stelle eine falsche Aminosäure eingebaut. Dieser Fehler macht das Enzym unbrauchbar, möglicherweise deshalb, weil das aktive Zentrum von der Mutation betroffen ist.

3. Mithilfe der Code-Sonne kann herausgefunden werden, dass bei der Krankheit als 421. Aminosäure in der Glutaryl-CoA-Dehydrogenase anstelle von Alanin (mRNA 5' GCA 3') Valin (mRNA 5' GUA 3') eingebaut wird.

4. Wenn die Basensequenz des GCDH-Gens bekannt ist, lässt sich dazu eine komplementäre Gensonde, die mit einem Fluoreszenzfarbstoff markiert ist, synthetisieren. Sinnvoll wäre es, den entsprechenden DNA-Abschnitt des Chromosoms 19 mithilfe von Restriktionsenzymen herauszuschneiden und mit der PCR zu vervielfältigen. Oft benötigt man keine Restriktionsenzyme, wenn man geeignete Primer für die PCR zur Verfügung hat. Nach dem Auftrennen der isolierten DNA (durch erhöhte Temperatur) in die Einzelstränge könnte man nun die Gensonde hinzufügen. Nach

dem Abkühlen sind dann DNA-Hybride aus DNA-Fragmenten mit dem *GCDH*-Gen und der Gensonde zu erwarten, allerdings nur dann, wenn alle Basentripletts des *GCDH*-Gens mit der Gensonde übereinstimmen. Findet man also fluoreszierende DNA-Hybride, ist das Kind mit Sicherheit gesund. Für diesen Nachweis lassen sich die Zellen des Embryos aus dem Fruchtwasser der Mutter gewinnen, da der Embryo abgestorbene Hautzellen in das Fruchtwasser abgibt.

Findet man keine entsprechenden DNA-Hybriden, wäre es möglich, dass das Kind die Glutarazidurie in einer enzephalopathischen Krise ausbilden könnte. Allerdings kann die Gensonde auch dann keine DNA-Hybride bilden, wenn nicht das 421. Basentriplett betroffen wäre, sondern ein anderes, das z. B. aufgrund einer folgenlosen stummen Mutation vorliegen könnte.

5. Da kranke Neugeborene einen erhöhten Glutarylcarnitin-Spiegel im Urin aufweisen, könnte man diesen mit geeigneten Reagenzien nachweisen.

6. Beim Neugeborenenscreening werden alle Neugeborenen auf verschiedene genetische Erkrankungen untersucht. Die Aufnahme eines „Windeltests" auf Glutarazidurie Typ I in das Neugeborenen-Screening ist zu begrüßen, da die Krankheit vor allem in den ersten Lebensjahren in Erscheinung treten kann. Allerdings ist ein Test nur dann sinnvoll, wenn sich das Ausbrechen dieser schweren Krankheit nach der Diagnose verhindern ließe. Aus M2 geht hervor, dass die Erkrankung behandelbar ist, sodass sich auch eine in späteren Jahren zusätzliche geistige Retardierung verhindern lässt. Aber auch diese Tatsache ist für den Gesetzgeber nicht allein maßgeblich, wenn ein solcher Test zusätzlich in einem Screening aufgenommen werden soll. Die Kosten dafür müssen in einem vernünftigen Verhältnis zur Häufigkeit dieser Krankheit stehen. Auch bei hohen Kosten sollten aufgrund der Schwere der Krankheit die Neugeborenen der Amish im Screening auf Glutarazidurie Typ I untersucht werden, da bei ihnen die Krankheit gehäuft auftritt. Sicherlich muss auch dann untersucht werden, wenn in bestimmten Familien die Krankheit schon aufgetreten ist und das Genom der Eltern noch nicht hinsichtlich eines defekten GCDH-Gens untersucht wurde. Um im Gesundheitssystem die Kosten nicht zu sehr in die Höhe zu schrauben, wäre es aufgrund des seltenen Auftretens dieser Krankheit volkswirtschaftlich vernünftiger, bei einem Massenscreening auf diesen Test zu verzichten. Solange die Kosten tragfähig sind, sollte man aber nicht darauf verzichten, da den Betroffenen viel Leid erspart würde.

7. Aufgrund der Materialien lassen sich für eine Therapie folgende Hypothesen aufstellen: Da der Abbau von Tryptophan, Lysin und Hydroxylysin bei einem Defekt der Glutaryl-CoA-Dehydrogenase zu einer Erhöhung der Glutaryl-CoA-Konzentration im Körper führt, die für die Krankheit verantwortlich ist, könnte eine Diät, die möglichst wenig Tryptophan, Lysin und Hydroxylysin enthält, und die vor allem in den ersten Lebensjahren eingehalten werden muss, weiterhelfen, sodass es gar nicht erst zu einer enzephalopathischen Krise kommt. Da zur Entgiftung der Glutarsäure Carnitin benötigt wird, könnte man diesen Stoff zuführen, sodass Glutarsäure

sofort zu dem weniger giftigen Glutarylcarnitin umgesetzt werden kann. Weil die Bildung von Glutarsäure aus Glutaryl-CoA und ihre Weiterverarbeitung zu Glutaryl-carnitin mit der Synthese der gefährlichen 3-Hydroxyglutarsäure aus Glutaryl-CoA konkurriert, wäre es möglich, durch die Carnitin-Gaben auch die Konzentration von 3-Hydroxyglutarsäure zu senken.

Anmerkung: Diese beiden Maßnahmen reichen, wenn sie in den ersten sechs Lebensjahren beachtet werden, tatsächlich aus, um die Krankheit dauerhaft nicht ausbrechen zu lassen.

Selbstdiagnosebogen

Aufgabe Nr.	Kernkompetenzen	AFB	Punkte	erreichte Punkte	Förderung
1(a)	Struktur und Funktion eines Enzyms	I	4		Enzymatik (S. 103 ff.)
1(b)	Erklärung der RGT-Regel	I	2		
1(c)	Begründung anhand verschiedener Beeinflussungen der Enzymaktivität	II	2		
2	Erfassen von Genwirk-ketten aufgrund eines Diagramms	II	3		Ein-Gen-ein-Enzym-Hypothese; Enzyme, Texterfassung und Umgang mit Diagram-men und Abbildungen (S. 21 ff.), Aufbau der DNA; Mutationstypen und ihre molekularen Grundlagen (S. 51 f.)
	Erfassen der Sympto-me der Glutarazid-urie sowie der Ursa-chen aufgrund von Textstellen und Abbil-dungen	I	3		
	Analyse und begrün-dete Einordnung der Krankheit in einen größeren Zusammen-hang	II	4		
3	Umcodierung der DNA in mRNA und in Aminosäuren	II	3		Proteinbiosynthese und Anwendung des genetischen Codes auf Transkription und Translation (S. 48 ff.)

Aufgabe Nr.	Kernkompetenzen	AFB	Punkte	erreichte Punkte	Förderung
4	Darstellen eines gentechnischen Werkzeugs am Beispiel der Gensonde zur Genanalyse und Interpretationsmöglichkeiten des Ergebnisses	I II	3 3		DNA-Hybridisierung, gentechnische Genomanalysen, z. B. mit Gensonden; genetische Beratung (S. 60 f.)
5	Ableitung einer Nachweismöglichkeit aufgrund der Analyse unterschiedlichen Aufgabenmaterials	III	2		Diagnose und Therapie von PKU, Umgang mit Diagrammen (S. 21 ff.)
6	Darstellung und Beurteilung von Tests im Massenscreening von Neugeborenen mit eigener Stellungnahme	II III III	3 3 4		Neugeborenenscreening, kriteriengeleitete Beurteilung
7	Aufstellen einer Hypothese zu Therapiemöglichkeiten aufgrund einer Materialanalyse analog zur PKU-Diät aufgrund der Analyse von M1	III III	3 2		Therapie PKU, Umgang mit Abbildungen und Diagrammen (S. 21 ff.)

Gesamtpunkte: 40, davon AFB I: 12 Punkte (30 %); AFB II: 18 Punkte (45 %); AFB III: 10 Punkte (25 %)

Materialgrundlage:
Hoffmann G. f.: Glutarazidurie Typ I. In: Deutsches Ärzteblatt 94, Heft 15, April 1997
Bayrhuber H., Hauber W., U. Kull (Hrsg.): Linder Biologie, Schroedel 2010
http://www.welt.de/reise/article4769200/Amish-People-leben-noch-so-wie-vor-300-Jahren.html
http://www.uni-duesseldorf.de/AWMF/ll/027-018.htm
http://www.ncbi.nlm.nih.gov/

Aufgabe 3: CODIS, das genetische Fingerabdruck-system des FBI (Basis- und Leistungsfach)

Angewandte Genetik: Werkzeuge und Verfahrensschritte der Gentechnik am Beispiel der PCR und des genetischen Fingerabdrucks

Einleitung

CODIS bedeutet **CO**mbined **D**NA **I**ndex **S**ystem und ist entwickelt worden, um möglichst alle Individuen einer Population unterscheiden zu können.

Basis dafür sind 13 verschiedene DNA-Abschnitte mit Wiederholungseinheiten. Die Molekulargenetiker bezeichnen diese sich wiederholenden DNA-Muster, deren Wiederholungseinheiten eine Länge von 2 bis 7 Basenpaaren haben, als STRs (short tandem repeats). In den untersuchten DNA-Anschnitten enthalten diese STRs etwa 10 – 100 Wiederholungseinheiten. Als VNTRs (variable number of tandem repeats) bezeichnet man DNA-Abschnitte, die eine Länge von insgesamt nur etwa 10 – 100 bp (Basenpaaren bzw. Nukleotiden) besitzen.

VNTRs und STRs macht man sich in der Forensik bei der Identifikation von Personen zunutze. Sie liegen in bekannten DNA-Abschnitten, die mit Symbolen bezeichnet werden. Ein solcher Abschnitt heißt z. B. D7S280. Er liegt auf dem Chromosom 7. In der Bevölkerung der USA kann er zwischen 310 und 346 Basenpaaren lang sein.

AUFGABENSTELLUNG

1 **Untersuchen** Sie die Basensequenz des DNA-Abschnitts D7S280 aufgrund der Abbildung M1:

(a) **Geben** Sie **an**, um welche Wiederholungseinheit es sich hier handelt und wie oft sie in der Abbildung M1 wiederholt wird.

(b) **Leiten** Sie aufgrund der Angaben im Text und der Abbildung M1 alle variablen STRs mit der exakten Anzahl ihrer Wiederholungseinheiten im DNA-Abschnitt D7S280 für die amerikanische Bevölkerung **ab**. (Tipp: Ermitteln Sie dazu die Länge des DNA-Abschnitts D7S280, also die Gesamtzahl der Nukleotide, sowie die Anzahl der Repeats in M1. Die unterschiedliche Länge von D7S280 kommt in der Bevölkerung der USA ausschließlich durch eine unterschiedliche Anzahl an Repeats zustande. Rechnen Sie nun mit den Zahlen im letzten Satz der Einleitung.)

2 **Beschreiben** Sie, wie man aufgrund einer DNA-Spur in der Forensik experimentell vorgehen muss, um für eine bestimmte Person die STRs des DNA-Abschnitts D7S280 zu ermitteln, also einen genetischen Fingerabdruck herzustellen. Wählen Sie folgende Methoden:

(a) PCR,

(b) Gelelektrophorese. **Zeichnen** Sie das Ergebnis der Gelelektrophorese für den DNA-Abschnitt D7S280 von Peter.

3 **Erläutern** Sie den Rechenweg für die Bestimmung der Wahrscheinlichkeit, einem Menschen zu begegnen, der das gleiche CODIS-STR-Muster aufweist wie Peter (vgl. M1).

4 (a) **Erklären** Sie, welche Schlussfolgerung ein Molekulargenetiker aufgrund des CODIS-STR-Musters bezüglich der Eigenschaften oder der Persönlichkeit der untersuchten Personen ziehen kann.

(b) **Bewerten** Sie Möglichkeiten und Grenzen dieses gentechnischen Verfahrens in der Kriminalistik.

Material

M1 **Nukleotidlänge mit darin enthaltenen Wiederholungseinheiten von D7S280**

3'-Ende	1	[AATTTTTGTA	TTTTTTTTAG	AGACGGGGTT	TCACCATGTT
	41	GGTCAGGCTG	ACTATGGAGT	TATTTTAAGG	TTAATATATA
	81	TAAAGGGTAT	GATAGAACAC	TTGTCATAGT	TTAGAACGAA
	121	CTAACGATAG	ATAGATAGAT	AGATAGATAG	ATAGATAGAT
	161	AGATAGATAG	ATAGACAGAT	TGATAGTTTT	TTTTTATCTC
	201	ACTAAATAGT	CTATAGTAAA	CATTTAATTA	CCAATATTTG
	241	GTGCAATTCT	GTCAATGAGG	ATAAATGTGG	AATCGTTATA
	281	ATTCTTAAGA	ATATATATTC	CCTCTGAGTT	TTTGATACCT
	321	CAGATTTTAA	GGCC] 5'-Ende		

M1 Nukleotidsequenz des DNA-Abschnitts D7S280 auf dem Chromosom 7 eines Amerikaners. Die Zahlen am Beginn der Zeile kennzeichnen die Nummer der ersten Base bzw. des ersten Nukleotids des folgenden DNA-Abschnitts. Nach jeder 10. Base wurde zur besseren Übersichtlichkeit eine Lücke gesetzt.

M2 **Die CODIS-DNA-Abschnitte**

DNA-Abschnitt	D3S1358	vWA	FGA	D8S1179	D21S11	D18S51	D5S818
STR-Muster (Peter)	15, 18	16,16	19, 24	12, 13	29, 31	12, 13	11, 13
Häufigkeit USA	8,2 %	4,4 %	1,7 %	9,9 %	2,3 %	4,3 %	13,0 %

DNA-Abschnitt	D13S317	D7S280	D16S539	THO1	TPOX	CSF1PO
STR-Muster (Peter)	11, 11	10, 10	11, 11	9, 9	8, 8	11, 11
Häufigkeit USA	1,2 %	6,3 %	9,5 %	9,6 %	3,5 %	7,2 %

M2 Alle 13 DNA-Abschnitte, die von CODIS erfasst werden. Darunter ist jeweils eine mögliche STR-Kombination einer bestimmten Person (Peter) angegeben zusammen mit der Häufigkeit, mit der diese bestimmte Kombination in der Bevölkerung der USA auftritt. Peter hat z. B. im DNA-Abschnitt FGA einmal 19 und auf dem anderen homologen Chromosom 24 Tandem-Repeats. Nur 1,7 % der Bevölkerung weisen an diesem FGA-Ort das gleiche STR-Muster von 19/24 auf.

TIPP Benötigte Fachkenntnisse

DNA: Aufbau aus Nukleotiden, Informationsgehalt codogener und nichtcodogener Abschnitte (S. 46 ff.)

TIPP Benötigte Methodenkenntnisse

Umgang mit Diagrammen (S. 21 ff.)

Lösungen

1. (a) Länge der Wiederholungseinheit: 4 bp aus GATA; GATA tritt 12-mal auf in einem 334 bp langen D7S280 DNA-Abschnitt.
   (b) In einem 310 bp langen D7S280 DNA-Abschnitt 6-mal GATA. In einem 346 bp langen D7S280 DNA-Abschnitt 15-mal GATA. Für die amerikanische Bevölkerung gibt es im DNA-Abschnitt D7S280 variable STR-Muster von 6 bis 15 GATA-Wiederholungseinheiten.

2. (a) Ablauf der PCR: In der Polymerase-Kettenreaktion wird die Replikation der zellulären DNA im Reagenzglas nachgestellt. Zur Replikation muss der Doppelstrang zunächst in seine beiden Einzelstränge getrennt werden. Anschließend kann die DNA-Polymerase jeweils einen Einzelstrang als Matritze nutzen, an die sie Nukleotide in komplementärer Weise zu einem neuen, gegenläufigen Strang zusammenbaut. Dabei gilt, dass die DNA Kettenverlängerung nur über das 3′ Ende der Ribose erfolgt. Nach der semikonservativen Replikation liegt dann ein Doppelstrang aus einem „alten" und einem neu zusammengesetzten Einzelstrang vor.
   Anders als bei der natürlichen Replikation werden bei der PCR nicht die gesamte DNA der Zelle, sondern nur spezifische Fragmente vermehrt. Die Startpunkte der DNA-Polymerase – und damit die Größe des vermehrten DNA-Fragmentes – wird durch die Wahl von sogenannten Primern bestimmt. Ein Primer ist ein etwa 20 Nukleotide langes DNA-Fragment, welches chemisch synthetisiert werden kann und an dessen 3′ Ende eine Kettenverlängerung erfolgen kann. Die Primersequenz ist ein kurzes, einzelsträngiges DNA-Stück.

Für eine PCR benötigt man zwei unterschiedliche Primer, von denen einer komplementär zu einer Sequenz auf dem einem Einzelstrang der DNA und der zweite komplementär zu einer Sequenz auf dem gegenläufigen Einzelstrang ist. Die zwischen den Primern liegende Sequenz kann dann in der PCR vermehrt werden. Zu der DNA wird ein Reaktionsansatz gegeben, der aus einem Puffer, Desoxynukleotiden und aus einer thermostabilen Variante des Enzyms DNA-Polymerase besteht, der Taq-Polymerase (aus dem Bakterium Thermus aquaticus).

Die PCR ist eine zyklische Reaktion. Jeder PCR-Zyklus besteht aus drei wesentlichen Schritten:

- Denaturierung: Durch kurzzeitiges Erhitzen der DNA-Lösung auf 95 °C werden die beiden Stränge des DNA-Moleküls getrennt.
- Hybridisierung: Bei 56 °C lagern sich die beiden Primer an die DNA-Stränge an.
- Polymerisierung: Bei 72 °C werden die DNA-Stränge durch die Taq-Polymerase repliziert.

Für die aufeinander folgenden PCR-Zyklen verwendet man einen Thermocycler, in dem die drei Schritte der Reaktion in der Regel etwa 30- bis 35-mal wiederholt werden.

(b) Das Ergebnis der Gelelektrophorese sieht für Peter an der Stelle D7S280 folgendermaßen aus:

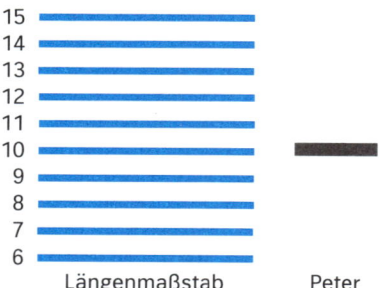

Ergebnis der Gelelektrophorese des DNA-Genabschnitts D7S280 für Peter

Erklärung zur Abbildung: Der Längenmaßstab von 6 bis 15 Wiederholungseinheiten wurde deshalb gewählt, weil im D7S280 DNA-Abschnitt nur diese Möglichkeiten von STRs vorkommen können. In der DNA-Probe von Peter taucht nur eine Bande auf, da gemäß dem STR-Muster von Peter von 10/10 in diesem Bereich jeweils 10 Wiederholungseinheiten auf den homologen Chromosomen liegen.

3. Der Rechenweg für die Bestimmung der Wahrscheinlichkeit, einem Menschen zu begegnen, der das gleiche CODIS-STR-Muster aufweist wie Peter (vgl. M2) besteht in der Multiplikation der Wahrscheinlichkeiten (Prozentangaben): 0,082 x 0,044 x 0,017 x 0,099 x 0,023 usw.

4. (a) Da sich die STRs in nicht codogenen Abschnitten der DNA befinden, enthalten sie keine Information über die Merkmale, auch nicht über die Persönlichkeitsmerkmale eines Individuums. Das Wissen um diese STRs berührt daher keine Persön-

lichkeitsrechte. Der Einsatz des genetischen Fingerabdrucks dient also lediglich der Identifizierung einer Person und nicht einer Merkmalsbeschreibung.

(b) Da das Verfahren keine Persönlichkeitsrechte verletzt, zudem relativ sicher ist und eine hohe Nachweiswahrscheinlichkeit hat, ist sein Einsatz zu begrüßen.

Selbstdiagnosebogen

Aufgabe Nr.	Kernkompetenz	AFB	Punkte	erreichte Punkte	Förderung
1(a)	Tandem-Repeats der DNA in einer vorgegebenen Basensequenz erkennen	II	2		molekularer Aufbau der DNA, Unterscheidung Exon, Intron, nicht-codogene Abschnitte, Tandem-Repeats (S. 46 ff.)
1(b)	Erfassung der variablen Wiederholungen von Basenfolgen innerhalb eines DNA-Abschnitts	II	4		Berechnung von Basensequenzeinheiten, Dreisatz
2(a)	Beschreibung PCR	I	4		PCR (S. 56 f.)
2(b)	Beschreibung Gelelektrophorese	I	3		Gelelektrophorese Auswertung und
2(c)	Erfassung eines vorgegebenen STR-Musters und Zeichnung des entsprechenden Gelelektrophorogramms	II	4		Zeichnung (S. 56) von Gelelektrophorogrammen/Bedeutung der Banden und des Längenmaßstabs
3	einfache Wahrscheinlichkeitsberechnung	II	2		Wahrscheinlichkeitsrechnung
4(a)	Schlussfolgerungen aus dem molekularen Aufbau der DNA ziehen können.	III	3		Bedeutung von Introns und nicht-codogenen Abschnitten der DNA, Bedeutung des genetischen Fingerabdrucks (S. 60)
4(b)	Urteilsbildung aufgrund der vollständigen Erfassung eines gentechnischen Verfahrens	III	2		

Gesamtpunkte: 24, davon AFB I: 7 Punkte (30 %); AFB II: 12 Punkte (50 %); AFB III: 5 Punkte (20 %)

Materialgrundlage:

Köhnemann S.: Einsatz spurenkundlicher und molekulargenetischer Untersuchungen in der Rechtsmedizin. Institut für Rechtsmedizin, Universitätsklinikum Münster 2009

http://campus.uni-muenster.de/fileadmin/einrichtung/rechtsmedizin/medizin/molekulargenetik.PDF

http://www.fbi.gov/about-us/lab/codis

http://www.biology.arizona.edu/human_bio/activities/blackett2/str_description.html

Aufgabe 4: Schmerzen (Basis- und Leistungsfach)

Molekulare und cytologische Grundlagen: Erregungsentstehung, Erregungsleitung, Synapsenvorgänge

Einleitung

Jeder dritte Europäer leidet einmal pro Woche unter Schmerzen, mancher vor allem an chronischen, also dauerhaften Schmerzen. Schmerzforscher suchen nach Lösungen, um nicht nur akute, sondern gerade auch chronische Schmerzen nachhaltig zu lindern.

AUFGABENSTELLUNG

1 **Erläutern** Sie die Entstehung von Schmerzen:

(a) **Stellen** Sie allgemein **dar**, wie eine Sinneszelle durch einen Reiz erregt werden kann und erläutern Sie, in welcher Form und unter welchen Bedingungen die Erregung weitergeleitet wird.

(b) **Stellen** Sie eine **Hypothese auf** über die Entstehung von Schmerzerregungen in den freien Nervenzellen (M1) und ihre Modulation durch Prostaglandine (M5).

2 **Erläutern** Sie die Erregungsleitung:

(a) **Erläutern** Sie, wie eine Erregung über ein Axon geleitet wird. **Vergleichen** Sie dazu die kontinuierliche mit der saltatorischen Erregungsleitung.

(b) **Begründen** Sie, welcher der beiden Fasertypen des Schmerz wahrnehmenden Systems (M2) den ersten und welcher den zweiten Schmerz von der Hand zum ZNS leitet.

3 **Erläutern** Sie mithilfe von M3 die Weitergabe der Schmerzerregung an die Neuronen der Schmerzbahn im Hinterhorn des Rückenmarks.

4 **Beschreiben** Sie Veränderungen der synaptischen Verschaltung (M4) der Schmerzbahn im Hinterhorn des Rückenmarks bei chronischen Schmerzen, und **entwickeln** Sie eine **Hypothese** über den Mechanismus des Schmerzgedächtnisses.

5 (a) **Erklären** Sie die schmerzlindernde Wirkung von Aspirin.

(b) **Begründen** Sie, warum eine fortgesetzte Einnahme von Aspirin die Magenwände angreifen kann.

Material

M1 **Nozizeptoren**

Die freien Nervenendigungen der Schmerzfasern reichen bis in die Oberhaut. Sie werden als Schmerzrezeptoren oder Nozizeptoren bezeichnet. Ihre Membranen enthalten Rezeptoren, die z. B. auf Serotonin oder auf Acetylcholin ansprechen. Bei Verwundungen der Haut wird Serotonin von den Blutplättchen an der verletzten Stelle freigesetzt und verengt dort kleine Blutgefäße, sodass die Wunde schneller geschlossen wird. Serotonin ist zugleich auch ein Neurotransmitter, der ähnlich wie z. B. Acetylcholin in chemischen Synapsen für die Erregungsübertragung von einem Neuron auf das nächste Neuron als Botenstoff wirkt.

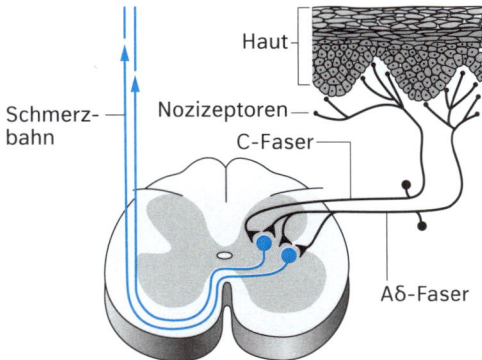

M1 Nozizeptoren der C- Fasern und Aδ-Fasern sind die reizaufnehmenden Strukturen der Schmerzbahn

M2 Zwei Arten von Schmerzfasern

Beim Öffnen einer Konservendose kann es vorkommen, dass man sich an der scharfen Kante des Dosendeckels schneidet. Ein erster stechend brennender Schmerz zeigt die Verletzung an. Die Wunde wird versorgt und ein Pflaster verhindert die Blutung. Erst jetzt setzen je nach Schwere der Verletzung bohrende dumpfe Schmerzen ein. Dafür macht man zwei Arten von Schmerzfasern des Schmerz wahrnehmenden Systems verantwortlich: Aδ-Fasern sind relativ dicke Axone (ca 3 – 5 μm), die von einer Myelinscheide umhüllt sind. C-Fasern sind dünn (ca 1 μm) und nicht von einer Myelinscheide umhüllt.

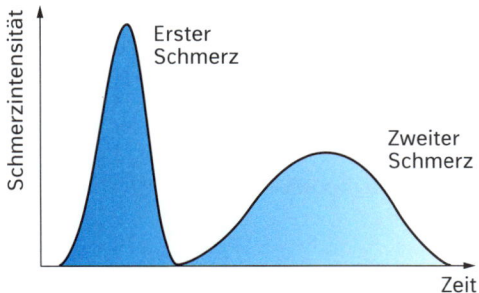

M2 zeitlicher Verlauf unterschiedlicher Schmerz-wahrnehmungen nach einer Verletzung

M3 Synaptische Verschaltung der Schmerzbahn im Rückenmark

Über Synapsen im Hinterhorn des Rückenmarks werden akute Schmerzerregungen an das Gehirn weitergeleitet.

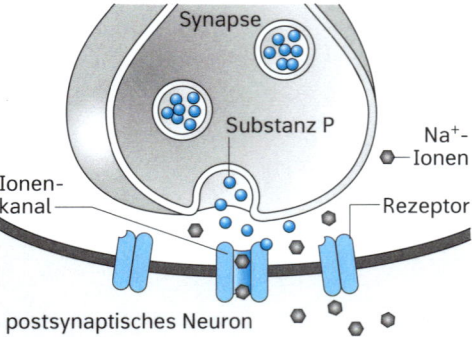

M3 Synapse aus der Schmerzbahn im Hinterhorn des Rückenmarks.

M4 Veränderungen chemischer Synapsen der Schmerzbahn im Hinterhorn des Rückenmarks

Durch lang anhaltende oder besonders starke Schmerzreize werden die Neuronen im Hinterhorn des Rückenmarks verändert. Die dadurch hervorgerufenen physiologischen Veränderungen bezeichnet man als Schmerzgedächtnis.

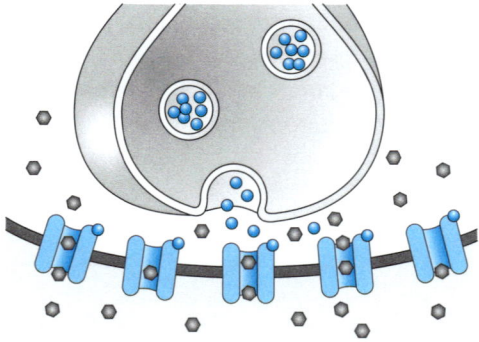

M4 veränderte Synapse aus der Schmerzbahn im Hinterhorn des Rückenmarks

M5 Prostaglandine und Acetylsalicylsäure

Prostaglandine werden von zwei Enzymen in unterschiedlichen Geweben synthetisiert, sie heißen Cyclooxygenase-1 (COX-1) und Cyclooxygenase-2 (COX-2). Während COX-1 in den blutgerinnungsauslösenden Blutplättchen (Thrombozyten) vorkommt, wird COX-2 in entzündeten oder verletzten Geweben synthetisiert. Die Prostaglandine aktivieren bei Verletzungen der Haut die Thrombozytenaggregation und fördern somit den Wundverschluss. Sie fördern allerdings auch Entzündungsreaktionen und senken dabei gleichzeitig den Schwellenwert in den Schmerzrezeptoren. Zudem hemmen sie die Sekretion von Magensaft.

Acetylsalicylsäure (ASS) ist ein Schmerzmittel, das erstmals 1897 in reiner Form hergestellt wurde. Es ist in Tablettenform unter dem Namen Aspirin bekannt. Acetylsalicylsäure hemmt die Enzyme COX-1 und COX-2, indem sie in der Aminosäurekette der Enzyme kurz vor dem aktiven Zentrum einen Acetylrest auf die Aminosäure Serin überträgt.

TIPP Benötigte Fachkenntnisse

Umwandlung von Reiz in Erregung, Weiterleitung der Erregung in Form von Aktionspotenzialen, saltatorische Erregungsleitung, Vorgänge an Synapsen (S. 62 ff.), Enzyme und ihre Wirkung, Enzymhemmung (S. 47 ff.)

TIPP Benötigte Methodenkenntnisse

Analyse von Diagrammen und schematischen Zeichnungen (S. 21 ff.)

Lösungen

1. (a) Die Membran einer freien Nervenendigung oder auch die einer Sinneszelle mit ihren Rezeptoren vermag einen adäquaten Reiz aufzunehmen. Dabei wird ein bestimmter Reiz in Erregung umgewandelt, d. h., dass aufgrund des ankommenden Reizes die Membran für Kationen (meist Na^+-Ionen) durchlässig wird, die folglich in die Zelle diffundieren. Auf diese Weise wird die Membran depolarisiert. Das Ruhepotenzial der Zelle wird herabgesetzt. Dies bezeichnet man als Generator- oder auch als Rezeptorpotenzial. Die Höhe der Potenzialänderung entspricht dabei der Größe des ankommenden Reizes. Ob diese durch den Reiz hervorgerufene Erregung zum Gehirn weitergeleitet wird, hängt davon ab, ob ein sogenannter Schwellenwert erreicht wird. Ist dies der Fall, wird die Erregung in Form von Aktionspotenzialen (APs) weitergeleitet. Die Anzahl der Aktionspotenziale pro Zeiteinheit entspricht dabei der Höhe des Generatorpotenzials und die Dauer der AP-Frequenz der Dauer des Reizes. Die APs folgen dem Alles-oder-Nichts-Gesetz, d. h. ihre Höhe ist immer gleich groß.

   (b) Serotonin wird an den verletzten Stellen der Haut freigegeben. Es stellt somit den Schmerzreiz dar. Die freien Nervenendigungen enthalten vermutlich Serotoninrezeptoren. Werden diese von Serotonin besetzt, öffnen sich Na^+-Kanäle, sodass es zu einem Rezeptorpotenzial kommt. Je nach Anzahl der andockenden Serotoninmoleküle ist dieses lokale Potenzial von unterschiedlicher Stärke. Erreicht es den Schwellenwert, werden in der Nervenzelle Aktionspotenziale ausgelöst, die als Signale zum Gehirn geleitet werden und dort im Schmerzzentrum die Schmerzempfindung hervorrufen. Prostaglandine können den Schwellenwert herabsetzen, sodass die Anzahl der Aktionspotenziale und somit auch die Schmerzwahrnehmung durch ihre Zugabe erhöht wird.

2. (a) In Axonen von Nervenzellen wird die Erregung in Form von Aktionspotenzialen weitergeleitet. Je nachdem, ob das Axon myelinisiert, das heißt von Schwannschen Zellen umgeben ist oder nicht, unterscheidet man zwei verschiedene Arten der

Weiterleitung: Bei marklosen Nervenfasern, das heißt bei fehlender Myelinisierung, wird das AP über das Axon von Abschnitt zu Abschnitt übertragen, indem der vorhergehende Abschnitt ein Aktionspotenzial an dem benachbarten, noch nicht erregten Abschnitt auslöst. Der vorhergehende Abschnitt ist dann bereits in der Repolarisationsphase, während am benachbarten eine Potenzialänderung ausgelöst werden kann, sodass dann dort ein Aktionspotenzial erfolgt. Diese Form der Weiterleitung ist relativ langsam. Die Leitungsgeschwindigkeit kann durch eine Verdickung des Axons vergrößert werden.

Bei Axonen, die von einer Myelinscheide umhüllt sind, findet die saltatorische Erregungsleitung statt. Die Myelinscheide wird von Schwannschen Zellen gebildet und ist deshalb im Abstand von 0,2 mm bis 1,5 mm unterbrochen. Diese Unterbrechungen heißen Ranviersche Schnürringe. Die zur Erzeugung des Aktionspotenzials nötigen spannungsabhängigen Na^+-Kanäle befinden sich nur an den Ranvierschen Schnürringen. Ein Aktionspotenzial, das an einem Schnürring entsteht, löst ein nächstes AP erst am nächsten Schnürring aus. Da die Aktionspotenziale nicht kontinuierlich an der Membran entlang laufen wie bei marklosen Fasern, sondern sozusagen von Schnürring zu Schnürring springen, nennt man dies eine saltatorische Erregungsleitung. Diese ist viel schneller und verbraucht weniger Energie als die kontinuierliche Form.

(b) Da die Aδ-Fasern relativ dicke Axone und von einer Myelinscheide umhüllt sind, leiten sie schneller als die dünnen marklosen C-Fasern. Der erste stechend brennende Schmerz kommt also durch die Erregung der Aδ-Fasern, der zweite dumpfe Schmerz durch die Erregung der C-Fasern.

3. An der Synapse im Hinterhorn des Rückenmarks laufen Aktionspotenziale ein, die die Ca^{2+}-Ionenkanäle im synaptischen Endknöpfchen des Axons der sensorischen Nervenzelle öffnen, sodass Calciumionen in das Endknöpfchen einströmen. Dies bewirkt die Verschmelzung der mit der Substanz P gefüllten synaptischen Bläschen mit der präsynaptischen Membran und folglich eine Transmitterausschüttung der Schmerzsubstanz P. Die Substanz P diffundiert durch den synaptischen Spalt und verbindet sich mit den Rezeptoren der postsynaptischen Membran, sodass sich dort Na+-Ionenkanäle öffnen und Natriumionen in die postsynaptische Nervenzelle gelangen. Dadurch wird ein EPSP (exzitatorisches postsynaptisches Potenzial) an der postsynaptischen Membran ausgelöst. Diese postsynaptische Erregung wird unter Abschwächung (Dekrement) weitergeleitet. Erreicht sie am Axonhügel den Schwellenwert, entstehen dort wieder Aktionspotenziale, die über das Axon des Neurons weitergeleitet werden.

4. Lang anhaltende oder besonders starke Schmerzreize bewirken an der Synapse des Hinterhorns eine Vermehrung von postsynaptischen Rezeptoren für die Substanz P. Dadurch können die Moleküle der Substanz P bei ihrer Ausschüttung in den synaptischen Spalt gleichzeitig an mehr Rezeptoren andocken als es ohne anhaltende

Schmerzen der Fall wäre. Die Folge sind stärkere postsynaptische Potenziale, die stärkere und länger andauernde Schmerzen nach sich ziehen. Das bedeutet eine größere Sensibilität der Schmerzbahn für ankommende Erregungen. Man spricht hier vom Schmerzgedächtnis.

5. (a) Die Wirkungsweise von ASS bzw. Aspirin beruht darauf, dass es die Enzyme Cyclooxygenase-1 (COX-1) und Cyclooxygenase-2 (COX-2) hemmt, die für die Produktion von Prostaglandinen zuständig sind. Prostaglandine senken die Reizschwelle der Schmerzrezeptoren bei Verletzungen und Entzündungen; dementsprechend steigt mit hoher Prostaglandinkonzentration auch die Schmerzempfindlichkeit eines Gewebes, das sich an und um eine Verletzung befindet. Diese Konzentration ist bei Entzündungen besonders hoch, da die COX-2-Synthese und damit die Produktion von Prostaglandinen durch Entzündungen und Verletzungen ausgelöst wird. Aufgrund der Enzymhemmung wirkt Aspirin daher nicht nur schmerz-, sondern auch entzündungshemmend.
Aspirin verändert das aktive Zentrum der Enzyme, sodass diese die erforderlichen Substrate für die Synthese von Prostaglandinen nicht mehr anlagern und somit nicht mehr umsetzen können.
(b) Weil Prostaglandine zudem die Sekretion von Magensäuren hemmen, ist bei längerer oder höherer Dosierung von ASS auch eine Beinträchtigung des Magens möglich, da ohne Prostaglandine zu viel Magensaft gebildet wird.

Selbstdiagnosebogen

Aufgabe Nr.	Kernkompetenzen	AFB	Punkte	erreichte Punkte	Förderung
1(a)	Beschreibung, wie ein Reiz in Erregung umgewandelt wird	I	4		Generator-, Rezeptorpotenzial, Umcodierung Reiz in Erregung
1(b)	Ableitung einer Hypothese aus den vorgelegten Materialien	III	5		Analogisieren üben, z. B. Schmerzsubstanz-Reiz (S. 62 ff.)
2(a)	Beschreibung der kontinuierlichen und saltatorischen Erregungsleitung am Axon	I	4		Aktionspotenzial, kontinuierliche und saltatorische Erregungsleitung (S. 64 f.)
2(b)	Analyse von M1 und M2 sowie begründete Erklärung der unterschiedlichen Funktionen der beiden Schmerzfasern	II	2		Texterfassung und Umgang mit Diagrammen und Abbildungen (S. 21), Verknüpfung bekannten Wissens mit neuen Sachverhalten

Aufgabe Nr.	Kernkompetenzen	AFB	Punkte	erreichte Punkte	Förderung
3	Beschreibung der synaptischen Vorgänge und Erklären der Übertragung von Schmerzerregungen im Hinterhorn des Rückenmarks	II	4		anhand der Abbildung einer Synapse die einzelnen Schritte der Erregungsübertragung erklären (S. 65 ff.)
4	Beschreibung von synaptischen Veränderungen aufgrund M4 Erläuterung der direkten Folgen und der weitreichenden Folgen dieser Veränderung als Schmerzgedächtnis	II	4		Umgang mit Abbildungen, Vergleich von Abbildungen (S. 26 f.) Verknüpfung bekannten Wissens mit neuen Sachverhalten: Aufgaben zur Synapse
5(a)	Erklärung der komplexen Wirkungsweise von Aspirin durch Ableitung aus verschiedenen Sachtexten	II	4		Bedeutung und Wirkungsweise von Enzymen, Enzymhemmung und ihre Folgen (S. 47 f.)
5(b)	Erfassen einer Nebenwirkung von Aspirin	III	3		

Gesamtpunkte: 30, davon AFB I: 8 Punkte (26,7 %); AFB II: 14 Punkte (46,7 %); AFB III: 8 Punkte (26,7 %)

Materialgrundlage:
Campbell N. A., Reece J. B.: Biologie. Spektrum Akademischer Verlag Heidelberg 2003
Feldermann D.: Was schmerzt denn da? In: LINDER Biologie. Neurobiologie. Sekundarstufe 2. Abitur- und Klausurtrainer. CD-ROM. Schroedel 2009
Hedewig R.: Die Haut – ein vielseitiges Organ. In: Unterricht Biologie, (1989) 142, S. 4–13
http://www.sinnesphysiologie.de/hvsinne/schmerz/schmerzin.htm

Aufgabe 5: Signaltransduktion beim Riechen und bei der Cholera – ein Vergleich auf molekularer Ebene (nur Leistungsfach)

Erregungsentstehung, Signalwirkketten, Transportprozesse

Einleitung

Die Adenylatcyclase ist ein Enzym, das bereits in einzelligen Lebewesen wie z.B. *Paramecium* vorkommt und eine zentrale Rolle bei der Signaltransduktion eukaryotischer Zellen spielt. Es gibt viele verschiedene Adenylatcyclasen. Allen ist gemein, dass sie Adenosintriphosphat (ATP) in cyklisches Adenosinmonophosphat (cAMP) umwandeln. Das cAMP ist ein Botenstoffmolekül und setzt in der Zelle zahlreiche Prozesse in Gang. Einige prokaryotische Krankheitserreger nutzen Adenylatcyclasen als Ausgangspunkt ihrer pathologischen Wirkung. So wird zum Beispiel die Cholera auf zellulärer Ebene indirekt durch eine übermäßige Aktivierung von Adenylatcyclasen in Darmepithelzellen ausgelöst. Körpereigene und künstliche Opiate deaktivieren Adenylatclasen in Neuronen der Schmerzbahn und unterdrücken so eine Weiterleitung des Schmerzsignals. Auch an der Depolarisation von Riechsinneszellen sind Adenylatcyclasen beteiligt.

AUFGABENSTELLUNG

1 **Fassen** Sie mithilfe von M1 die neurophysiologischen Vorgänge, die zur Erregungsbildung an Riechsinneszellen führen, **zusammen** und **entwickeln** Sie eine **Hypothese** wie es zur Depolarisation der Riechsinneszelle kommt.

2 **Beschreiben** Sie die Konzentrationsänderungen verschiedener Ionen im Darmlumen eines mit dem Cholera-Erreger infizierten Menschen (M3).

3 **Erläutern** Sie mithilfe von M3 und M4 die physiologischen Vorgänge, die nach der Infektion mit dem Cholera-Erreger im Darmlumen infizierter Personen ablaufen und erklären Sie die in M2 beschriebenen medizinischen Befunde eines an der Cholera erkrankten Menschen.

4 **Vergleichen** Sie die Wirkung der Adenylatcyclase bei der Depolarisation von Riechzellen mit der Wirkung bei den physiologischen Vorgängen in Darmepithelzellen mit dem Cholera-Erreger infizierter Menschen.

Material

M1 **Schema Signaltransduktion in Riechsinneszellen**

M1 stellt schematisch die Signaltransduktion bei Riechsinneszellen dar. Duftmoleküle erreichen die Riechschleimhaut (Regio olfactoria) über die beiden Nasenhöhlen. Beim Menschen ist die Regio olfactoria ungefähr so groß wie eine Euromünze und beheimatet etwa 20 Millionen Sinneszellen, welche auf die Wahrnehmung von Duftmolekülen in der Luft spezialisiert sind. Eine Sinneszelle besitzt in der Membran der Außenseite etwa 20 bis 30 Cilien, die in den Schleim der Regio olfactoria hineinreichen und mit den Duftmolekülen in Kontakt kommen. Die Axone der Riechsinneszellen leiten die Erregung der Sinneszellen direkt zum Riechhirn weiter. Der Riechsinn ist damit der einzige Sinn, der seine Impulse direkt und ungefiltert an das Gehirn leitet. Er besitzt auch eine direkte Verbindung zum limbischen System, einer entwicklungsgeschichtlich sehr alten Region des Gehirns, der unter anderem eine zentrale Rolle bei der Entstehung von Emotionen zugesprochen wird.

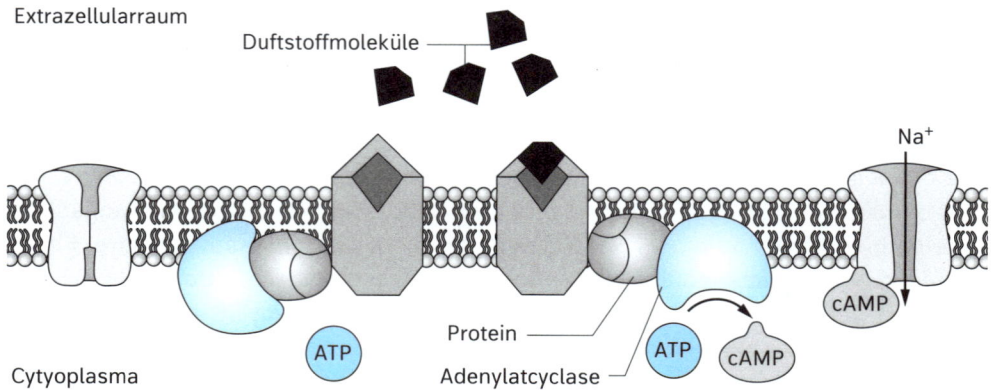

M1 Signaltransduktion in Riechsinneszellen

In den Zellwänden der Cilien der Riechsinneszellen sind zahlreiche Rezeptoren verankert, die nach dem Kotakt mit dem passenden Duftmolekül eine Signalkaskade in Gang setzen an. Dabei reicht ein einziges Duftmolekül aus, um die Bildung von 2000 cAMP-Molekülen zu induzieren. Wissenschaftler haben bisher Gene für 350 verschiedene Riechrezeptoren identifiziert.

M2 Basisinformationen über den Cholera-Erreger

Das Cholera-Bakterium *Vibrio cholerae* wird häufig über verunreinigtes Trinkwasser aufgenommen. Es produziert einen Giftstoff (Choleratoxin), welches in die Zellen des Darmepithels eindringt. Etwa zwei bis drei Tage nach der Infektion mit dem Bakterium kommt es zu sehr plötzlich auftretenden Durchfällen (Diarrhoe). Pro Tag können Patienten – je nach Schwere der Erkrankung – bis zu 25 l Flüssigkeit verlieren. Charakteristisch für die Cholera ist neben der starken Diarrhö ein trüber („reiswasserfarbener") flüssiger Stuhl mit einer erhöhten Konzentration verschiedener Ionen.

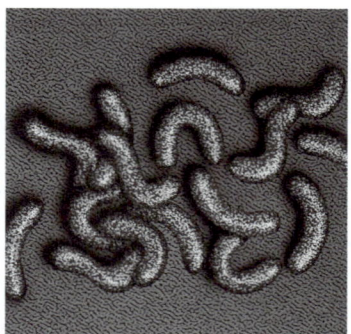

M2 Cholera-Bakterium in 10000-facher Vergrößerung

M3 **Veränderung der Ionenkonzentration im Darm infizierter Personen**

M3 zeigt die Veränderung der Ionenkonzentration im Darmlumen infizierter Personen, wobei der Verlauf der Krankheit sehr unterschiedlich sein kann und vom gesundheitlichen Zustand der infizierten Person abhängt. Die Werte sind Durchschnittswerte.

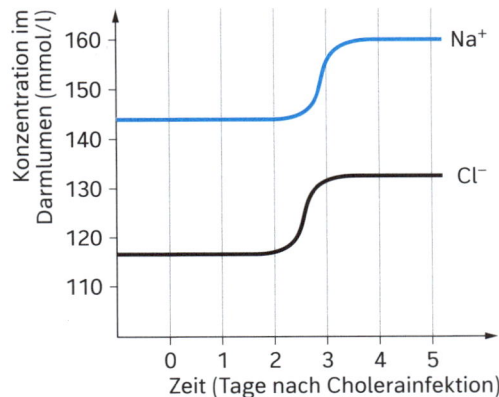

M3 Konzentrationsänderungen von Cl^-- und Na^+-Ionen im Darmlumen infizierter Personen

M4 **Die Wirkung des Choleratoxins**

Die folgende Abbildung stellt die Wirkung des Choleratoxins in den Zellen des Darmepithels schematisch dar.

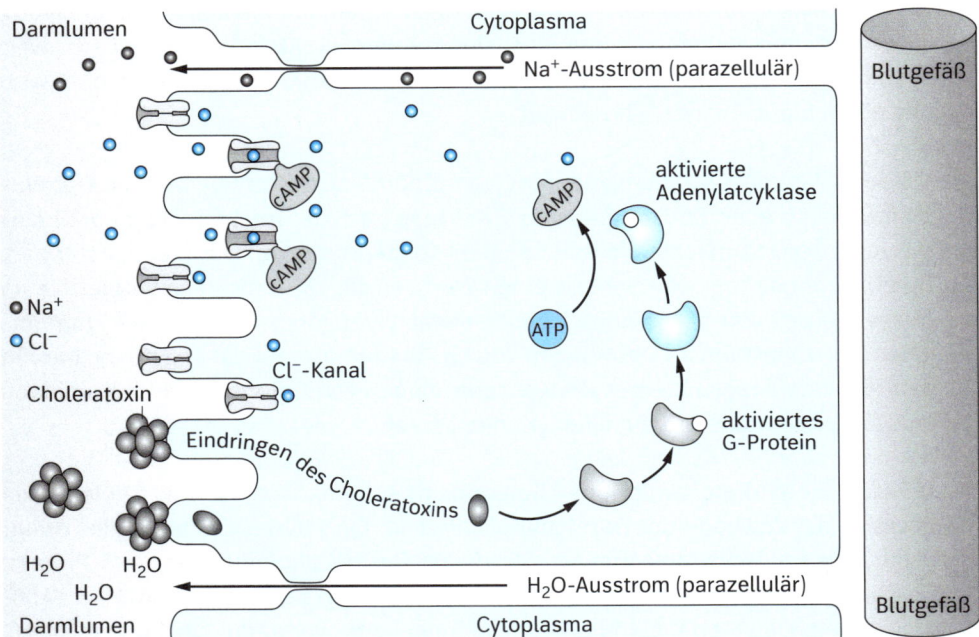

M4 Schema der Wirkung des Choleratoxins in den Epithelzellen des Darmlumens

Signalentstehung und Signalweiterleitung, Signalwirkketten, Transportprozesse durch Biomembranen, Diffusion und Osmose (S. 40 f.)

Beschreiben, Erklären und Vergleichen biologischer Phänomene, Umgang mit komplexen Modellen (S. 31), Hypothesen bilden und überprüfen (S. 30 f.)

Lösungen

1. Duftmoleküle in der Luft erreichen über die Nasenhöhlen die Riechschleimhaut. Dort treffen sie auf Rezeptoren in den Zellmembranen der Cilien der Riechsinneszellen. Trifft ein passendes Duftmolekül auf einen Rezeptor, beginnt eine G-Protein vermittelte Signalkaskade, an deren Ende ein starker Anstieg der intrazellulären cAMP-Konzentration steht. Dabei wird zunächst über den Kontakt des Duftmoleküls mit dem Rezeptor ein G-Protein aktiviert, welches wiederum die Adenylatcyclase aktiviert. Die aktivierte Adenylatcyclase wandelt ATP in cAMP um. Ein Duftmolekül reicht aus, um die Umwandlung von 2000 ATP-Molekülen in cAMP-Moleküle zu induzieren. Die cAMP-Moleküle docken an Natriumionen-Kanäle an. Dadurch werden selektiv Natriumionen-Kanäle geöffnet und Natriumionen strömen in die Zelle ein. Durch die enorme Verstärkung des Signals (um den Faktor 2000) wird ein schneller Anstieg der intrazellulären cAMP-Konzentration erreicht, der wiederum zu einer schnellen Öffnung sehr vieler Natriumionen-Kanäle führt. Positiv geladene Natriumionen können schnell in die Zelle einströmen und die Zelle depolarisieren. Diese Depolarisation löst in den Riechsinneszellen ein Aktionspotenzial aus, welches über die Axone der Riechsinneszellen direkt zum Gehirn weitergeleitet wird und einen Sinneseindruck hervorruft.

2. M3 zeigt die Konzentrationsänderung von Chlorid- und Natriumionen im Darmlumen während einer Cholerainfektion. Zwei Tage nach der Infektion mit dem Choleraerreger steigt zunächst die Chloridionen-Konzentration im Darmlumen stark an. Innerhalb eines Tages erreicht sie einen Wert von ca. 130 mmol/l im Vergleich zum Ausgangswert von 117 mmol/l. Zeitlich etwas verzögert steigt auch die Natriumionen-Konzentration im Darmlumen von ca. 144 mmol/l auf ca. 158 mmol/l an. In den folgenden Tagen bleiben die Konzentrationen von Chlorid- und Natriumionen im Darmlumen konstant auf einem hohen Niveau.

3. M3 stellt die Wirkungsweise des Choleratoxins schematisch dar. Das Choleratoxin dockt an der Zellwand der Darmepithelzellen an. Ein Teil des Choleratoxins dringt in die Zelle ein. Im Cytoplasma aktiviert dieser Teil des Choleratoxins ein G-Protein. Das aktivierte G-Protein wiederum aktiviert die Adenylatcyclase, die ATP zu cAMP umwandelt. Das Signal wird durch diese Signalkette verstärkt. Die hohe intrazelluläre cAMP-Konzentration führt dazu, dass selektiv durch das Andocken eines

cAMP-Moleküls Chloridionen-Kanäle geöffnet werden (M4 Schema der Wirkung des Choleratoxins in den Epithelzellen des Darmlumens). Durch die geöffneten Chloridionen-Kanäle strömen negativ geladene Chloridionen in das Darmlumen. Dadurch liegt im Darmlumen ein Überschuss an negativ geladenen Teilchen vor. Dies führt zur Erhöhung des osmotischen Gradienten. Natriumionen diffundieren entlang dieses Gradienten parazellulär nach. Natrium- und Chloridionen sind osmotisch stark wirksam, sodass Wasser parazellulär (und transzellulär) nachströmt. Dadurch kommt der enorme Flüssigkeitsverlust von bis zu 25 l pro Tag zustande. Die Inkubationszeit bei einer Infektion mit dem Choleraerreger beträgt ca. zwei Tage (M2). Die beschriebene Wirkungsweise des Choleratoxins erklärt auch den zeitlichen Ablauf der Ionenkonzentrationsänderung im Darmlumen betroffener Personen (M3). So lässt sich die im Stuhl nachweisbare erhöhte Ionenkonzentration erklären (M2), die die Diarrhoe zur Folge hat.

4. Sowohl bei der Signaltransduktion des Riechens als auch bei der Umkehr des osmotischen Gradienten in Darmepithelzellen mit dem Cholera-Erreger infizierter Menschen kommt der Adenylatcyclase eine Schlüsselrolle zu. Entscheidend ist in beiden Fällen der Anstieg des intrazellulären cAMP-Spiegels. Bei der Cholera führt dieser Anstieg zur Öffnung cAMP-sensitiver Chloridkanäle, sodass Chloridionen entlang ihres elektrochemischen Gradienten aus den Zellen in das Darmlumen strömen. Infolge dessen wird das osmotische Potenzial umgekehrt und Wasser strömt aus den Zellen und parazellulär ins Darmlumen. Bei der Signaltransduktion der Riechsinneszellen bewirkt ein hoher intrazellulärer cAMP-Spiegel eine Öffnung cAMP-sensitiver Natriumionen-Kanäle. Durch den Natriumeinstrom wird eine Depolarisation ausgelöst, die zu einem Aktionspotenzial führt. Die Erregung wird an das Gehirn weitergeleitet. Die Erhöhung der intrazellulären cAMP-Konzentration führt in beiden Fällen zu entscheidenden molekularen Veränderungen in Zellen. Die Adenylatcyclase spielt eine entscheidende Rolle bei der Weiterleitung und Verstärkung von Signalen und ist daher ein wichtiges Element zellulärer Signalwirkketten.

Selbstdiagnosebogen

Aufgabe Nr.	Kernkompetenzen	AFB	Punkte	erreichte Punkte	Förderung
1	Beschreibung der Signaltransduktion bei Riechsinneszellen unter Berücksichtigung der Fachsprache Hypothesenbildung über die Depolarisation der Riechsinneszelle	I II	6 4		Signalwirkketten und differenziertes Beschreiben von Schemata Erregungsbildung und Hypothesenbildung (S. 30 f.)

Aufgabe Nr.	Kernkompetenzen	AFB	Punkte	erreichte Punkte	Förderung
2	differenzierte Beschreibung der Abbildung in M2	I	3		Methodenschwerpunkt: Beschreiben von Tabellen und Grafiken (S. 21 ff.)
3	differenzierte Beschreibung der physiologischen Vorgänge bei einer Cholerainfektion unter Berücksichtigung der Fachsprache mithilfe eines Wirkschemas	II	6		genaue Beschreibung verschiedener biologischer Zusammenhänge auf Basis von Tabellen, Diagrammen und Grafiken (S. 21 ff.) Erläuterung komplexer Zusammenhänge
	Erläuterung physiologischer Zusammenhänge der Cholerainfektion	II	4		
4	Entwicklung einer Hypothese auf Basis vorher analysierter Zusammenhänge	III	7		Hypothesenbildung und Begründung der Hypothesen (S. 30)

Gesamtpunkte: 30, davon AFB I: 9 Punkte (30 %); AFB II: 14 Punkte (46,7 %); AFB III: 7 Punkte (23,3 %)

Materialgrundlage:
Chadhauri K., Chatterjee S. N.: Cholera Toxins (CT): Structure. In: Chadhauri, K. (Hrsg.): Cholera Toxins. Chapter 7, S. 105 – 123. Springer-Verlag, Berlin, Heidelberg. 2009
Gianella R. A.: Pathogenesis of acute bacterial diarrheal disorders. In: Annual Reviews in Medicine Nr. 32, S. 341 – 357, Palo Alto. 1981
Menon P.-M. et al.: Cholera. In: Evans, A. S., Brachmann, P. S. (Hrsg.): Bacterial Infections of Humans, Chapter 12, S. 249 – 272. Springer Science & Business Media LLC, Philadelphia. 2009
Schmidt R. und Lang f. (Hrsg.): Physiologie des Menschen mit Pathophysiologie. 30., neu bearbeitete und aktualisierte Auflage. Springer Medizin Verlag, Heidelberg. 2007

Aufgabe 6: Die Erdnuss – ein lebensgefährlicher Snack (nur Leistungsfach)

Immunbiologie: Entstehung einer Allergie; Biomembranen; humorale Immunantwort; ELISA-Test

Einleitung

Nahrungsmittelallergien sind ein stetig wachsendes Problem. Eine besonders schwere Form ist die Erdnussallergie. Bereits kleine Mengen bestimmter Proteine der Hülsenfrucht (*Arachis hypogaea*) reichen aus, um schwere Reaktionen bis hin zu einem anaphylaktischen Schock auszulösen. Besonders weit verbreitet ist die Erdnussallergie in den USA und in Großbritannien, aber auch in Deutschland steigt die Zahl der Betroffenen. In den USA sterben jährlich rund 120 Menschen an schweren Schockreaktionen. Neuste Studien zeigen, dass auch immer mehr Kinder davon betroffen sind.

AUFGABENSTELLUNG

1 (a) **Erstellen** Sie eine schematische **Zeichnung** eines Antikörpers und beschriften Sie diese.

(b) **Beschreiben** Sie unter Verwendung der Materialien M1 und M2 die Entstehung einer Erdnussallergie. Gehen Sie dabei ausführlich auf die humorale Immunantwort ein.

(c) **Begründen** Sie, warum eine Erdnussallergie so gefährlich ist.

2 (a) **Vergleichen** Sie den Aufbau eines Chylomikrons mit dem Flüssig-Mosaik-Modell einer Biomembran.

(b) **Überprüfen** Sie, warum Chylomikronen besonders geeignet sind, Fette aufzunehmen und zu transportieren.

3 Entwickeln Sie eine **Hypothese**, warum es bei Menschen mit einer Erdnussallergie zu allergischen Reaktionen auf andere Hülsenfrüchtler (Leguminosen) kommen kann. Solche „Kreuzreaktionen" kennt man mit Erbsen, Linsen oder Sojabohnen, aber auch mit Tomaten, die zu den Nachtschattengewächsen (Solanaceae) gehören.

4 (a) **Beschreiben** und **begründen** Sie die Funktionsweise des ELISA-Tests anhand der Abbildung in M3.

(b) **Beurteilen** Sie die Aussagekraft eines positiven Testergebnisses.

(c) **Erläutern** Sie einen möglichen Versuchsaufbau eines ELISA-Tests, mit dem man statt der Antikörper, im Blut befindliche Antigene nachweisen könnte.

Material

M1 **Wie eine Erdnussallergie entsteht; die Rolle der Chylomikronen**

Man unterscheidet, je nach Dauer zwischen Allergenkontakt und Reaktion, verschiedene Allergietypen. Die Erdnussallergie gehört, zusammen mit Heuschnupfen, Insektenstichallergien, Tierhaarallergien u. a. zum Typ 1, dem „Soforttyp". Eine solche Allergie unterteilt man in zwei Schritte, die Sensibilisierungsphase und die Effektorphase. Kommt es zu einem Erstkontakt mit dem Allergen (= Antigen einer allergischen Reaktion), beginnt die Sensibilisierungsphase. Sie läuft nach dem Prinzip der humoralen Immunantwort ab. Kommt es zu einem erneuten Allergenkontakt, setzt die Effektorphase ein. Dazu genügt es bereits, Mengen im Mikrogrammbereich zu sich zu nehmen. Es kommt zur Ausschüttung von Histamin. Histamin ist ein Botenstoff, der bei Entzündungsreaktionen eine entscheidende Rolle spielt. Bei einer „Überdosis" Histamin können die Symptome in unterschiedlich starker Form am ganzen Körper auftreten (vgl. M2).

Man vermutet, dass die allergenen Erdnussproteine durch Chylomikronen ins Blut gelangen könnten. Chylomikronen sind Lipoproteine, Makromoleküle die aus Pro-teinen und Lipiden bestehen. Sie werden in den Zellen der Darmschleimhaut gebildet und ermöglichen die Aufnahme und den Transport von Fetten. Die Hülle ist aus Phospholipiden und sog. Apoproteinen aufgebaut, im Kern befinden sich die zu transportierenden Nahrungsfette. Die in der Nahrung enthaltenen Lipide können auf diese Weise über die Lymphe ins Blut und zu den Fett abbauenden oder Fett speichernden Geweben transportiert werden.

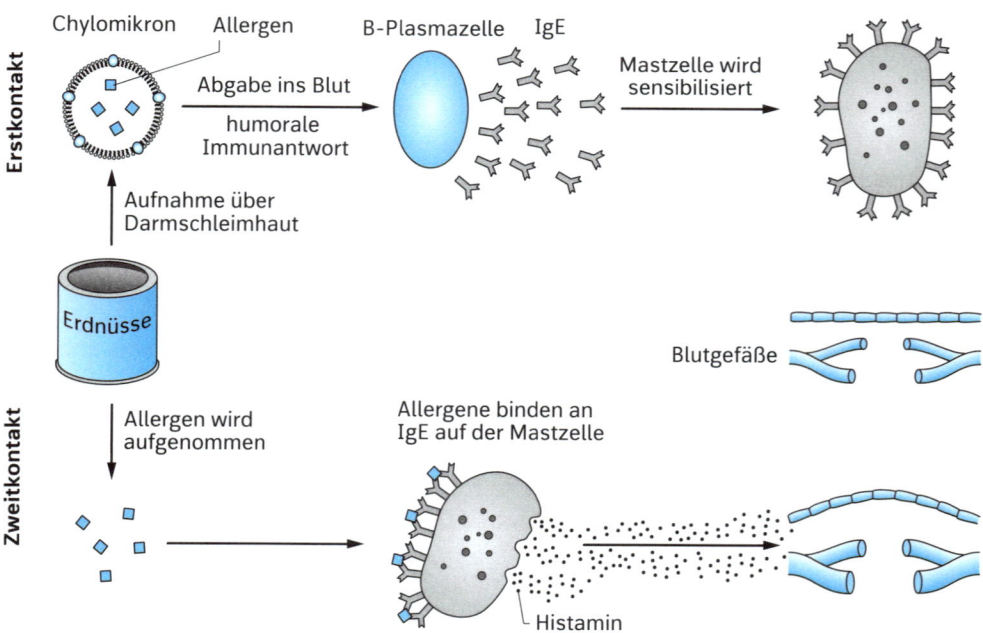

M1 a Schematische Darstellung der Erdnussallergie

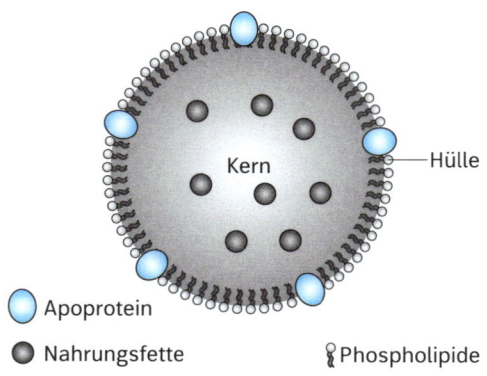

Kern

Hülle

⬤ Apoprotein

⬤ Nahrungsfette

Phospholipide

M1 b Aufbau eines Chylomikrons

M2 Allergische Reaktionen werden nach vier Schweregraden eingeteilt

Schweregrad 1	Juckreiz, Rötung und Schwellung der Haut
Schweregrad 2	Übelkeit, Bauchkrämpfe, Atemnot, beschleunigter Herzschlag, Blutdruckabfall
Schweregrad 3	Erbrechen und Durchfall, Asthmaanfall, Schock und Bewusstlosigkeit
Schweregrad 4	Atem- und Kreislaufstillstand, ggf. mit Todesfolge (= anaphylaktischer Schock)

M3 Der ELISA-Test zum Nachweis spezifischer IgE

Neben dem bekannten Pricktest, bei dem Allergene auf die durch einen kleinen Stich verletzte Haut aufgetragen werden, gibt es etliche weitere Verfahren, mögliche Lebensmittelallergien zu testen. Ein Testverfahren, das auch bei anderen immunologischen Tests, beispielsweise dem HIV-Test, angewandt wird, ist der ELISA-Test (Abk. für engl. „**e**nzyme **l**inked **i**mmuno **s**orbent **a**ssay"). Die nachfolgende Abbildung zeigt den Aufbau und die Durchführung eines solchen ELISA-Tests. Testverfahren wie der ELISA-Test wurden erst durch die Entwicklung monoklonaler Antikörper, für deren Entdeckung der Freiburger Forscher Georges Köhler 1984 den Nobelpreis erhielt, möglich. Dazu spritzt man einer Maus die entsprechenden Antigene, beispielsweise allergene Nahrungsbestandteile und wartet bis sie die passenden B-Plasmazellen gebildet hat. Anschließend werden der Maus die Plasmazellen entnommen und mit bestimmten Tumorzellen (Myelomzellen) fusioniert. Die so entstehenden Hybridomzellen vereinen die Eigenschaften beider Ursprungszellen, die Fähigkeit einen ganz bestimmten Antikörper zu produzieren und sich permanent teilen zu können und damit nahezu unsterblich zu sein.

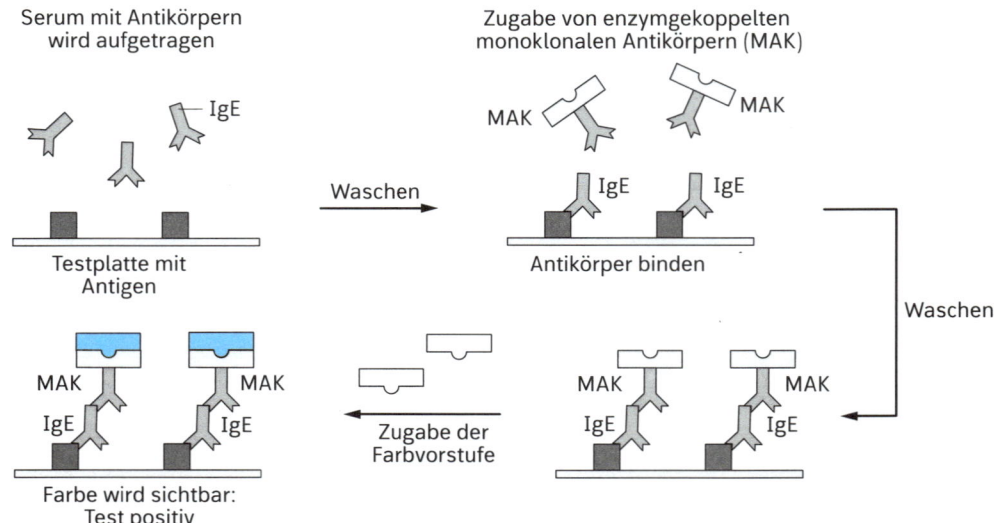

Serum mit Antikörpern wird aufgetragen

IgE

Testplatte mit Antigen

Waschen

Zugabe von enzymgekoppelten monoklonalen Antikörpern (MAK)

MAK

MAK

IgE   IgE

Antikörper binden

Waschen

MAK   MAK

IgE   IgE

MAK   MAK

IgE   IgE

Zugabe der Farbvorstufe

Farbe wird sichtbar: Test positiv

M3 Schema eines ELISA-Tests zum Nachweis von Antikörpern

Aufbau der Biomembran (S. 39 f.), Struktur und Funktion von Antikörpern, Ablauf der humoralen Immunantwort (S. 73 f.)

Umgang mit Texten, schematischen Abbildungen, Experimenten und Hypothesen.

Lösungen

1. (a) Siehe S. 72.

(b) Wenn man Erdnüsse isst, werden die als Allergene in Frage kommenden Proteine vermutlich zusammen mit den in den Nüssen enthaltenen Fetten in der Darmschleimhaut in Chylomikronen verpackt, aufgenommen und ins Blut transportiert. Dort werden die Lipoproteine abgebaut und die Allergene frei. Sie werden von Makrophagen und passenden B-Lymphocyten phagocytiert. Die Makrophagen präsentieren Allergenfragmente auf ihrem MHC-II Komplex. T-Helferzellen docken an und verbinden sich über ihren CD4-Rezeptor mit dem MHC-II Komplex, wodurch sie aktiviert werden. Die T-Helferzellen teilen sich vielfach und schütten Interleukin 2 aus, was die B-Plasmazellen, die das Allergen ebenfalls aufgenommen haben, aktiviert und zur Teilung anregt. Einige dieser Klone werden zu B-Plasmazellen, die den zum Allergen passenden Antikörper von Typ IgE bilden. Diese Antikörper verankern sich in der Membran von Mastzellen, die dadurch sensibilisiert werden. Kommt es zu einem erneuten Allergenkontakt, binden die Allergenepitope an die auf den Mastzellen sitzenden IgE. Der Zeichnung in M1 a ist zu entnehmen, dass die Bindung eines Allergens mit zwei Antikörpern erfolgt, wodurch es zur Ausschüttung von dem in Vesikeln gespeicherten Histamin kommt. M1 a und M1 b ist zu entnehmen, dass Histamin die Gefäße weitet, was die Rötungen und Schwellungen der Haut erklärt. Werden zu viele Gefäße auf einmal geweitet, führt das zu einem Absinken des Blutdrucks, was im schlimmsten Fall zur Ohnmacht oder dem Tod durch Atemstillstand und Organversagen führen kann.

(c) Mehrere Faktoren machen eine Erdnussallergie besonders gefährlich. So reichen bereits kleinste Mengen aus, um einen anaphylaktischen Schock zu verursachen. Dadurch ist es unter Umständen schwer zu erkennen, auf was die Betroffenen allergisch reagieren. Spuren von Erdnüssen können in vielen Nahrungsmitteln enthalten sein. Gefährlich macht die Erdnussallergie auch, dass sie zu allen vier Schweregraden einer allergischen Reaktion führen kann, also auch zum Tod. Leiden Kinder unter der Allergie, besteht akute Gefahr, wenn sie unbeaufsichtigt erdnusshaltige Snacks verzehren, ohne es zu wissen.

2. (a) Gemeinsamkeiten: Grundaufbau der Membran aus Phospholipiden und (integralen) Proteinen. Unterschiede: In der Biomembran liegt eine doppelte Phospholipidschicht vor, sodass auf beiden Seiten ein hydrophiler Teil entsteht, die Chylomikronhülle besteht nur aus einer einfachen Schicht.

(b) Die äußere Seite der Chylomikronschicht wird von den hydrophilen Köpfchen der Phospholipide gebildet, wodurch sie sich besser zum Transport eigenen als wasserunlösliche Fette, die u. U. aufgrund ihrer Hydrophobie sogar die Blutbahnen verstopfen könnten. Die Innenseite der Membran wird von den hydrophoben Lipidschwänzchen gebildet, wodurch ein Milieu entsteht, in dem Fette ohne Problem transportiert werden können.

3. Die IgE Antikörper auf der Membran der Mastzellen sind, wie alle anderen Antikörper auch, epitopspezifisch und dürften daher eigentlich nur auf die Erdnussproteine reagieren. Zu einer Kreuzreaktion mit anderen Pflanzenproteinen könnte es dadurch kommen, dass sich die entsprechenden Epitope von ihrer chemischen Struktur sehr ähnlich sind. Für diese These würde die Tatsache sprechen, dass es Kreuzreaktionen mit sehr nahen Verwandten der Erdnüsse gibt. Wie die Kreuzallergie mit der Tomate zu erklären ist, ist unklar. Auch hier wäre eine Ähnlichkeit der Epitope denkbar, aufgrund der fehlenden direkten Verwandtschaft aber unwahrscheinlicher. Zur Klärung der Frage müsste man auf molekularer Ebene weiterforschen und die Epitope und deren chemische Struktur möglichst exakt bestimmen.

4. (a) Man gibt das Blutserum der Testperson auf eine Testplatte, auf der entsprechende Allergene verankert sind. Befinden sich allergenspezifische Antikörper im Blutserum, binden sie an die Antigene. Anschließend wird das Gefäß gespült, um andere im Blut enthaltene IgE zu entfernen. Nun gibt man auf die Testplatte monoklonale Antikörper, die an die ggf. anhaftenden IgE Antikörper binden. Anschließend wird abermals gespült. Die monoklonalen Antikörper sind außerdem mit einem Enzym versehen, das eine unsichtbare Farbvorstufe in einen Farbstoff umwandelt. Kommt

es nach der Zugabe der Farbvorstufe zu einer Färbung, so ist das Ergebnis positiv, d. h. das untersuchte Blut enthält Antikörper gegen das Allergen.

(b) Ein positives Testergebnis zeigt lediglich, dass im Blut Antikörper gegen das entsprechende Allergen vorhanden sind. Das muss aber noch nicht automatisch heißen, dass es auch sensibilisierte Mastzellen gibt, also eine Allergie vorliegt. Das können nur weiterführende Tests klären.

(c) Der Aufbau eines solchen Tests könnte sehr ähnlich sein, allerdings müsste der Boden des Testgefäßes nicht das gesuchte Antigen, sondern passende Antikörper dazu enthalten. Nach der Zugabe des Testserums und einem ersten Waschgang würde man einen zweiten Antikörper dazugeben, der ebenfalls an das Antigen bindet, idealerweise an ein anderes Epitop. Dieser Antikörper könnte wiederum mit einem Enzym markiert sein. Nach einem weiteren Waschgang kann durch Zugabe der Farbvorstufe geprüft werden, ob der zweite Antikörper gebunden hat. Kommt es zum Farbumschlag, war das Antigen im Testserum vorhanden, der Test wäre positiv. **Anmerkung:** Dieses Testverfahren gibt es tatsächlich und wird aufgrund des entstehenden Antikörper-Antigen-Antikörper-Komplexes auch „Sandwich-ELISA-Test" genannt.

Selbstdiagnosebogen

Aufgabe Nr.	Kernkompetenz	AFB	Punkte	erreichte Punkte	Förderung
1(a)	Struktur eines Antikörpers	I	2		Struktur und Funktion eines Antikörpers; Entstehung und Bedeutung der variablen Abschnitte; unspezifische vs. spezifische Immunabwehr; humorale und zellvermittelte Immunantwort (S. 72 ff.) Methodentrainig: Umgang mit verschiedenen Quellen (S. 20 ff.)
1(b)	Beschreibung der humoralen Immunantwort und der allergischen Reaktion	I	5		
1(c)	Zusammentragen und bewerten von Informationen aus diversen Quellen	II	3		
2(a)	Vergleich Biomembran und Chylomikron anhand einer schematischen Zeichnung	I	2		Struktur und Funktion von Biomembranen (S. 39 f.)
2(b)	Aufbau und Hydrophobie von Lipiden in Zusammenhang bringen mit Struktur und Funktion der Chylomikronen	II	4		Aufbau von (Phospho-) Lipiden (S. 39)

Aufgabe Nr.	Kernkompetenz	AFB	Punkte	erreichte Punkte	Förderung
3	Erstellen einer Hypothese aufgrund beschriebener Zusammenhänge und dem Wissen aus der Immunbiologie	III	5		Humorale Immunantwort; Methodenkompetenz Umgang mit Hypothesen (S. 30 f.)
4(a)	Beschreiben und begründen eines möglicherweise unbekannten Tests anhand einer schematischen Zeichnung und den Inhalten der Immunbiologie	II	4		Struktur und Funktion von Antikörpern; Methodentraining Umgang mit schematischen Zeichnungen (S. 26 f.)
4(b)	Beurteilung eines Tests mit eigener Stellungnahme	III	2		Entstehung einer Allergie; Aufbau und Aussage eines ELISA-Tests Unterschied zwischen beschriebenem ELISA-Test und dem Sandwichtest
4(c)	Abwandlung eines bestehenden Versuchsaufbaus	III	3		

Gesamtpunkte: 30, davon AFB I: 9 Punkte (30 %); AFB II: 11 Punkte (37 %); AFB III: 10 Punkte (33 %)

Materialgrundlage:

http://www.yazio.de/ernaehrungslexikon/erdnussallergie.html
http://www.allum.de/krankheiten/erdnussallergie/haeufigkeit
http://www.pm-magazin.de/a/krankmacher-erdnuss
www.students.informatik.uni-luebeck.de/zhb/ediss88.pdf
http://www.medizin-blog.net/allgemeines/lipoproteine/
http://de.wikipedia.org/wiki/Chylomikron

Aufgabe 7: Untersuchungen zur Rassen- und Artbildung beim Grünen Laubsänger

Art und Artbildung

Einleitung

Neben der Entstehung neuer Arten durch ihre Entwicklung ist die Bildung neuer Arten durch Artaufspaltung ein wichtiges Thema in der Evolution. Der allopatrische Artbildungsprozess beim grünen Laubsänger ist eine typische nacheiszeitliche Entwicklung. Mit dem rückweichenden Eis konnte das freiwerdende Land wieder besiedelt werden. Die schnelle Vergrößerung des Siedlungsraumes und die unterschiedlichen Besiedlungsrichtungen um den Himalaya herum förderten die Bildung von Teilpopulationen. Die in diesem Prozess stattgefundenen Veränderungen der Ursprungsform waren fließend, daher liegen die unterschiedlichen Zwischenformen der Entwicklung heute noch als Unterarten vor, ein Genfluss zwischen ihnen findet zum Teil statt. Gleichzeitig haben sich die räumlich am weitesten von der Ursprungspopulation entfernten Populationen so weit von einander getrennt, dass zwischen ihnen auch im Überlappungsgebiet keine Bastardisierung mehr stattfindet. Dies wirft natürlich die Frage nach der Gliederung in Rassen oder Arten auf. Alle gängigen Artdefinitionen kommen bei diesem fließenden Übergang nicht zu einer sicheren Klärung. Ähnliche Entwicklungen können z. B. bei Möwen oder Kohlmeisen belegt werden

AUFGABENSTELLUNG

1 **Beschreiben** Sie die heutige Verbreitung des grünen Laubsängers in Eurasien.

2 **Erläutern** Sie das Schema der Rassen- und Artbildung in M3 und **erklären** Sie auf dieser Basis die Entwicklung der Verbreitung des grünen Laubsängers nach der Eiszeit. Gehen Sie dabei von einer Stammform des Laubsängers südlich des Himalayas aus. **Erklären** Sie dabei auch, warum *P. t. viridanus* und *P. t. plumbeitarsus* in Mittelsibirien nicht mehr bastadisieren, obwohl sie das gleich Habitat besiedeln.

3 **Diskutieren** Sie die in M5 vorgenommene Artdefinitionen und **nehmen** Sie **Stellung** zum Bemühen, *P. t. viridanus* und *P. t. plumbeitarsus* den Rang von eigenen Arten zuzuerkennen.

Material

M1 Information zum Grünen Laubsänger

Der Grüne Laubsänger Phylloscopus trochiloides ist in mehreren Unterarten in Südschweden, Osteuropa, Zentralasien und China verbreitet (vgl. M2). Die Unterarten unterscheiden sich nur geringfügig in der Färbung.

Die Vögel sind an das Vorkommen von Wäldern gebunden; in den Steppen und Wüsten Zentralasiens kommen sie nicht vor. Auch das Hochland von Tibet in fast 4000 m Höhe können diese Vögel weder bewohnen noch überfliegen.

Wie bei allen Singvögeln finden sich die Geschlechtspartner vorwiegend über den Gesang. Die Weibchen wählen zur Paarung Männchen, deren Gesang ihnen besonders zusagt. Tonhöhen und Strophenbildung des Gesangs sind bei den Jungvögeln teilweise genetisch festgelegt, teilweise lernen sie das Singen von den Eltern.

M2 **Verbreitung der verschiedenen Unterarten des Grünen Laubsängers**

Die Verbreitungsgebiete von *P. t. plumbeitarsus* und *P. t. viridanus* überlappen sich in Mittelsibirien (siehe Pfeil in der Abbildung). Dort kommt es nicht zu Bastardbildungen, obwohl die Tiere dieselben Habitate besiedeln. Hier unterscheiden sich die Gesänge der Unterarten deutlich.

Dagegen verändern sich die Gesänge von Mittelsibirien nach Osten (innerhalb der Unterart *P. t. plumbeitarsus*) kontinuierlich, ebenso von Mittelsibirien nach Süden (von *P. t. viridanus* über *P. t. ludlowi* und *P. t. trochiloides* bis *P. t. obscuratus*).

Untersuchungen mit DNA-Markern ergaben große Unterschiede zwischen den Unterarten *P. t. plumbeitarsus* und *P. t. viridanus* in Mittelsibirien und nur geringe Unterschiede zwischen den übrigen benachbarten Unterarten. Dagegen fand man erstaunlich große Übereinstimmungen zwischen bestimmten DNA-Abschnitten von *P. t. obscuratus* und Individuen aus der südlichen Verbreitungszone von *P. t. plumbeitarsus*.

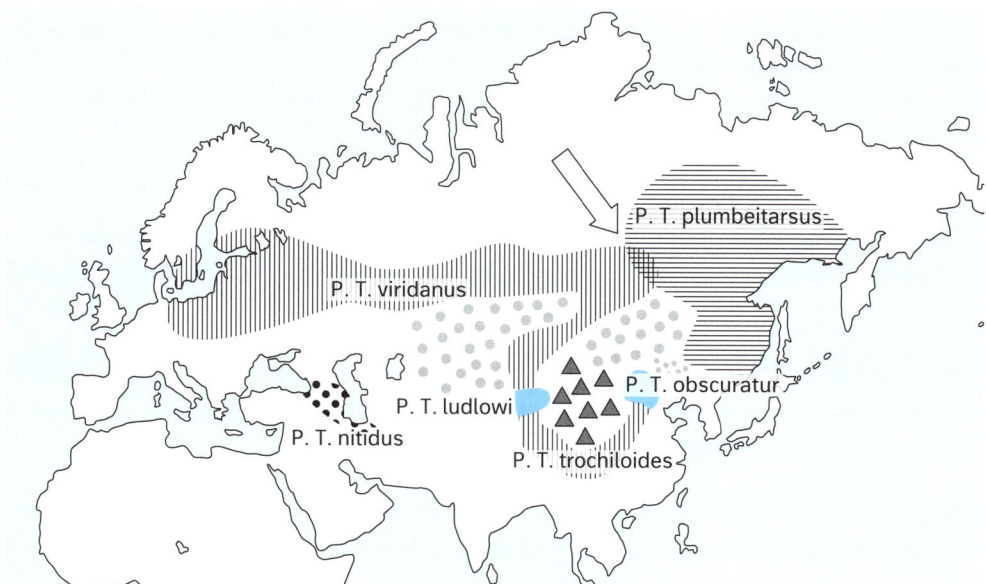

M2 Verbreitung des Grünen Laubsängers in Eurasien. Groß gepunktete Fläche: Wüsten oder Steppen; klein gepunktete Fläche: Gebiete, in denen vor der Abholzung von Wäldern wahrscheinlich Grüne Laubsänger vorkamen; ΔΔΔ – Hochgebirge (Himalaya)

M3 Schema zur Rassen- und Artbildung

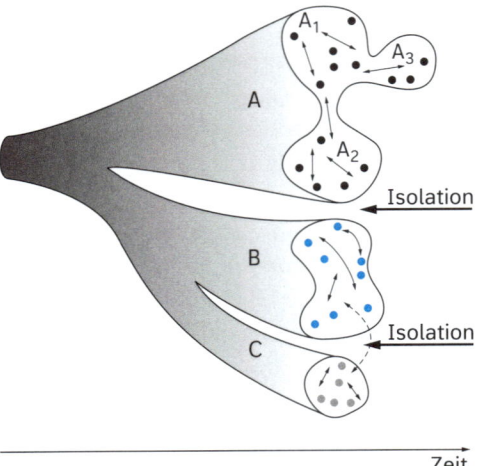

M4 Veränderungen der Lebensräume des Grünen Laubsängers

Seit dem Quartär vor rund 2 Millionen Jahren veränderten sich die Lebensräume des Grünen Laubsängers. Während der Eiszeiten „wanderte" der Wald aus Sibirien allmählich nach Süden. Südlich des Himalayas, im heutigen Verbreitungsgebiet von *P. t. trochiloides*, überdauerte ein bewaldetes Resthabitat die Kältephasen.

Nicht nur klimatische Faktoren, auch der Mensch veränderte die Vegetation. In Nordchina, nordöstlich des heutigen Verbreitungsgebietes von *P. t. obscuratus*, wurde der Wald vermutlich in prähistorischer Zeit gerodet.

Die Unterart *P. t. nitidus* lebt in den Laubwäldern des Kaukasus, wo ein mildes regenreiches Klima herrscht.

M5 Der biologische Artbegriff

Arten sind Gruppen von natürlichen Populationen, die wirklich oder potenziell eine Fortpflanzungsgemeinschaft bilden und gegen andere Populationen reproduktiv isoliert sind.

TIPP Benötigte Fachkenntnisse

Allopatrische Artbildung, Isolationsmechanismen, geografische Isolation, genetische Separation, Art- und Rassenbegriff (S. 78 ff.)

TIPP Benötigte Methodenkenntnisse

Rolle von Modellen in den Naturwissenschaften, Umgang mit Definitionen (S. 31 ff.)

Lösungen

1. Der in Eurasien beheimatete Grüne Laubsänger kommt in seiner östlichen Form als *P. t. plumbeitarsus* im Nordosten Chinas, der Mongolei und im Südosten Sibiriens vor. Von Osten nach Westen kommen die Formen *P. t. obscuratus*, *P. t. trochiloides* und *P. t. ludlowi* südlich des Himalayas vor. Das Verbreitungsgebiet der Form *P. t. viridanus* erstreckt sich vom Himalaya über Sibirien bis nach Südschweden. *P. t. nitidus* kommt ohne Berührung mit den Verbreitungsgebieten der anderen Formen nur zwischen dem Kaspischen und dem Schwarzen Meer vor. Parallel vorkommende Arten im gleichen Gebiet gibt es nur zwischen *P. t. plumbeitarsus* und *P. t. viridanus* in Südsibierien.

2. Das Schema verdeutlicht allgemein die verschiedenen Phasen der allopatrischen Rassen- und Artbildung: Ausgehend von einer Stammpopulation haben sich im Laufe der Zeit durch geografische Isolation drei Populationen A, B und C gebildet. Die Isolation zwischen den Teilpopulationen A und B dauerte so lange, dass sich die Teilpopulationen getrennt voneinander in verschiedene Richtungen entwickeln konnten. Dabei bildeten sich auch Fortpflanzungsbarrieren, die zur genetischen Separation führten (Bildung der neuen Arten A und B). Innerhalb der Art A existieren Teilpopulationen (A1, A2, A3) mit eingeschränktem Genfluss. Die Isolation der Populationen B und C erfolgte vor relativ kurzer Zeit. Zwischen den verschiedenen Individuen beider Populationen sind noch Hybridisierungen möglich. Hier die genetische Separation noch nicht abgeschlossen, B und C stellen noch Rassen dar.
Der Grüne Laubsänger überdauerte die Eiszeit in dem verbliebenen Waldgebiet südlich des Himalayas. Von dort aus breitet er sich einmal in östlicher Richtung und einmal in südwestlicher Richtung aus. Im Zuge dieser Ausbreitung wurde die Panmixie eingeschränkt. Durch Mutation, Gendrift und Selektion änderte sich der Genpool und neue Rassen entstanden. Es bildete sich ein Rassenkreis.
Ursprünglich gab es vermutlich noch eine südöstliche Verbindung zwischen *P. t. plumbeitarsus* und *P. t. obscuratus*. Dafür sprechen die großen Übereinstimmungen zwischen *P. t. obscuratus* und südlichen Formen von *P. t. plumbeitarsus*. Durch die Rodung der Wälder in Nordchina wurde der Rassenkreis unterbrochen. Mit der klimabedingten Ausbreitung der innerasiatischen Steppengebiete wurde *P. t. nitidus* im Kaukasus von den übrigen Unterarten isoliert. In Mittelsibirien stoßen die Endglieder des oben beschriebenen Rassenkreises wieder aufeinander. In Folge der lang andauernden Trennung ist es u. a. zu einer ethologischen Isolation gekommen: *P. t. viridanus* und *P. t. plumbeitarsus* unterscheiden sich hier deutlich in ihren Gesängen. Aufgrund dieser Unterschiede unterbleibt eine Bastardierung.

3. Der in M5 vorgegebene biologische Artbegriff zieht keine morphologischen Unterschiede zur Abgrenzung einer Art von einer anderen heran. Ein solcher Artbegriff ist sinnvoll, führt aber auch nicht immer zu einer eindeutigen Klärung, z. B. dann nicht, wenn die Endglieder eines Rassenkreises zwar genetisch separiert sind, sie aber innerhalb des Kreises noch einen Genaustausch mit jeweils einer benachbarten Rasse haben (wie z. B. beim Rassenkreis der Möwe oder der Kohlmeise).

Wenn Bastarde, die aufgrund von erheblichen Selektionsnachteilen nicht zur Geschlechtsreife kommen, durch Veränderungen der Umwelt wieder selektionsbegünstigt werden und dann wieder Nachkommen untereinander und mit den angrenzenden Rassen haben, kann es zwischen zwei schon genetisch separierten (da keine fertilen Nachkommen mehr) Populationen wieder zu einem Genfluss kommen. Dies ist beispielsweise geschehen während der El-Nino-Ereignisse bei Darwinfinken. Ein anderes Beispiel sind die Hausmäuse Madeiras. Deren Teilpopulationen sind morphologisch und aufgrund ihrer Gene nicht voneinander zu unterscheiden. Allerdings sind ihre Chromosomensätze aufgrund von Chromosomenfusionen verschieden. So gibt es Populationen mit 24, 30 und 40 Chromosomen im diploiden Satz. Nach dem biologischen Artbegriff in M5 sind diese Populationen, weil sie keine Nachkommen mehr miteinander haben, als mehrere Arten zu betrachten, obwohl sie die gleichen Gene haben und nach dem morphologischen Artbegriff als eine Art (Hausmäuse) aufzufassen sind.

Selbstdiagnosebogen

Aufgabe Nr.	Kernkompetenz	AFB	Punkte	erreichte Punkte	Förderung
1	Darstellung M2 auf das Wesentliche reduzieren	I	4		auf Karten dargestellte Verbreitung selbstgewählter Faktoren beschreiben (S. 21 ff.)
2	Modell zur Erklärung der Artbildung	I	3		andere bekannte Modelle erläutern (S. 31 ff.)
	Modell zur Artbildung zur Erklärung der Artentwicklung beim Grünen Laubsänger anwenden	II	4		mithilfe des Modells die Artbildung bei der Möwe und der Kohlmeise erklären (S. 78 ff.)
	Anwendung der Kenntnisse der allopatrischen Artbildung	II	3		Beispiele allopatrischer Artbildung erklären (S. 78 ff.)
3	Anwendbarkeit und Grenzen des Artbegriffs reflektieren	III	3		Die Definition Gen unter dem Gesichtspunkt des Spleißens bei Eukaryoten diskutieren (S. 51)
	Aussage zum Artbegriff	III	3		Grenzen der Anwendbarkeit der Definition „Gen" diskutieren

Gesamtpunkte: 20, davon AFB I: 7 Punkte (35 %); AFB II: 7 Punkte (35 %); AFB III: 6 Punkte (30 %)

Materialgrundlage:
M1 – M3 aus: Unterricht Biologie, Heft 324, S. 40, Mai 2007, verändert

5 Original-Prüfungsaufgaben

Einführung

Mit der Einführung des neuen Abiturs ab 2020/21 haben sich etliche Dinge geändert, unter anderem wurden Basis- und Leistungsfächer eingeführt. Nach einer Übergangsphase in den Prüfungsjahren 2021 und 2022, in denen der Bildungsplan von 2004 galt, gilt für Basis- und Leistungsfach ab dem Prüfungsjahr 2023 der überarbeitete Bildungsplan in der Fassung von 2022 (http://www.bildungsplaene-bw.de/,Lde/LS/Biologie-V2-Nawi2021). Vom Umfang und vom Anspruch her dürfte die Prüfung, abgesehen von den neuen Inhalten des Bildungsplans, mit der der vergangenen Jahre vergleichbar sein.

Tipps zur Aufgabenauswahl

Ihnen werden vier oder fünf Aufgaben vorgelegt, von denen Sie drei auswählen und bearbeiten müssen. Im Prüfungsjahr 2021 und 2022 gab es als „Corona-Bonus" eine fünfte Prüfungsaufgabe zur Auswahl. Ob das im Schuljahr 2024 auch so sein wird, steht zum Zeitpunkt der Drucklegung dieses Buches noch nicht fest. Es ist entscheidend, diese Auswahl mit Bedacht zu treffen, da ein späterer Wechsel zu einer anderen Aufgabe Sie zu viel Zeit kosten würde. Sie können zum Beispiel nach folgenden Gesichtspunkten auswählen:

1. Lassen Sie sich nicht vom ersten Eindruck abschrecken und dazu verleiten, eine Aufgabe voreilig abzuwählen. Jedes Jahr kann man in den Abituraufgaben etwas finden, dass selbst die Besten unter Ihnen überraschen dürfte. Alle diese Aufgaben sind aber so konzipiert, dass Sie sie mit den im Unterricht behandelten Grundlagen und dem richtigen Umgang mit den Materialen bearbeiten können.
2. Jede der vier Aufgaben hat in der Regel einen **thematischen Schwerpunkt**, der aber durch ein oder mehrere Stoffgebiete ergänzt werden kann. Machen Sie sich also zunächst klar, welche Schwerpunkte in den Aufgaben gesetzt wurden und welche Ihnen liegen.
3. Die echten Herausforderungen stecken in den Details der einzelnen Teilaufgaben. Schauen Sie sich die einzelnen Teilaufgaben unter folgenden Aspekten genauer an: Welche **Operatoren** enthalten sie? Wie viele VP geben jeweils die für Sie sicheren Aufgaben? Wie gut lassen sich Informationen aus den angegebenen Materialien ziehen? usw. Addieren Sie die sicheren Punkte und vergleichen Sie so die Aufgaben.

Wenn Sie einmal eine Auswahl getroffen haben, dann hinterfragen Sie diese nicht mehr, sondern richten Sie Ihre ganze Aufmerksamkeit auf das Lösen dieser Aufgaben.

Bearbeitungszeit

Die Bearbeitungszeit beträgt inklusive Auswahlzeit 270 Minuten. Nehmen Sie sich für die Auswahl der drei Aufgaben ruhig 30 Minuten Zeit, es lohnt sich! Die verbleibenden vier Stunden können Sie so aufteilen, dass Sie pro Aufgabenblock etwa eine Stunde rechnen (also etwa 3 Minuten pro VP). Die letzte Stunde kann dann zur Nachkontrolle, zum Korrekturlesen und/oder für die noch ungelösten Aufgabenteile verwendet werden.

Zugelassene Hilfsmittel sind:

- Codesonne (ist den Aufgaben beigefügt)
- Wörterbuch zur deutschen Rechtschreibung und
- wissenschaftlicher Taschenrechner.

Nutzen Sie die zugelassenen Hilfsmittel: Schlagen Sie nicht nur bei Unsicherheiten in der Orthografie im Wörterbuch nach, auch wenn Sie Unsicherheiten in der Wortbedeutung haben, hilft häufig das Wörterbuch weiter. Gelegentlich muss in Biologieklausuren etwas gerechnet werden. Auch wenn Sie die Rechnung im Kopf leicht durchführen können, schafft der Griff zum Taschenrechner Sicherheit.

Tipps zur Bearbeitung der Aufgaben

Neben dem Inhalt zählt auch die Darstellungsform Ihrer Lösungen. Gewertet wird (außer bei offensichtlichen Übertragungsfehlern) nur das, was in der Reinschrift steht. Für schwere sprachliche und darstellerische Mängel können Ihnen bis zu zwei Notenpunkte abgezogen werden! Beachten Sie daher unbedingt folgende Tipps:

- Schreiben Sie eher in kurzen als in langen verschachtelten Sätzen. Begründen Sie Ihre Ausführungen. Vermeiden Sie Gedankensprünge.
- Strukturieren Sie Ihren Text durch Absätze und Überschriften, unterstreichen Sie Reizwörter mit dem Lineal. Beziehen Sie sich klar auf das Material, indem Sie mit der entsprechenden Bezeichnung darauf verweisen.
- Benutzen Sie Fachbegriffe treffsicher. Falls Sie in der Schreibweise oder der Bedeutung von Fachausdrücken unsicher sind, schauen Sie im ausliegenden Wörterbuch nach. Häufig kann es Ihnen weiterhelfen.
- Versuchen Sie möglichst alle Fachbegriffe einzubauen, die zu einer Antwort „passen". Nennen Sie, wenn Sie beispielsweise etwas im Sinne der synthetischen Evolutionstheorie erklären müssen, also nicht nur einen, sondern möglichst viele Evolutionsfaktoren.
- Schreiben Sie auf den Linien und nicht über den Rand. Verwenden Sie ein Lineal, um gerade Linien z. B. in einem Diagramm zu ziehen.
- Achten Sie darauf, dass Ihre Skizzen oder Diagramme groß genug sind (mind. ½ Seite). Entwerfen Sie diese unbedingt vorher auf dem Konzeptpapier!

Hinweise zu den Aufgaben und nicht amtlichen Lösungen

Die Original-Abituraufgaben wurden mit freundlicher Genehmigung des Regierungspräsidiums Stuttgart veröffentlicht. Die Musterlösungen entstammen der Feder des Autors und spiegeln das wider, was in etwa von Ihnen erwartet wird. Manche Aufgaben lassen mehr als nur eine richtige Lösung zu. In diesem Fall finden Sie mehrere mögliche Lösungsvorschläge. Diese Lösungsvorschläge erheben keine Anspruch darauf, die einzigen oder besten zu sein, auch andere sind möglich! Sind Sie sich nicht sicher, ob auch Ihre Lösung zutreffend ist, sprechen Sie sich mit Ihrer Fachlehrerin/Ihrem Fachlehrer ab.

Original-Prüfungsaufgaben 2021

Aufgabe 1: Der tödliche Krait

AUFGABENSTELLUNG

Teil 1

Der Vielgebänderte Krait (*Bungarus multicictus*) aus Südostasien ist eine der giftigsten Schlangenarten der Welt. Sein Gift ist ein Gemisch aus verschiedenen neurotoxischen Polypeptiden. Darin enthalten sind unter anderem die Polypeptide alpha-Bungarotoxin und beta-Bungarotoxin (siehe Abb. 1). Der Biss eines Kraits führt innerhalb kürzester Zeit zum Tod. Traditionelle Maßnahmen zur Lebensrettung sind das Ausbrennen und das Abbinden der Bissstelle.

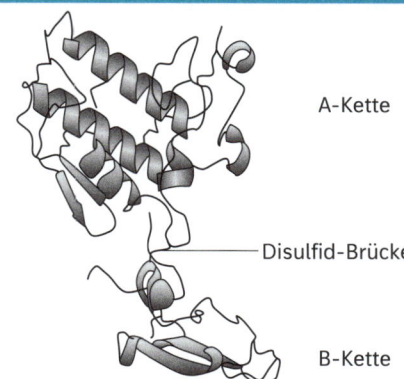

A-Kette

Disulfid-Brücke

B-Kette

Abbildung 1: Struktur des beta-Bungarotoxins

1.1 Nennen sie die dargestellten Strukturebenen des beta-Bungarotoxins und die jeweiligen Wechselwirkungen bzw. Bindungen, die diese Strukturebenen stabilisieren. (3 VP)

1.2 Erklären Sie die Wirksamkeit der traditionellen lebensrettenden Maßnahmen bei einem Schlangenbiss. (2 VP)

Sowohl das alpha-Bungarotoxin als auch das beta-Bungarotoxin wirken an der Synapse. Ein Teil der molekularen Abläufe an einer präsynaptischen Endigung ist in Abbildung 2 ohne Anwesenheit von Bungarotoxin dargestellt.

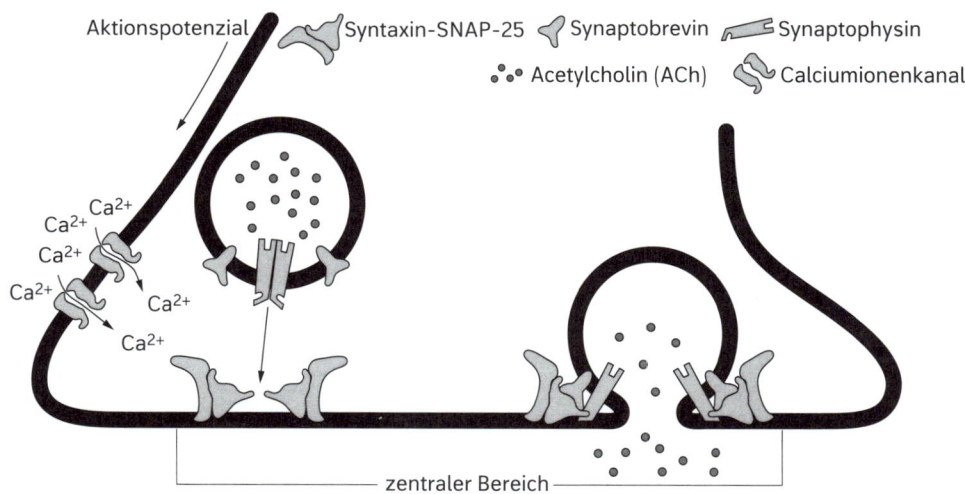

Aktionspotenzial Syntaxin-SNAP-25 Synaptobrevin Synaptophysin

Acetylcholin (ACh) Calciumionenkanal

Ca^{2+} Ca^{2+} Ca^{2+} Ca^{2+} Ca^{2+} Ca^{2+}

zentraler Bereich

Abbildung 2: Schematische Darstellung der Vorgänge an einer präsynaptischen Endigung ohne Bungarotoxin

Teil 2

2.1 Beschreiben Sie die Vorgänge bei der Erregungsübertragung an einer Synapse. Beziehen Sie dabei auch die in der Abbildung 2 dargestellten Vorgänge mit ein. (4 VP)

2.2 Erklären Sie, wie sichergestellt ist, dass im zentralen Bereich des synaptischen Spalts eine hohe Transmitterkonzentration vorhanden ist. (2 VP)

Teil 3

An einer Synapse wurde mit alpha-Bungarotoxin aus dem Gift des Vielgebänderten Kraits experimentiert (siehe Abb. 3).

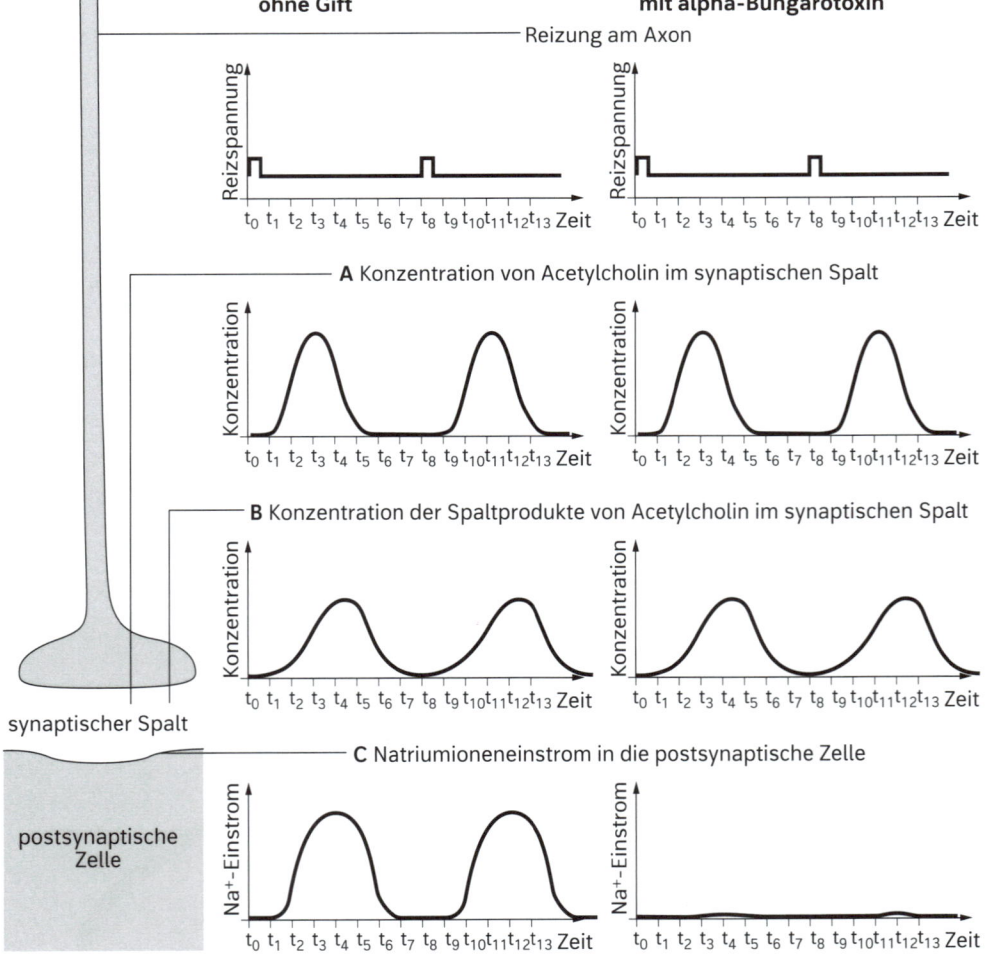

Abbildung 3: Messungen (A, B und C) an einer Synapse mit und ohne alpha-Bungarotoxin bei zwei aufeinanderfolgenden Reizen

3 Formulieren Sie die Fragestellung, die dieser Messreihe zugrunde liegt. Werten sie dazu jede der Messungen im Hinblick auf die Fragestellung aus. (3 VP)

Teil 4

Beta-Bungarotoxin wirkt an der präsynaptischen Membran. Die genaue molekulare Wirkungsweise ist noch ungeklärt. Durch elektronenmikroskopische Untersuchungen konnte gezeigt werden, dass am Endknöpfchen unter Einwirkung von beta-Bungarotoxin die in Abbildung 4 gezeigten Veränderungen auftreten.

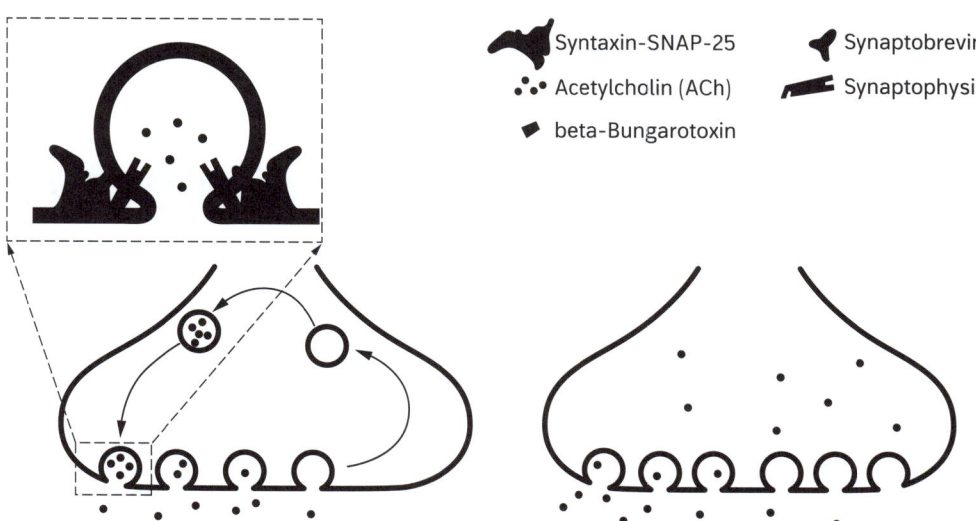

Abbildung 4: Schematische Darstellung der Veränderungen an einem Endknöpfchen ohne (links) und mit (rechts) Einwirkung von beta-Bungarotoxin auf Grundlage elektronenmikroskopischer Untersuchungen

4.1 Formulieren Sie unter Berücksichtigung von Abbildung 4 eine Vermutung zur Wirkungsweise des beta-Bungarotoxins und begründen Sie Ihre Vermutung. (3 VP)

4.2 Erläutern Sie, wie sich die Messergebnisse aus Abbildung 3 (Spalte „ohne Gift", A – C) bei gleichzeitiger Einwirkung von alpha- und beta-Bungarotoxin verändern. (3 VP)

Lösungen

1.1 Nennen Sie die dargestellten Strukturebenen des beta-Bungarotoxins und die jeweiligen Wechselwirkungen bzw. Bindungen, die diese Strukturebenen stabilisieren.

Lösungshinweis: Wenn Ihnen der Aufbau von Proteinen geläufig ist, dürfte diese Aufgabe gut machbar sein. Ansonsten schauen Sie auf Seite 44 f. nach.

In der in Abbildung 1 dargestellten Struktur des beta-Bungarotoxins lassen sich die Sekundärstruktur (α-Helix und β-Faltblatt), die Tertiärstruktur sowie eine Quartärstruktur erkennen. Die Quartärstruktur erkennt man daran, dass das Polypeptid aus zwei unterschiedlichen Ketten besteht, die über eine Disulfidbrücke verbunden sind. Die Sekundärstruktur wird durch Wasserstoffbrückenbindungen stabilisiert. Die Tertiär- und Quartärstruktur wird durch Disulfidbrückenbindungen zwischen den Schwefelatomen zweier Cysteinreste, Wasserstoffbrückenbindungen, Ionenbindungen, hydrophoben Wechselwirkungen und Van-der-Waals-Kräften stabilisiert.

1.2 Erklären Sie die Wirksamkeit der traditionellen lebensrettenden Maßnahmen bei einem Schlangenbiss.

Lösungshinweis: Machen Sie sich klar, welche Auswirkung Hitze auf Polypeptide hat und warum das Abbinden der Blutbahn vor tödlichen Folgen schützen kann, wenn man beispielsweise in den Fuß gebissen wurde.

Die Wirkung des Ausbrennens der Bisswunde beruht auf der Hitzedenaturierung der Proteine. Die hohe Temperatur bewirkt eine erhöhte Brown'sche Teilchenbewegung, die wiederum zu einem Aufbrechen der Bindungen in der Quartär- und Tertiärstruktur der Giftmoleküle führt und sie damit unschädlich macht.
Das Abbinden der Wunde verhindert den Transport der Nervengifte über die Blutbahn, sodass es allenfalls zu lokalen Reaktionen auf das Gift rund um die Bisswunde kommt.

2.1 Beschreiben Sie die Vorgänge bei der Erregungsübertragung an einer Synapse. Beziehen Sie dabei auch die in der Abbildung 2 dargestellten Vorgänge mit ein.

Lösungshinweis: Hier müssen Sie das Standardwissen, dass Sie aus dem Unterricht kennen oder auf den Seiten 63 ff. nachlesen können, um die in der Abbildung dargestellten Zusätze ergänzen. Schauen Sie sich das, was in der Abbildung dargestellt ist, gut an und machen Sie sich das Zusammenspiel der genannten Strukturen klar.

Erreicht ein Aktionspotenzial (AP) das Endknöpfchen, öffnen sich kurzzeitig spannungsabhängige Ca^{2+}-Kanäle: Ca^{2+}-Ionen strömen in das Zellinnere, da für diese ein Konzentrationsgefälle zwischen der extrazellularen Flüssigkeit und dem Cytosol der Nervenzelle besteht. Der Anstieg der Ca^{2+}-Konzentration bewirkt, dass sich ein Teil der synaptischen Bläschen mit dem zentralen Bereich der präsynaptischen Membran verbindet, indem sich die in der Membran der Vesikel befindlichen Proteine Synaptophysin und Synaptobrevin mit dem Syntaxin-SNAP-25 Komplex in der präsynaptischen Membran verbinden. Diese Verbindung führt dazu, dass sich die Bläschen in den synaptischen Spalt entleeren (Exozytose). Die freigesetzten Acetylcholinmoleküle diffundieren durch den Spalt bis zur postsynaptischen Membran. Dort besetzen sie die Bindungsstellen der Acetylcholinrezeptoren von ligandengesteuerten Ionenkanälen, was die Öffnung dieser Ionenkanäle bewirkt. Entlang ihres starken Konzentrationsgefälles strömen nun Natriumionen in die postsynaptische Zelle. Gleichzeitig wandern nur wenige Kaliumionen nach außen. Diese Ladungsveränderung an der postsynaptischen Membran wird als EPSP, erregendes postsynaptisches Potenzial, bezeichnet. Es breitet sich über die postsynaptische Zelle aus. Wenn es am Axonhügel den Schwellenwert erreicht, wird die Erregung in Form eines Aktionspotenzials weitergeleitet. Das postsynaptische Potenzial wirkt nur über kurze Zeit. Die Acetylcholinmoleküle lösen sich schnell von ihren Rezeptoren und die Kationenkanäle schließen sich wieder, sodass der Einstrom von Natriumionen in die postsynaptische Zelle unterbleibt. Im synaptischen Spalt befindet sich das Enzym Acetylcholinesterase. Sobald die Acetylcholinmoleküle an dieses Enzym gelangen, werden sie in ein Acetat-Ion und einen Cholinrest gespalten. Beide Stoffe werden wieder in die Nervenendigungen aufgenommen, wo aus ihnen erneut Acetylcholin gebildet und dieses in Vesikel verpackt wird.

2.2 Erklären Sie, wie sichergestellt ist, dass im zentralen Bereich des synaptischen Spalts eine hohe Transmitterkonzentration vorhanden ist.

Lösungshinweis: Diese Aufgabe können Sie nicht mit dem Basiswissen über die Synapse lösen. Sie müssen sich die Antwort aus dem gegebenen Bild vor dem Hintergrund Ihres Wissens herleiten.

Eine ausreichend hohe Transmitterkonzentration im zentralen Bereich des synaptischen Spalts wird dadurch sichergestellt, dass sich die zur Bindung der Neurotransmittervesikel nötigen Proteinkomplexe Sytaxin-SNAP-25 hauptsächlich und in entsprechend hoher Zahl in diesem Bereich der präsynaptischen Membran befinden.

3 Formulieren Sie die Fragestellung, die dieser Messreihe zugrunde liegt. Werten sie dazu jede der Messungen im Hinblick auf die Fragestellung aus.

Lösungshinweis: Vermutlich kennen Sie ähnliche Aufgaben schon aus vergangenen Jahren (Beispiel Aufgabe 1 2020). Etwas irreführend ist, dass im Vortext steht, dass an einer Synapse experimentiert wurde, tatsächlich betrifft der erste Versuchsansatz aber das Axon. Achten Sie darauf, wirklich jede Messung hinsichtlich der Fragestellung auszuwerten, auch wenn sich die Ergebnisse der ersten drei Messstellen gleichen.

Zugrundeliegende Fragestellung: In welchem Bereich der Nervenzelle und auf welche an der Signalübertragung beteiligten Strukturen wirkt alpha-Bungarotoxin?
Auswertung der Versuchsergebnisse: Die Messergebnisse am Axon zeigen keinen Einfluss des Giftes. Das alpha-Bungarotoxin beeinflusst also weder das Ruhe- noch das Aktionspotenzial bzw. die an deren Ausbildung beteiligten Strukturen. Gleiches gilt für die ACh-Konzentration im synaptischen Spalt (A). Das Gift hat also auch keine Auswirkung auf die Ausschüttung der Neurotransmitter. (B) zeigt die Konzentration der Spaltprodukte von ACh im synaptischen Spalt. Auch hier zeigt sich kein Einfluss des Giftes. Das bedeutet, dass das alpha-Bungarotoxin keinen Einfluss auf das Enzym Acetylcholinesterase hat. Ein deutlicher Einfluss ist auf den Natriumeinstrom in die postsynaptische Zelle zu erkennen (C). Während der Na^+-Einstrom ohne Gift der typischen Gesetzmäßigkeit der Reizweiterleitung folgt, kommt er unter Gifteinwirkung praktisch zum Erliegen. Das

spricht dafür, dass das alpha-Bungarotoxin die ligandengesteuerten Na^+-Kanäle blockiert, beispielsweise indem es die Bindungsstellen der ACh-Rezeptoren blockiert.

4.1 Formulieren sie unter Berücksichtigung von Abbildung 4 eine Vermutung zur Wirkungsweise des beta-Bungarotoxins und begründen Sie Ihre Vermutung.

Lösungshinweis: Um hier eine mögliche Lösung zu finden, müssen Sie sehr gut auf die kleinen Details der Abbildung achten. Beispielsweise darauf, wie viele Neurotransmittermoleküle wo dargestellt sind und welche Formen die abgebildeten Proteine und das beta-Bungarotoxin haben (passt irgendwas zusammen?). Auch das Hinzuziehen von Abbildung 2 kann hilfreich sein.

Aus Abbildung 4 lassen sich zwei Dinge entnehmen, die Rückschlüsse auf die Wirkungsweise des beta-Bungarotoxins zulassen. Zum einen scheint die Anzahl der aus den Neurotransmitter-Vesikeln entlassenen Neurotransmittermoleküle geringer zu sein (vgl. die ersten beiden geöffneten Vesikel von links in beiden Abbildungen). Außerdem gibt es freie ACh-Moleküle im Endknöpfchen. Zum anderen ist die schematische Darstellung des Bungarotoxins in der Legende der Abbildung so, dass es nach dem Schlüssel-Schloss-Prinzip auf das Synaptophysin passt. Eine mögliche Wirkungsweise könnte wie folgt aussehen: Das beta-Bungarotoxin bindet an das Syaptophysin in der Membran der Neurotransmitter-Vesikel, was zu deren (teilweiser) Öffnung führt. Der Neurotransmitter wird schon im Endknöpfchen freigesetzt und fehlt dann für die Signalübertragung. Lähmungserscheinungen wären die Folge.

4.2 Erläutern Sie, wie sich die Messergebnisse aus Abbildung 3 (Spalte „ohne Gift", A – C) bei gleichzeitiger Einwirkung von alpha- und beta-Bungarotoxin verändern.

Lösungshinweis: Wenn Sie in den bisherigen Aufgaben verstanden haben, wie und wo die beiden Gifte wirken, sollte es Ihnen gut möglich sein, die Messergebnisse an den entsprechenden Stellen anzupassen. Vergessen Sie die Stellen nicht zu erwähnen, an denen es keine Veränderungen gibt.

Am Axon ergibt sich, auch unter Einwirkung beider Gifte, keine Veränderung im Vergleich zu den Messungen ohne Gift. Die Kurve bei A) wird zwei deutlich abgeflachte Verläufe zeigen, da das beta-Bungarotoxin, wie in 4.1 beschrieben, die ACh-Ausschüttung hemmt. Folglich wird auch die Kurve in B) deutlich abgeflacht sein, da es, wenn es weniger ACh-Moleküle im synaptischen Spalt gibt, auch weniger Spaltprodukte geben kann. Die letzte Kurve, die den Na^+-Einstrom in die postsynaptische Membran zeigt, dürfte gar keine Werte mehr zeigen. Ist bei der Einwirkung von alpha-Bungarotoxin (bei Anwesenheit der normalen Menge ACh) noch ein minimaler Einstrom messbar (vgl. t_4 und t_{12} in Abbildung C), dürfte dieser durch die reduzierte ACh-Konzentration aufgrund der zusätzlichen Wirkung des beta-Bungarotoxins, ganz ausbleiben. Das beta-Bungarotoxin verstärkt also die Wirkung des alpha-Bungarotoxins noch.

Aufgabe 2: Gicht ist die Folge einer Stoffwechsel-störung

AUFGABENSTELLUNG

Teil 1

Immer mehr Menschen in Deutschland leiden an Gicht. Gicht ist eine Stoffwechselstörung, deren Ursachen nicht nur in einer erblichen Veranlagung, sondern auch in der Ernährung zu suchen sind. Bei dieser Erkrankung kommt es infolge einer zu hohen Harnsäurekonzentration im Blut zu Ablagerungen von Harnsäurekristallen in Gelenken und dadurch zu schmerzhaften Entzündungen (siehe Abb. 1). Harnsäure entsteht im Körper durch den Abbau von Purin-Verbindungen, die z. B. in der DNA enthalten sind.

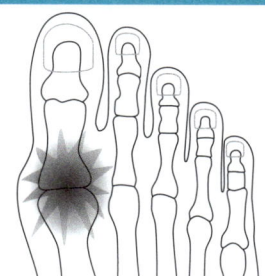

Abbildung 1: Gelenk-entzündung

1.1 Fertigen Sie eine beschriftete Schemazeichnung eines DNA-Moleküls an, welches die verschiedenen Nukleotide beinhaltet (Größe ca. ½ Seite).
Kennzeichnen Sie ein Nukleotid sowie die 3'-und die 5'-Enden des Moleküls. (3 VP)

1.2 Begründen Sie auf der Grundlage von Tabelle 1 und Abbildung 2 den Zusammenhang zwischen den Ernährungsgewohnheiten in Deutschland und der Zunahme der an Gichtsymptomen leidenden Personen.
Geben Sie zwei Ernährungsempfehlungen für Gichtpatienten. (3 VP)

	1960	1970	1980	1990	2000	2011
Fleisch	60	77	101	102	92	92
- davon Geflügel	4	8	10	12	16	19
Fisch	7	11	11	14	14	16
Milcherzeugnisse	113	94	85	92	90	93
Obst	81	93	84	61	75	70
Kartoffeln	132	102	81	75	70	58

Tabelle 1: Pro-Kopf-Verbrauch von Nahrungsmitteln in Deutschland (1960 bis 2011; in kg)

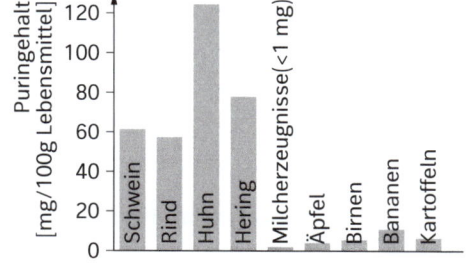

Abbildung 2: Purin-Gehalt in ausgewählten Nahrungsmitteln

Teil 2

Der Abbau von Purinverbindungen führt über verschiedene Stoffwechselprozesse zur Bildung von Xanthin. Das wasserlösliche Xanthin kann sowohl über den Urin ausgeschieden werden als auch mithilfe des Enzyms Xanthinoxidase in Harnsäure umgewandelt und in den Primärharn abgegeben werden. Aus dem Primärharn entsteht durch Resorptionsvorgänge in der Niere der Endharn (Urin). Nur ein geringer Teil der Harnsäure wird mit diesem ausgeschieden. Der überwiegende Anteil der Harnsäure aus dem Primärharn wird wie in Abbildung 3 dargestellt ins Blut resorbiert. Liegt Harnsäure im Blut in zu hoher Konzentration vor, fallen Harnsäurekristalle aus. Zur medikamentösen Therapie kann Gichtpatienten der Wirkstoff Lesinurad verabreicht werden, der auf das Transportprotein Urat-1 (siehe Abb. 3) wirkt.

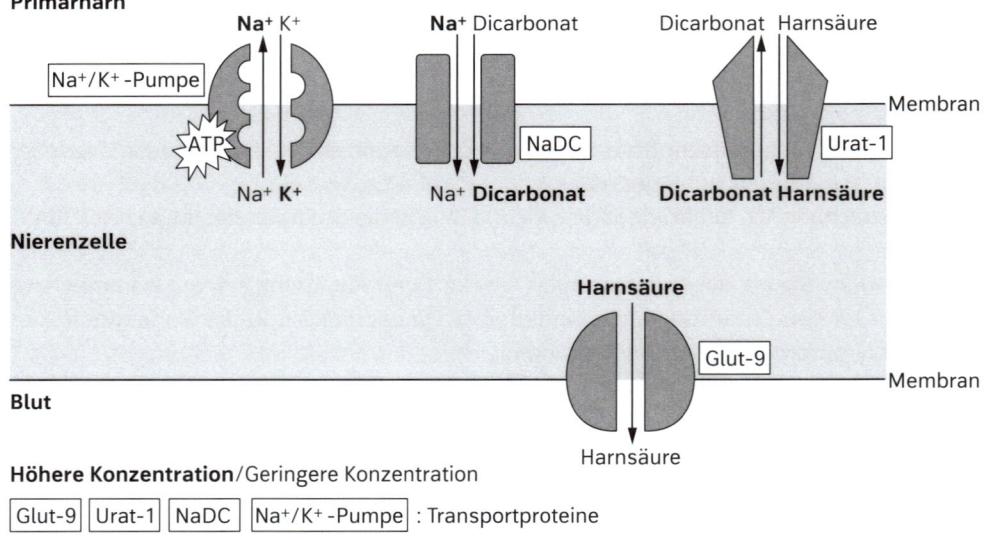

Abbildung 3: Transportprozesse bei der Resorption von Harnsäure ins Blut

2.1 Erläutern Sie die in Abbildung 3 dargestellten Transportprozesse, die bei der Resorption von Harnsäure aus dem Primärharn ins Blut ablaufen. (4 VP)

2.2 Erläutern Sie, wie Lesinurad die Gichtsymptome lindern kann und begründen Sie, dass die Hemmung der Na⁺/K⁺-Pumpe kein Angriffspunkt einer medikamentösen Therapie sein kann. (3 VP)

Teil 3

Allopurinol ist ein weiterer Wirkstoff, der zur Gichttherapie eingesetzt wird. Er setzt am Enzym Xanthinoxidase an. Abbildung 4 zeigt die Strukturformeln von Xanthin und Allopurinol.

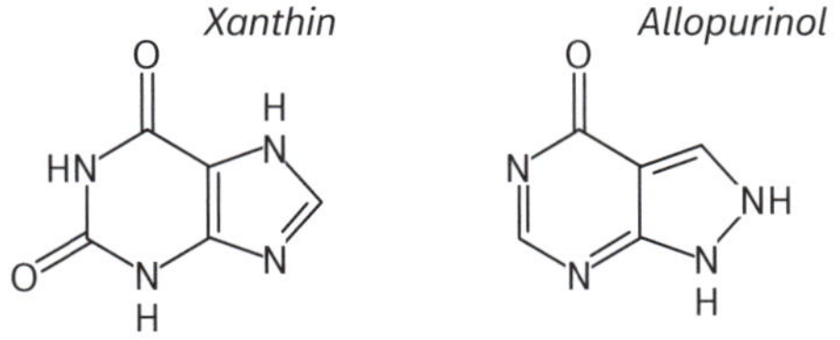

Abbildung 4: Strukturformel von Xanthin und Allopurinol

3 Erläutern Sie unter Verwendung von Abbildung 4 und mithilfe des Vortextes zu den Aufgaben 2.1 und 2.2 eine mögliche molekulare Wirkung von Allopurinol und erklären Sie, wie es infolgedessen zu einer Linderung der Gichtsymptome kommt. (3 VP)

Teil 4

Zur Untersuchung der molekularen Wirkung von Allopurinol wurde in einem Experiment die Reaktionsgeschwindigkeit des Enzyms Xanthinoxidase bei unterschiedlichen Konzentrationen des Substrats Xanthin untersucht. Eine erste Versuchsreihe wurde ohne Zugabe von Allopurinol durchgeführt. Tabelle 2 zeigt die Ergebnisse dieser Versuchsreihe 1. In einer weiteren Versuchsreihe 2 wird mit denselben Substratkonzentrationen wie in Versuchsreihe 1 gearbeitet; allerdings wird den Ansätzen jeweils eine konstante Menge Allopurinol zugesetzt.

Substratkonzentration [mmol/l]	0	0,5	1,0	2,0	3,0	5,0	10,0	15,0	20,0
Reaktionsgeschwindigkeit [mmol Harnsäure/(l · min)] ohne Zugabe von Allopurinol	0	1,8	2,8	4,0	4,8	5,7	6,5	6,7	6,8

Tabelle 2: Reaktionsgeschwindigkeit der Xanthinoxidase in Abhängigkeit der Xanthin-Konzentration

4 Stellen Sie die Ergebnisse aus Tabelle 2 in einem Kurvendiagramm dar (Kurve 1) und zeichnen Sie eine Kurve ein, die für Versuchsreihe 2 zu erwarten wäre (Kurve 2). Erläutern Sie den Verlauf von Kurve 2 im Vergleich zu Kurve 1. (4 VP)

Lösungen

1.1 Fertigen Sie eine beschriftete Schemazeichnung eines DNA-Moleküls an, welches die verschiedenen Nukleotide beinhaltet (Größe ca. ½ Seite).
Kennzeichnen Sie ein Nukleotid sowie die 3'-und die 5'-Enden des Moleküls.

Lösungshinweis: Diese Aufgabe lässt sich mit den Grundlagen der Genetik lösen und ist in jedem Schulbuch zu finden. Bedenken Sie, dass Sie keine korrekten Strukturformeln zeichnen müssen, Symbole für die einzelnen Teile reichen. Vergessen Sie die Angaben vom 3'- und 5'-Ende nicht.

Wasserstoffbrücke

5'   3'
                                      OH

Ein Nukleotid:

A: Adenin
T: Thymin
C: Cytosin
G: Guanin

Phospat-rest
Zucker (Desoxyribose)   Base

OH
3'   5'

1.2 *Begründen Sie auf der Grundlage von Tabelle 1 und Abbildung 2 den Zusammenhang zwischen den Ernährungsgewohnheiten in Deutschland und der Zunahme der an Gichtsymptomen leidenden Personen.*
Geben Sie zwei Ernährungsempfehlungen für Gichtpatienten.

Lösungshinweis: Dem Vortext können Sie entnehmen, dass ein Grundproblem der Gichterkrankung die Verstoffwechselung von Purinverbindungen ist. Abbildung 2 können Sie den Puringehalt verschiedener Lebensmittel entnehmen und Tabelle 1 deren Pro-Kopf-Verbrauch. Daraus ergibt sich die Lösung.

Abbildung 2 kann man entnehmen, dass Fleisch (insbesondere Huhn mit über 120 mg/100 g) und Hering (knapp 80 mg/100 g) einen vergleichsweise hohen Puringehalt aufweist, wohingegen Milcherzeugnisse (< 1 mg/100 g), Obst (zwischen 5 und 15 mg/100 g) und Kartoffeln (10 mg/100 g) geringe Mengen an Purin enthalten. Tabelle 1 kann man entnehmen, dass im Zeitraum von 1960 bis 2011 der Konsum besonders purinhaltiger Lebensmittel teils sehr stark zugenommen hat. Beispielsweise stieg der Pro-Kopf-Verbrauch von Geflügel von 4 kg (1960) auf 19 kg (2011). Eine Zunahme von Gichterkrankungen scheint die logische Konsequenz.
Gichtpatienten sollten auf fleischhaltige Ernährung verzichten und stattdessen viel Milchprodukte und Kartoffeln essen. Auch Obst ist geeignet, insbesondere Äpfel und Birnen.

2.1 *Erläutern Sie die in Abbildung 3 dargestellten Transportprozesse, die bei der Resorption von Harnsäure aus dem Primärharn ins Blut ablaufen.*

Lösungshinweis: Um diese Aufgabe sinnvoll lösen zu können, müssen Sie sich in den verschiedenen Formen der Transportprozesse auskennen. Sollten Sie eine Erinnerungsstütze benötigen, bekommen Sie diese auf Seite 39. Denken Sie daran, auf alle Details der Abbildung zu achten, insbesondere die unterschiedlichen Konzentrationen der einzelnen Moleküle. Sie bedingen den jeweiligen Transportprozess.

Die Natrium-Kalium-Pumpe baut unter ATP-Verbrauch einen Konzentrationsgradienten von Na^+-Ionen zwischen dem Primärharn und dem Inneren der Nierenzelle auf. Dieser Na^+-Gradient wird vom NaDC-Transportmolekül genutzt, um nach dem Prinzip eines Symports Dicarbonat entgegen dem Konzentrationsgefälle ins Zellinnere zu transportieren (sekundär-aktiver Transport). Der dabei verstärkte Konzentrationsgradient von Dicarbonat wird wiederum von Urat-1 genutzt, um nach dem Prinzip des Antiports Harnsäure entgegen dem Konzentrationsgradienten aus dem Primärharn in die Nierenzelle aufzunehmen. Von hier aus diffundiert die Harnsäure entlang ihrem Konzentrationsgradienten durch das Glut-9-Transportptotein ins Blut.

2.2 Erläutern Sie, wie Lesinurad die Gichtsymptome lindern kann und begründen Sie, dass die Hemmung der Na^+/K^+-Pumpe kein Angriffspunkt einer medikamentösen Therapie sein kann.

Lösungshinweis: Dem Vortext entnehmen Sie, dass Lesinurad auf das Transportmolekül hemmend wirkt. Machen Sie sich klar, warum das zu einer Verringerung der Gichtsymptome führt.

Dem Vortext kann man entnehmen, dass Lesinurad auf Urat-1 wirkt. Diese Wirkung kann nur auf einer Hemmung/Blockade des Transportproteins beruhen, wodurch weniger Harnsäure in die Nierenzelle resorbiert wird. Folglich wird auch weniger Harnsäure ins Blut abgegeben und es fallen weniger oder gar keine Hanrsäurekristalle mehr aus.
Eine Hemmung der Na^+/K^+-Pumpe ist keine Option, da dadurch auch die Na^+/K^+-Pumpen in den Axonen der Nervenzellen der Gichtpatienten gehemmt werden würden, was schwerwiegende Nervenschädigungen (Zusammenbruch des Ruhepotenzials) zur Folge hätte.

3 Erläutern Sie unter Verwendung von Abbildung 4 und mithilfe des Vortextes zu den Aufgaben 2.1 und 2.2 eine mögliche molekulare Wirkung von Allopurinol und erklären Sie, wie es infolgedessen zu einer Linderung der Gichtsymptome kommt.

Lösungshinweis: Rufen Sie sich zunächst in Erinnerung, was wo mit dem Xanthin passiert und machen Sie sich dann klar, was ein Molekül bewirken kann, das in seinem Aufbau dem eines Substrates sehr ähnelt.

Das Enzym Xanthinoxidase wandelt die Vorstufe Xanthin in Harnsäure um. Da das Allopurinol in seiner chemischen Struktur dem Substrat Xanthin stark ähnelt (Abbildung 4), dürfte seine Wirkung auf einer kompetitiven Hemmung des Enzyms Xanthinoxidase beruhen. Das Allopurinol besetzt das aktive Zentrum des Enzyms, wodurch weniger Xanthin in Harnsäure umgesetzt werden kann. Eine niedrigere Harnsäurekonzentration im Blut ist die Folge, die Gichtsymptome nehmen ab.

4   *Stellen Sie die Ergebnisse aus Tabelle 2 in einem Kurvendiagramm dar (Kurve 1) und zeichnen Sie eine Kurve ein, die für Versuchsreihe 2 zu erwarten wäre (Kurve 2). Erläutern Sie den Verlauf von Kurve 2 im Vergleich zu Kurve 1.*

Lösungshinweis: Überlegen Sie sich zunächst, was der Rechts- und was der Hochwert in Ihrem Diagramm sein soll und wie eine sinnvolle Skalierung der Achsen aussehen kann. Anschließend übertragen Sie die Werte aus Tabelle 2 möglichst exakt. Wenn sich Ihnen in der vorhergehenden Aufgabe der Wirkmechanismus des Allopurinol erschlossen hat, dürften Sie in der lage sein, Kurve 2 zu zeichnen. Dabei geht es nicht um konkrete Werte, vielmehr sollen Sie eine Kurve zeichnen, die den Sachverhalt sinngemäß wiedergibt.

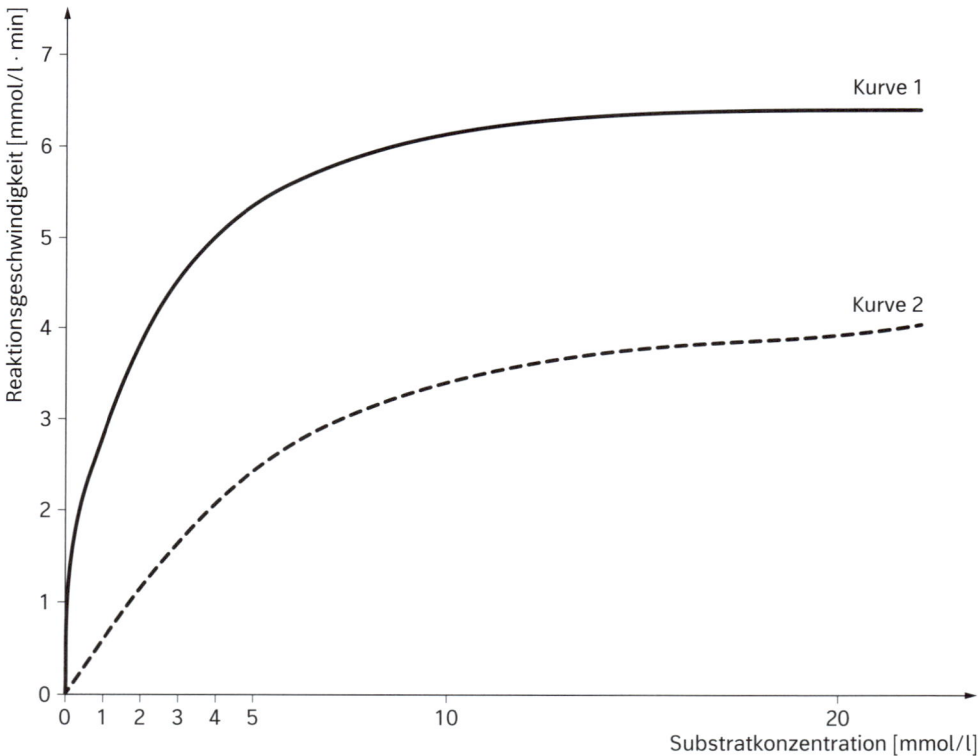

Erläuterung der Kurvenverläufe im Vergleich: Da den Versuchsansätzen immer eine konstante Menge Allopurinol beigefügt wird, wird die Reaktionsgeschwindigkeit bei geringen Mengen an Xanthin sehr gering bleiben. Mit steigender Xanthinkonzentration steigt auch die Wahrscheinlichkeit, dass Xanthinmoleküle an Stelle der Allopurinol-Moleküle ins aktive Zentrum der Xanthinoxidase gelangen. Die Reaktionsgeschwindigkeit wird zunehmen, ohne jedoch das Niveau der ersten Versuchsreihe (Kurve 1) erreichen zu können.

Aufgabe 3: Malaria und Sichelzellkrankheit

AUFGABENSTELLUNG

Teil 1

Malaria ist die häufigste Infektionskrankheit der Tropen und Subtropen. Malaria-Erkrankte zeigen grippeähnliche Symptome wie hohes Fieber, Schüttelfrost, Kopf- und Gliederschmerzen. Erreger der Malaria sind einzellige eukaryotische Parasiten, die Plasmodien. Diese werden durch den Stich einer infizierten weiblichen Anopheles-Mücke (siehe Abb. 1) auf den Menschen übertragen. Im Menschen dringen

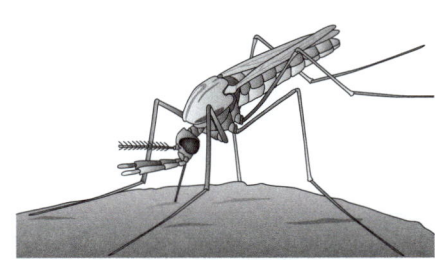

Abbildung 1: Anopheles-Mücke

die Plasmodien in die roten Blutzellen (Erythrozyten) ein und vermehren sich darin stark. Nach einer gewissen Zeit platzen befallene Erythrozyten und geben zahlreiche Erreger zusammen mit deren Stoffwechselprodukten ins Blutplasma frei. Diese Erreger können daraufhin weitere Erythrozyten befallen.

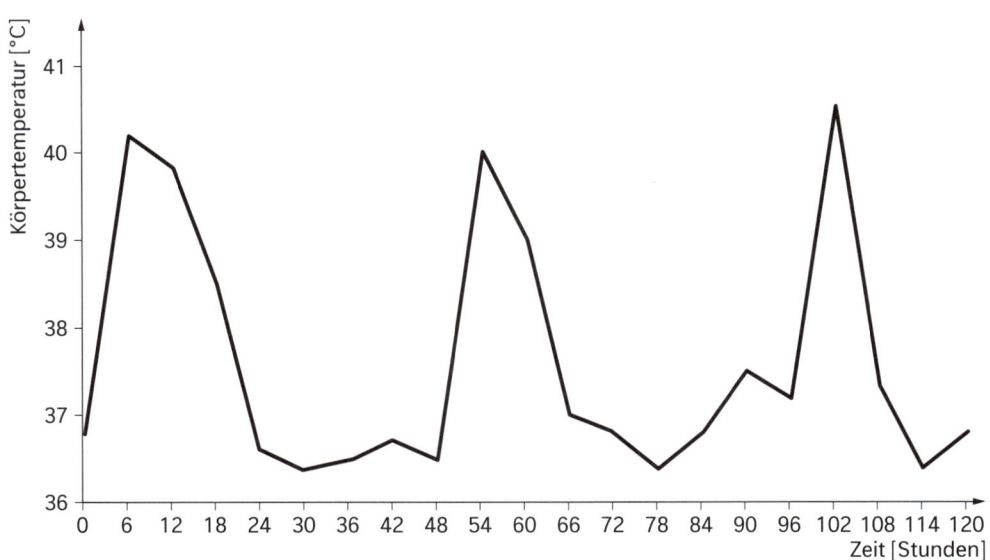

Abbildung 2: Zeitlicher Verlauf der Körpertemperatur eines Malaria-Erkrankten

1.1 Beschreiben Sie den in Abbildung 2 gezeigten Verlauf der Körpertemperatur eines Malaria-Erkrankten und geben Sie eine mögliche Erklärung für diesen Verlauf. Erklären Sie die biologische Bedeutung einer erhöhten Körpertemperatur im Rahmen einer Infektion. (3 VP)

1.2 Stellen Sie die Vorgänge, die nach einer Infektion zur Bildung spezifischer Antikörper führen, in Form eines Verlaufsschemas dar. (3 VP)

Teil 2

Die einzelligen Plasmodien durchlaufen einen Entwicklungszyklus mit einem Wirtswechsel zwischen Mensch und Anopheles-Mücke. In menschlichen Erythrozyten vermehren sich die Erreger ungeschlechtlich, während sie sich in der Mücke geschlechtlich fortpflanzen.

2 Erläutern Sie jeweils einen Vorteil der ungeschlechtlichen Vermehrung und der geschlechtlichen Fortpflanzung. (2 VP)

Teil 3

In Malaria-Gebieten hat man festgestellt, dass dort eine genetisch bedingte Erkrankung, die Sichelzellkrankheit, gehäuft auftritt. Ursache hierfür ist eine veränderte Form des in Erythrozyten vorkommenden Proteins Hämoglobin, das bei gesunden Menschen ausschließlich in Form von Hämoglobin A (HbA) vorliegt, während bei der Sichelzellkrankheit das Hämoglobin S (Hbs) gebildet wird.

Bei Menschen, die das HbS-Allel homozygot (reinerbig) tragen, nehmen die Erythrozyten bei Sauerstoffmangel eine sichelförmige Struktur an (siehe Abb. 3) und führen so zur Verstopfung von Blutgefäßen. Heterozygote (mischerbige) Träger,

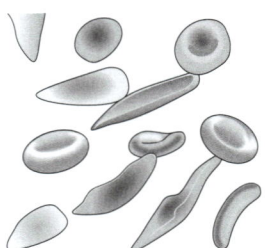

Abbildung 3: Normale und sichelförmige Erythrozyten

die neben HbS ausreichend HbA bilden können, zeigen nur leichte Krankheitssymptome. In Abbildung 4 sind DNA-Ausschnitte der beiden Hämoglobin-Allele dargestellt.

HbA-Allel: 3'...TGA GGA CTC CTT...5'
HbS-Allel   3'...TGA GGA CAC CTT...5'

Abbildung 4: Einander entsprechende DNA-Ausschnitte des HbA- und des HbS-Allels

3 Ermitteln Sie mithilfe der Codesonne (siehe S. 33) die Aminosäuresequenzen zu den in Abbildung 4 dargestellten DNA-Ausschnitten der beiden Hämoglobin-Allele. Geben Sie eine mögliche Erklärung für die veränderte Raumstruktur von HbS. (2 VP)

Zur Diagnose der Sichelzellkrankheit dient eine molekulargenetische Untersuchung. Zuerst wird DNA isoliert und der entsprechende Bereich mithilfe einer Polymerasekettenreaktion (PCR) vervielfältigt. Diese vervielfältigten DNA-Abschnitte werden dann mit dem Restriktionsenzym MstII geschnitten und anschließend durch eine Gelelektrophorese aufgetrennt (siehe Abb. 5 und Abb. 6).

Teil 4

3' GGANT|CC 5'
5' CC|TNAGG 3'

(N = beliebiges Nukleotid)

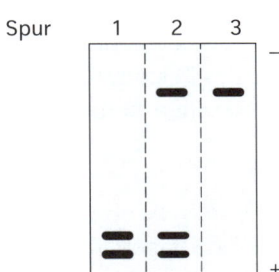

Spur 1 2 3

Abbildung 5: Erkennungssequenz und
Schnittstelle von MstII

Abbildung 6: Ergebnis der Gelelektrophorese

4 Erläutern Sie mithilfe der Abbildungen 4 und 5 das Ergebnis der Gelelektrophorese
in Abbildung 6.
Ordnen Sie die Spuren 1, 2 und 3 begründet einem gesunden Menschen, einem
homozygoten und einem heterozygoten Träger des HbS-Allels zu. (4 VP)

Teil 5

Ein neuer Test mit dem Namen HemoTypeSC™ ist bei der Erkennung der Sichelzellkrankheit sehr erfolgreich. Für diesen Test entnimmt man einen Tropfen Blut und gibt
diesen in eine definierte Menge destillierten Wassers. Anschließend wird der untere
Teil eines Teststreifens in diese Testflüssigkeit eingetaucht. Nach zehn Minuten kann
am Bandenmuster des Teststreifens abgelesen werden, ob das Blut HbA und/oder HbS
enthält (siehe Abb. 7).

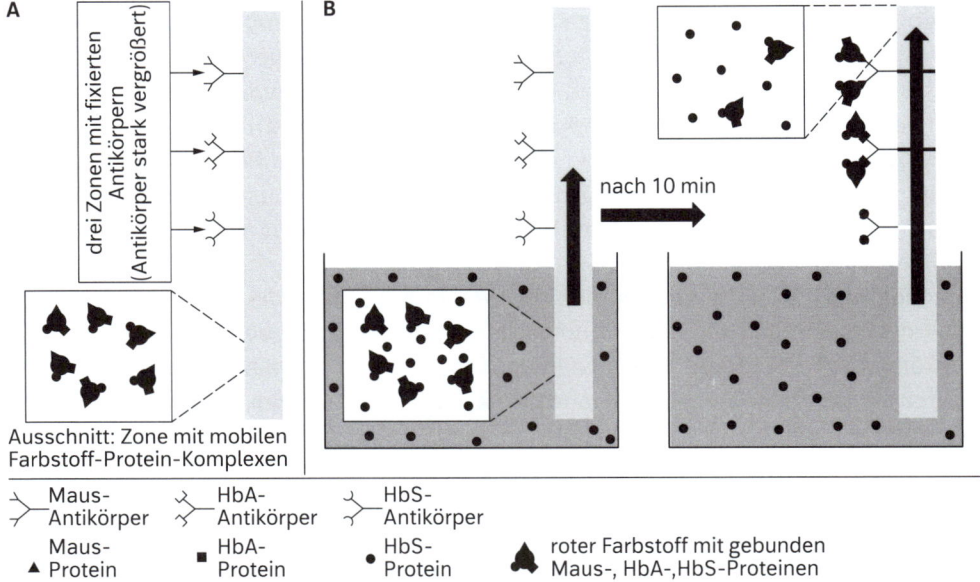

Abbildung 7: (A) Aufbau des HemoTypeSC™-Teststreifens und (B) Ablauf des Tests, stark
schematisiert.

5.1 Erklären Sie, warum der Teststreifen in ein Gemisch aus Blut und destilliertem Wasser und nicht direkt ins Blut eingetaucht wird. Erläutern Sie mithilfe von Abbildung 7 die Funktionsweise des Teststreifens. Gehen Sie dabei auch auf die Bedeutung der mobilen Farbstoff-Protein-Komplexe sowie der fixierten Maus-Antikörper ein. (4 VP)

5.2 Zeichnen Sie einen Teststreifen, der das Bandenmuster für einen homozygoten Träger des HbA-Allels zeigt, und daneben einen Teststreifen, der das Bandenmuster für einen homozygoten Träger des HbS-Allels zeigt. (2 VP)

Lösungen

1.1 Beschreiben Sie den in Abbildung 2 gezeigten Verlauf der Körpertemperatur eines Malaria-Erkrankten und geben Sie eine mögliche Erklärung für diesen Verlauf. Erklären Sie die biologische Bedeutung einer erhöhten Körpertemperatur im Rahmen einer Infektion.

Lösungshinweis: Die Beschreibung des Temperaturverlaufs sollte Sie vor keine größeren Hindernisse stellen. Machen Sie sich dann anhand des Vortextes klar, welch zyklisch ablaufender Prozess die Krankheit auszeichnet und unter welchen Umständen man Fieber bekommt (damit können Sie dann auch den letzten Teil der Frage beantworten). Der Zusammenschluss beider Ergebisse ergibt die Begründung für den Kurvenverlauf.

Die Körpertemperatur steigt innerhalb der ersten 7 Stunden von Normaltemperatur auf über 40 °C an. In den folgenden 17 Stunden sinkt die Temperatur, erst langsam, dann schneller, wieder auf Normaltemperatur ab. Auf dieser verharrt sie, mit leichten Schwankungen, bis zur 48. Stunden um dann bis zur 66. Stunde wieder einen ähnlichen Verlauf wie zu Beginn (steiler Anstieg, ebensolcher Abfall) zu nehmen. Zwischen der 66. und der 96. Stunde schwankt die Temperatur zwischen Normaltemperatur und leichten Fieber (37,5 °C) um anschließend abermals stark anzusteigen auf ca. 40,5 °C (nach 102 Stunden). Etwas rascher als bei den beiden vorherigen Fieberschüben fällt die Temperatur wieder ab.

Eine mögliche Erklärung des Temperaturverlaufs wäre, dass die Temperatur während sich freie Plasmodien und deren Stoffwechselprodukte im Blut befinden, stark ansteigt („Bekämpfung" der Erreger) und in den Phasen, in denen sich die Erreger in den Erythrozyten vermehren, wieder abfällt, ehe die nächsten Erythrozyten platzen, neue Erreger freigeben und der Zyklus von vorne beginnt.

Die erhöhte Körpertemperatur im Zuge einer Infektion kann zwei positive Effekte haben: Durch die damit ebenfalls erhöhte Teilchenbewegung laufen Abwehrprozesse (humorale und zelluläre Immunantwort) schneller ab. Außerdem werden manche Erreger (Bakterien, Viren) durch die erhöhte Temperatur in ihrer Vermehrung gehemmt.

1.2 Stellen Sie die Vorgänge, die nach einer Infektion zur Bildung spezifischer Antikörper führen, in Form eines Verlaufsschemas dar.

Lösungshinweis: Das entspricht dem Grundlagenwissen zur humoralen Immunantwort, die Sie bei Bedarf auf Seite 71 f. nachschlagen können. Ein solches Verlaufsschema sollten Sie unbedingt auf dem Konzept entwerfen, um platzmäßig gut hinzukommen.

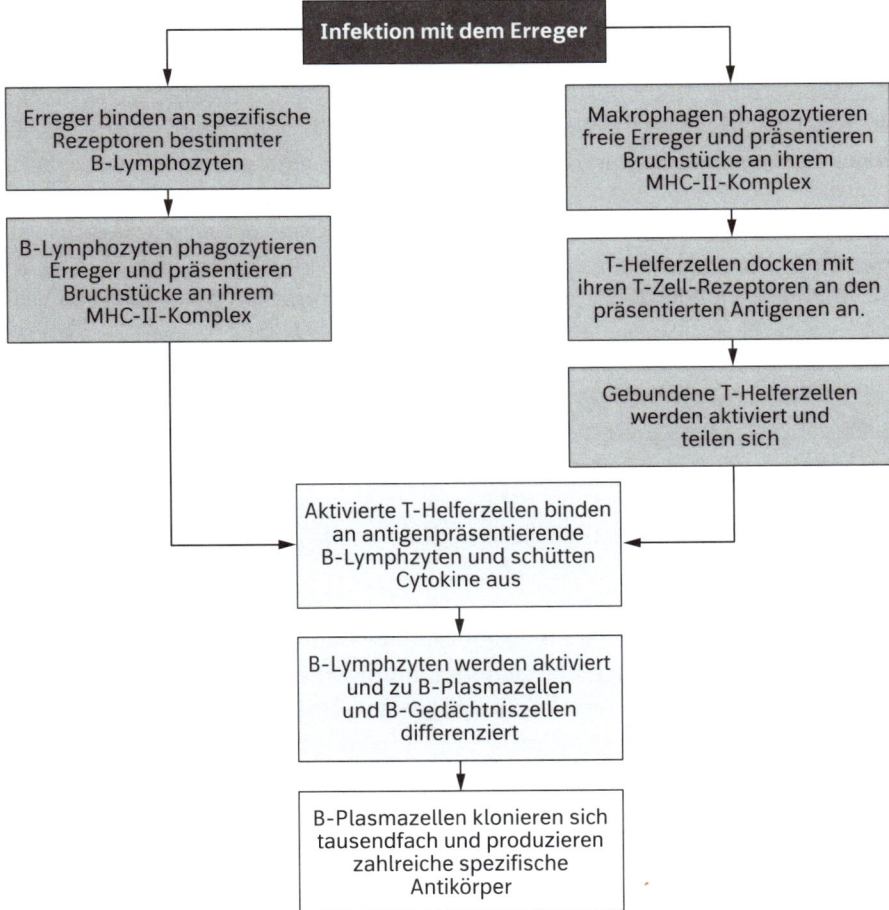

2 Erläutern Sie jeweils einen Vorteil der ungeschlechtlichen Vermehrung und der geschlechtlichen Fortpflanzung.

Lösungshinweis: Achten Sie darauf, die Vorteile hier nicht nur zu nennen, sondern sie auch zu erläutern, also zu verdeutlichen, warum es jeweils ein Vorteil ist.

Ein Vorteil der ungeschlechtlichen Vermehrung ist, dass sie in der Regel schneller abläuft als die geschlechtliche Fortpflanzung, unter anderem weil die Suche nach einem
passenden Geschlechtspartner entfällt.
Ein Vorteil der geschlechtlichen Fortpflanzung ist die dabei entstehende genetische Variabilität. Durch Rekombination der elterlichen DNA entstehen genetisch und phänotypisch
veränderte Nachkommen, die unter Umständen besser an ihre Umweltbedingungen
angepasst sein können.

3   *Ermitteln sie mithilfe der Codesonne (siehe S. 33) die Aminosäuresequenzen zu den*
    in Abbildung 4 dargestellten DNA-Ausschnitten der beiden Hämoglobin-Allele. Geben
    Sie eine mögliche Erklärung für die veränderte Raumstruktur von HbS.

Lösungshinweis: Eine ganz typische Aufgabe, wie sie praktisch jedes Jahr drankommt.
Erstellen Sie zur Sicherheit unbedingt auch das jeweilige mRNA-Molekül, damit sie nichts
verwechseln. Erläuterungen zum Umgang mit der Codesonne finden Sie auf Seite 32 f.

HbA-Allel:	3' … TGA GGA CTC CTT … 5'
mRNA:	5' … ACU CCU GAG GAA … 3'
AS-Sequenz:	… Thr – Pro – Glu – Glu …

HbS-Allel:	3' … TGA GGA C**A**C CTT … 5'
mRNA:	5' … ACU CCU G**U**G GAA … 3'
AS-Sequenz:	… Thr – Pro – **Val** – Glu …

Die Aminosäure Valin, die im HbS anstelle der Glutaminsäure eingebaut wird, geht mit
den resten benachbarter Aminosäuren andere Bindungen ein als die Glutaminsäure,
wodurch sich die Tertiärstruktur von HbS im Vergleich zu HbA verändert.

Zusatz: *Valin ist eine unpolare AS, wohingegen Glutaminsäure eine saure AS ist. Ein un-*
terschiedliches Bindungsverhalten ergibt sich zwangsläufig.

4   *Erläutern Sie mithilfe der Abbildungen 4 und 5 das Ergebnis der Gelelektrophorese in*
    Abbildung 6.
    Ordnen Sie die Spuren 1, 2 und 3 begründet einem gesunden Menschen, einem
    homozygoten und einem heterozygoten Träger des HbS-Allels zu.

Lösungshinweis: Übertragen Sie die Schnittstelle aus Abbildung 5 in Abbildung 4.
Daraus ergibt sich, wo geschnitten wird und wo nicht. Darüber hinaus muss Ihnen das
Verfahren der Gelelektrophorese klar sein (Wanderungsrichtung, Wanderungsgeschwin-
digkeit verschieden großer Moleküle etc.; vgl. S. 54).

Das Restriktionsenzym MstII kann nur die DNA eines HbA-Allels schneiden. Im HbS-Allel fehlt das T am Ende der Schnittstelle. Da eine geschnittene DNA kürzer ist als eine ungeschnittene, wird sie in der Gelelektrophorese weiter in Richtung positivem Pol wandern, als die ungeschnittene, da das größere Molekül langsamer durch das Gel wandert. In dem in Abbildung 6 dargestellten Ergebnis sehen wir also DNA die komplett geschnitten wurde (Spur 1; gesunder Mensch), solche, die teils geschnitten und teils nicht geschnitten wurde (Spur 2, heterozygoter Träger) und solche, die gar nicht geschnitten wurde (Spur 3, homozygoter Träger des HbS-Allels).

5.1 *Erklären Sie, warum der Teststreifen in ein Gemisch aus Blut und destilliertem Wasser und nicht direkt ins Blut eingetaucht wird. Erläutern Sie mithilfe von Abbildung 7 die Funktionsweise des Teststreifens. Gehen Sie dabei auch auf die Bedeutung der mobilen Farbstoff-Protein-Komplexe sowie der fixierten Maus-Antikörper ein.*

Lösungshinweis: Hier müssen Sie sich in Ruhe klar machen, was genau in der Abbildung dargestellt ist und was die Bedeutung der einzelnen Antikörper und des Farbstoff-Protein-Komplexes ist. Wenn Sie für sich geklärt haben, wann ein Testergebnis wie angezeigt wird, haben Sie den Test verstanden und können die Lösung schreiben. Sollten Sie Schwierigkeiten haben, überlegen Sie sich mal, wie die Abbildung B aussehen würde, wenn sie statt der HbS-Proteine HbA-Proteine enthalten würde.

Der Teststreifen muss in ein Gemisch aus destilliertem Wasser und Blut getaucht werden, da das destillierte Wasser im Vergleich zum Zellplasma der Erythrozyten hypoton ist und sie so zum Platzen bringt (Wasser strömt ist die Erythrozyten ein). Nur so werden die Hb-Moleküle freigesetzt.
Funktionsweise des Teststreifens: Im untersten Teststreifen befinden sich Antikörper gegen HbS, im mittleren gegen HbA und im oberen Maus-Antikörper. Darüber hinaus befinden sich im unteren Bereich des Teststreifens mobile Farbstoff-Protein-Komplexe. Taucht man den Teststreifen in das zu testende Gemisch, zieht er Flüssigkeit und die Farbstoff-Protein-Komplexe nach oben. Enthält die Flüssigkeit wie im Abbildung 7 HbS-Proteine, binden diese an die Antikörper in der untersten Zone und besetzen sie. Es können keine Farbstoff-Protein-Komplexe mehr andocken, die Zone bleibt farblos. Sind keine HbA-(oder HbS-) Proteine in der Testflüssigkeit enthalten, binden stattdessen die Farbstoff-Protein-Komplexe an die Antikörper der jeweiligen Zone und färben sie (vgl. Lösung zu 5.2). Aufgrund ihres Aufbaus passen sie auf alle drei fixierten Antikörpertypen. Die fixierten Maus-Antikörper sind wichtig, um zu zeigen, dass der Test überhaupt funktioniert hat. Nur wenn sich diese Zone färbt, kann man sicher sein, dass das Gemisch aus Testflüssigkeit und Farbstoff-Protein-Komplexen durch den gesamten Teststreifen gewandert ist.

5.2 Zeichnen Sie einen Teststreifen, der das Bandenmuster für einen homozygoten Träger des HbA-Allels zeigt, und daneben einen Teststreifen, der das Bandenmuster für einen homozygoten Träger des HbS-Allels zeigt.

Lösungshinweis: Hier müssen Sie die Teststreifen nicht mehr so zeichnen wie in Abbildung 7B, also inklusive aller Antikörper, lediglich das zu erwartende Bandenmuster ist verlangt.

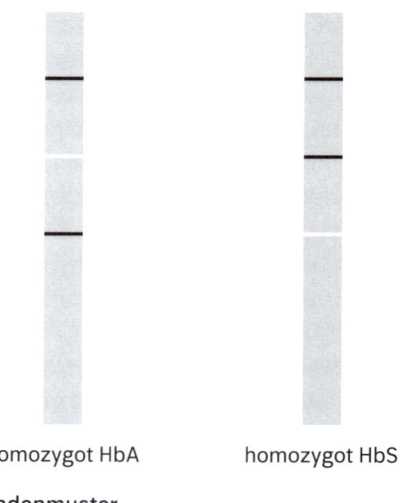

homozygot HbA   homozygot HbS

Bandenmuster

Aufgabe 4: Nacktmulle kennen keinen Schmerz

AUFGABENSTELLUNG

Teil 1

Der Nackmull (Heterocephalus glaber, Abb. 1) ist eine außergewöhnliche Nagetierart der Halbwüsten Ostafrikas. Er lebt in Kolonien von bis zu 200 Tieren unterirdisch in engen Gangsystemen und weist im Vergleich zu anderen Nagetierarten (z. B. Ratte, siehe Abb. 1) einen besonderen Körperbau auf.

Abbildung 1: Nacktmull (links), Ratte (rechts)

1 Beschreiben sie eine charakteristische Angepasstheit im Körperbau des Nacktmulls an seine Lebensweise und erläutern Sie die Entstehung dieser Angepasstheit auf der Grundlage der synthetischen Evolutionstheorie. (3 VP)

Teil 2

Außer im Körperbau unterscheiden sich Nacktmulle von anderen Säugetierarten durch eine verminderte Schmerzempfindlichkeit. Schmerzauslösende Reize werden bei Säugetieren von Schmerzsinneszellen registriert. Dabei handelt es sich um spezielle Nervenzellen, die in der Membran ihrer Dendriten Calciumionen-Kanäle aufweisen. Die durch

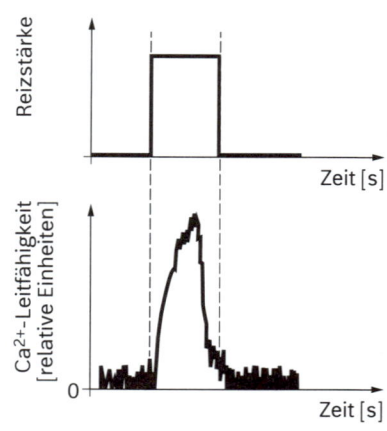

Abbildung 2: Messungen an Schmerzsinneszellen

156

einen Reiz hervorgerufene Veränderung der Calciumionen-Leitfähigkeit (siehe Abb. 2) führt letztendlich zur Bildung von Aktionspotenzialen am Axon der Schmerzsinneszelle.

2 Erklären Sie anhand der Messergebnisse (siehe Abb. 2), wie es zur Ausbildung eines Aktionspotenzials am Axon der Schmerzsinneszelle kommt.
Begründen Sie, welche Ergebnisse Sie bei entsprechenden Messungen am Nacktmull erwarten würden. (4 VP)

Teil 3

Die Schmerzempfindlichkeit wird bei Säugetieren durch Stoffe, die vom Körper selbst gebildet werden, beeinflusst. Ein solcher Stoff ist der Nerve Growth Factor (NGF). Er bindet an membranständige NGF-Rezeptoren, wodurch diese dann an ihrem intrazellulären Teil Phosphatgruppen anlagern können. Über einen von NGF-Rezeptoren ausgehenden, intrazellulären Signalweg wird die Schmerzsinneszelle dann empfindlicher (siehe Abb. 3A). Man geht davon aus, dass die verminderte Schmerzempfindlichkeit des Nacktmulls durch Mutationen im Gen für den NGF-Rezeptor entstanden ist. Abbildung 3B zeigt die Aminosäuresequenzen des jeweiligen NGF-Rezeptors bei Ratte und Nacktmull. Daraus wurden zwei mögliche Modelle zur Form der NGF-Rezeptoren des Nacktmulls vorgeschlagen (siehe Abb. 3C).

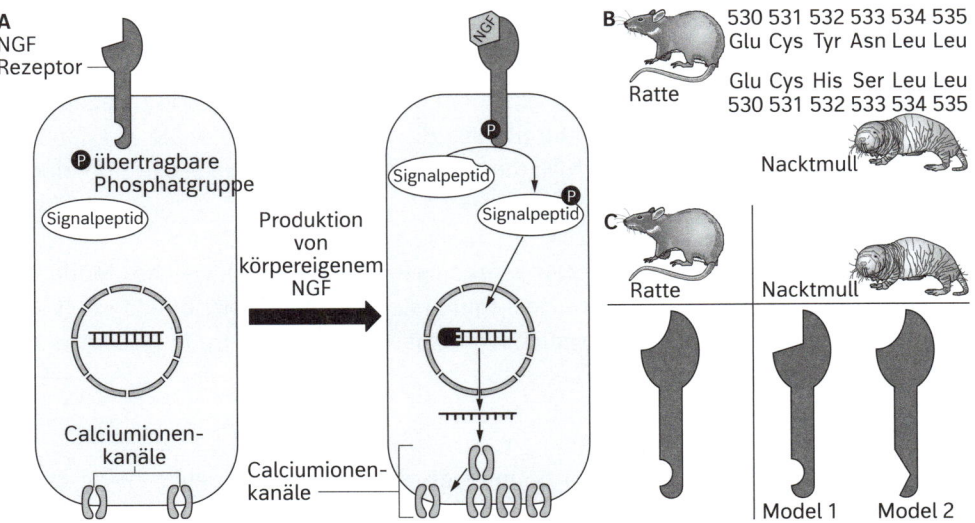

Abbildung 3: (A) Intrazellulärer Signalweg an einer Schmerzsinneszelle; (B) Ausschnitt aus den Aminosäuresequenzen des NGF-Rezeptors bei Ratte und Nacktmull; (C) Modelle 1 und 2 zur Form des NGF-Rezeptors

3.1 Erläutern sie mithilfe von Abbildung 3A die Wirkung von NGF auf die Schmerzempfindlichkeit der Ratte. (3 VP)

3.2 Vergleichen Sie die beiden möglichen Modelle (siehe Abb. 3C) mit dem NGF-Rezeptor der Ratte und erklären Sie die verminderte Schmerzempfindlichkeit des Nacktmulls.
(2 VP)

3.3 Ermitteln Sie die wahrscheinlichste DNA-Nukleotid-Sequenz für die 533. Aminosäure des NGF-Rezeptors des Nacktmulls (siehe Abb. 3B) und begründen Sie Ihre Vermutung.
(3 VP)

Teil 4

Zur Überprüfung, welches der beiden Modelle zur Form des NGF-Rezeptors beim Nacktmull (siehe Abb. 3C) zutreffender ist, wurde folgendes Experiment durchgeführt: In Zellen von Säugetieren wurden gezielt Gene eingeführt und in Zellkulturen exprimiert. Man kultivierte so Zellen mit Ratten-NGF-Rezeptoren und solche mit Nacktmull-NGF-Rezeptoren. Außerdem

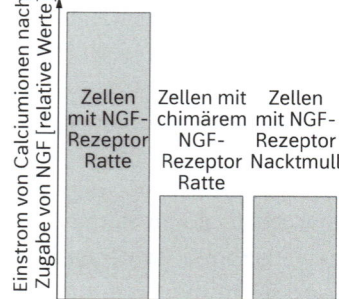

Abbildung 4: Einstrom von Calciumionen in verschiedenartig manipulierte Zellen

konnten durch Einführung rekombinierter Ratten-Nacktmull-Gene auch Zellkulturen erzeugt werden, bei denen neu kombinierte (chimäre) NGF-Rezeptopen exprimiert wurden. Diese chimären NGF-Rezeptoren bestanden in ihrem extrazellulären Teil aus Ratten-NGF-Rezeptoren und in ihrem intrazellulären Teil aus Nacktmull-NGF-Rezeptoren. Außerdem exprimierten alle Zellkulturen auch die Calciumionen-Kanäle. An den Zellkulturen wurden Experimente mit NGF durchgeführt, deren Ergebnisse in Abbildung 4 dargestellt sind.

4 Begründen Sie anhand der Versuchsergebnisse (siehe Abb. 4), welches Modell zur Form des NGF-Rezeptors beim Nacktmull (siehe Abb. 3C) sicher widerlegt werden kann und inwieweit die Versuchsergebnisse für das andere Modell sprechen.
(3 VP)

Teil 5

Kenntnisse über die Bedeutung von NGF und den zugehörigen Signalweg (siehe Abb. 3) bildeten eine Grundlage für die Entwicklung von Medikamenten zur Schmerzminderung bei Verletzungen und Entzündungen.

5 Erläutern Sie zwei Möglichkeiten, wie die Wirkung von NGF extrazellulär medikamentös unterbunden werden kann.
(2 VP)

Lösungen

1.1 Beschreiben sie eine charakteristische Angepasstheit im Körperbau des Nacktmulls an seine Lebensweise und erläutern Sie die Entstehung dieser Angepasstheit auf der Grundlage der synthetischen Evolutionstheorie.

Lösungshinweis: Da Sie vermutlich aus Ihrem Unterricht nicht allzu viel Vorwissen über den Nacktmull mitbringen und auch der Vortext wenig liefert, müssen Sie sich ein Merkmal aussuchen, das Sie der Abbildung entnehmen können. Die folgende Lösung ist also nur als Beispiel zu verstehen. Arbeiten Sie die Erläuterung auf der Grundlage der synthetischen Evolutionstheorie anhand des Schemas von Seite 83 ab.

Mögliche Lösung: Eine charakteristische Angepasstheit an die Lebensweise des Nacktmulls ist die nahezu fehlende Körperbehaarung. Sie führt dazu, dass sich Parasiten deutlich schlechter auf ihm ansiedeln und vermehren können, als beispielsweise auf Mäusen oder Ratten. Die Entstehung dieser „Nacktheit" könnte man wie folgt erklären: In einer Population von noch behaarten Vorfahren des Nacktmulls entstand durch Mutation und Rekombination das neue Merkmal „weniger/kürzere Haare". Da die Merkmalsträger seltener von Parasiten befallen wurden, hatten sie eine höhere reproduktive Fitness und pflanzten sich häufiger fort als ihre Artgenossen mit langem Fell. Dadurch kam es zu einer Verschiebung der Allelfrequenz innerhalb des Genpools der Population, die Zahl der Merkmalsträger nahm zu. Der deutlich veränderte Phänotyp führte zu einer zunehmenden sexuellen Selektion und auf Dauer zu einer Isolation gegenüber den Populationen behaarter Verwandter. Der Grundstein für eine sympatrische Artbildung war gelegt.

2 Erklären Sie anhand der Messergebnisse (siehe Abb. 2), wie es zur Ausbildung eines Aktionspotenzials am Axon der Schmerzsinneszelle kommt.
Begründen Sie, welche Ergebnisse Sie bei entsprechenden Messungen am Nacktmull erwarten würden.

Lösungshinweis: Machen Sie sich klar, was eine erhöhte Leitfähigkeit („Durchlässigkeit") für Ca^{2+} bedeutet und welche Auswirkung einströmendes Ca^{2+} auf das Axon der Nervenzelle haben kann.

Abbildung 2 kann man entnehmen, dass mit Beginn des schmerzauslösenden Reizes die Ca^{2+}-Leitfähigkeit in der Membran der Dendriten der Schmerzsinneszellen zunächst stark ansteigt und dann (vor Beendigung des Reizes) wieder abnimmt. Die zunehmende Leitfähigkeit für Ca^{2+}-Ionen führt zu einen Ca^{2+}-Einstrom in die Schmerzsinneszelle. Dadurch kommt es zu einer Veränderung des Ruhepotenzials (Depolarisation), da das Zellinnere positiver wird. Übersteigt die Depolarisation einen bestimmten Schwellenwert (z. B. −50 mV), löst sie am Axon(hügel) der Schmerzsinneszelle ein Aktionspotenzial aus, indem sich schlagartig zahlreiche spannungsgesteuerte Na^+-Kanäle öffnen. Dieses Signal wird zum Gehirn weitergeleitet und dort als „Schmerz" verrechnet.

Da der Nacktmull über eine verminderte Schmerzempfindlichkeit verfügt, ist davon auszugehen, dass bei gleicher Reizstärke die Ca^{2+}-Leitfähigkeit seiner Dendritenmembran
deutlich weniger stark zunimmt, als es bei den in Abbildung 2 gezeigten Ergebnissen
anderer Säugetierarten der Fall ist. Es bedarf eines erheblich stärkeren Schmerzreizes
um überhaupt ein Aktionspotenzial am Axon auslösen zu können.

*3.1 Erläutern sie mithilfe von Abbildung 3A die Wirkung von NGF auf die Schmerzemp-
findlichkeit der Ratte.*

Lösungshinweis: Ihnen dürfte schon mehrfach das Prinzip der Signaltransduktion
begegnet sein. Vor den Grundlagen solcher Prozesse lässt sich die Frage mithilfe der
recht einfachen Grafik und des Vortextes vermutlich gut beantworten.

Kommt es im Körper der Ratte zur Produktion des NGF, dockt dieser nach dem „Schlüssel-
Schloss-Prinzip" an den extrazellulären Bereich des NGF-Rezeptors an, wodurch der intrazelluläre Bereich des Rezeptors phosphoryliert wird. Dies führt zu einer Signaltransduktion,
indem, vermutlich in Form einer Signalkaskade, ein Signalpeptid phosphoryliert wird. Das
so aktivierte Signalpeptid (second messenger) wirkt als Transkriptionsfaktor und setzt eine
Proteinbiosynthese in Gang, an deren Ende neue Calciumionenkanäle stehen, die in die
Membran eingebaut werden, wodurch die Sinneszelle schmerzempfindlicher wird.

*3.2 Vergleichen Sie die beiden möglichen Modelle (siehe Abb. 3C) mit dem NGF-Rezeptor
der Ratte und erklären Sie die verminderte Schmerzempfindlichkeit des Nacktmulls.*

Lösungshinweis: Dem A-Teil der Abbildung 3 können Sie entnehmen, dass der NGF-
Rezeptor sowohl für das NGF als auch die Phosphatgruppe eine spezifische Bindungsstelle hat. Mit diesem Wissen lassen sich die beiden in Teil C dargestellten Modelle
vergleichen und ihre Auswirkung auf die Schmerzempfindlichkeit erklären.

Im Modell 1 ist die Bindungsstelle für den NGF verändert. Das führt dazu, dass das NGF
schlechter an den Rezeptor binden kann, der intrazelluläre Signalweg (vgl. Aufgabe 3.1)
läuft langsamer/schlechter ab. In der Folge werden weniger Calciumionenkanäle produziert, die Zelle ist weniger schmerzempfindlich.
Im Modell 2 ist die intrazelluläre Bindungsstelle für die Phosphatgruppe verändert. Im
Falle einer Aktivierung durch ein angedocktes NGF-Molekül kommt es nur schwer zu
einer Phosphorylierung des NGF-Rezeptors. Auch hier ist der intrazelluläre Signalweg
gestört, mit den genannten Folgen für die Schmerzempfindlichkeit der Zelle.

*3.3 Ermitteln Sie die wahrscheinlichste DNA-Nukleotid-Sequenz für die 533. Aminosäure
des NGF-Rezeptors des Nacktmulls (siehe Abb. 3B) und begründen Sie Ihre Vermutung.*

Lösungshinweis: Schreiben Sie alle möglichen Basentripletts für die Stelle 533 bei der
Ratte und dem Nacktmull aus der Codesonne heraus. Wenn Sie nun bedenken, dass

die Sequenz des Nacktmulls eine Mutation der der Ratte ist, dürfte klar sein, welches die wahrscheinlichste Sequenz (wahrscheinlichste Mutation) ist.

Dem Vortext ist zu entnehmen, dass die verminderte Schmerzempfindlichkeit des Nacktmulls durch Mutationen im Gen für den NGF-Rezeptor entstanden ist. Die DNA-Sequenz der Ratte ist daher als die ursprüngliche zu sehen, die des Nacktmulls als die mutierte. Folgende mRNA-Tripletts führen bei der Ratte an der Stelle 533 zur Aminosäure Asparagin (Asn): AAC und AAU. Die Aminosäure Serin (Ser) an der Stelle 533 im Protein des Nacktmulls könnte durch sechs Tripletts zustande kommen: UCU, UCC, UCA, UCG, AGC und AGU. Die letzten beiden sind dabei am wahrscheinlichsten, da sie im Vergleich zur nicht mutierten Version der Ratte nur im mittleren Triplett eine andere Base haben. Es hätte also eine Punktmutation benötigt. Für alle anderen Tripletts wären mindestens zwei Mutationen nötig. Die wahrscheinlichsten DNA-Nukleotid-Sequenzen wären daher TCG und TCA.

4   *Begründen sie anhand der Versuchsergebnisse (siehe Abb. 4), welches Modell zur Form des NGF-Rezeptors beim Nacktmull (siehe Abb. 3C) sicher widerlegt werden kann und inwieweit die Versuchsergebnisse für das andere Modell sprechen.*

Lösungshinweis: Der Schlüssel zur Beantwortung dieser Frage liegt im extrazellulären und intrazellulären Aufbau des chimären Rezeptors und seines Einflusses auf den Calciumioneneinstroms.

Da die Zellen mit dem chimären NGF-Rezeptor genau den gleichen Einstrom von Calciumionen zeigen wie die des Nacktmulls, kommt nur das Modell 2 in Frage. Dies ist damit zu begründen, dass die chimären Rezeptoren im intrazellulären Teil denen des Nacktmulls entsprechen, im extrazellulären Bereich aber den nicht mutierten der Ratte. Der chimäre Rezeptor entspricht damit im Aufbau im Grunde genommen dem des Nacktmulls, da auch der im extrazellulären Bereich mit dem der Ratte übereinstimmt. Wäre das Modell 1 das richtige, gäbe es durch die chimäre Kombination (außen Ratte, innen Nacktmull), keinen Einfluss auf den Ca^{2+}-Einstrom.

5   *Erläutern sie zwei Möglichkeiten, wie die Wirkung von NGF extrazellulär medikamentös unterbunden werden kann.*

Lösungshinweis: Hier finden Sie die Lösung nicht direkt im gegebenen Material, sondern Sie müssen sich zwei sinnvolle Möglichkeiten ausdenken. Beachten Sie, dass es sich bei dem NGF um einen Botenstoff handelt, dessen Wirkung auf dem Andocken an den NGF-Rezeptor beruht. Wenn Sie wissen, wie dieses Andocken verhindert werden könnte, haben Sie mögliche Wirkungsweisen.

<u>Möglichkeit 1</u>: Das Medikament ähnelt in seiner Struktur dem NGF und konkurriert nach dem Prinzip der kompetitiven Hemmung mit diesem um die Bindungsstelle des NGF-

Rezeptors, ohne ihn allerdings aktivieren zu können. Dadurch kann seltener der NGF andocken und der Rezeptor wird seltener aktiviert, die Zelle bleibt schmerzunempfindlicher.
Möglichkeit 2: Das Medikament besitzt, vergleichbar mit einem Antikörper, selbst eine Bindungsstelle für den NGF und fängt diesen ab, ehe er sich mit dem NGF-Rezeptor verbinden kann. Der intrazelluläre Signalweg wäre gestört und die Schmerzempfindlichkeit der Zelle herabgesetzt.

Aufgabe 5: Monarchfalterraupen

AUFGABENSTELLUNG

Teil 1

Die Blätter der Seidenpflanze (Gattung Asclepias) enthalten ein Gift, das zur Gruppe der Cardenolide zählt. Bei Tieren, die solche Blätter fressen, führt das Gift zu tödlichen Lähmungen, da es auf die Na$^+$/K$^+$-Pumpe der Nervenzellen wirkt. Die Raupen verschiedener Schmetterlingsarten, u. a. die Raupe des Monarchfalters (siehe Abb. 1), können sich jedoch von Asclepias-Blättern ernähren, ohne beeinträchtigt zu werden. Ihre Na$^+$/K$^+$-Pumpe hat gegenüber anderen Arten eine veränderte Aminosäuresequenz. Der in Tabelle 1 gezeigte Ausschnitt liegt in unmittelbarer Nähe des aktiven Zentrums der Na$^+$/K$^+$-Pumpe, welches für die Abspaltung einer Phosphatgruppe von ATP zuständig ist.

Abbildung 1: Raupe des Monarchfalters (*Danaus plexippus*)

Tierart	Aminosäuresequenz der Na$^+$/K$^+$-Pumpe (Ausschnitt Positionen 118 – 122)				
	118	119	120	121	122
Monarchfalter (*D. plexippus*)	Pro	Ser	Asp	Asp	His
Insekten (andere Arten)	Pro	Ser	Asp	Asp	Asn

Tabelle 1: Aminosäuresequenz der Na$^+$/K$^+$-Pumpe bei verschiedenen Arten

1.1 Geben sie für die Aminosäuresequenz der Insekten (andere Arten) in Tabelle 1 eine mögliche Sequenz des codogenen Strangs der DNA an. Geben Sie eine Punktmutation an, welche die Veränderung an Position 122 beim Monarchfalter erklärt. (2 VP)

1.2 Erläutern Sie die Funktion der Na$^+$/K$^+$-Pumpe in der Axonmembran und geben Sie eine mögliche Erklärung für das Auftreten der geschilderten Lähmungssymptome unter Einwirkung der Cardenolide.
Erklären Sie auf molekularer Ebene, wie es bei funktionsfähiger Na$^+$/K$^+$-Pumpe zur Verträglichkeit von Cardenoliden beim Monarchfalter kommt. (5 VP)

Teil 2

Auch die Raupe der Schmetterlingsart *Euploea core* frisst an Blättern der Seidenpflanze; sie scheint also gegenüber den Giften unempfindlich zu sein. Dies ist überraschend, da ihre Na^+/K^+-Pumpe der der anderen Insektenarten entspricht (siehe Tab. 1) und daher ebenso empfindlich gegenüber Cardenoliden sein müsste. In Untersuchungen (siehe Abb. 2 und Abb. 3) wurde *Euploea core* mit dem Monarchfalter verglichen.

Untersuchung 1: Raupen fraßen für eine bestimmte Zeit Blätter mit definierten Mengen von Cardenoliden. Danach wurden die Raupen gewogen.

Untersuchung 2: Wasser oder eine definierte Menge an Cardenoliden wurde in die Gewebsflüssigkeit injiziert. Diese umspült die Zellen aller Körpergewebe.

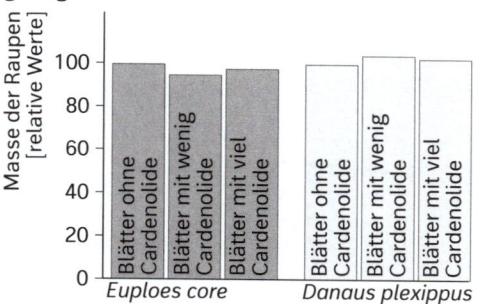
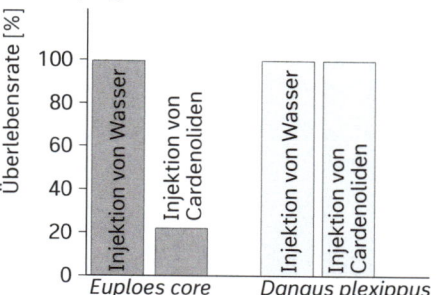

Abbildung 2: Vergleichende Untersuchungen 1 und 2 an Euploea core und am Monarchfalter

In **Untersuchung 3 und 4** haben Raupen beider Arten Blätter gefressen, die mit einer definierten Menge von Cardenoliden bestrichen worden waren.

Ergebnisse der **Untersuchung 3:**

Ergebnisse der **Untersuchung 4:**

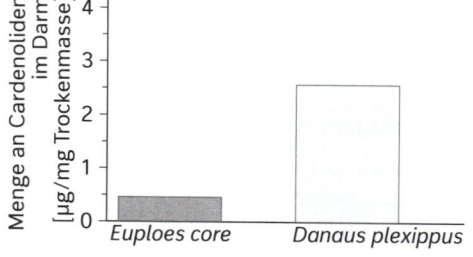
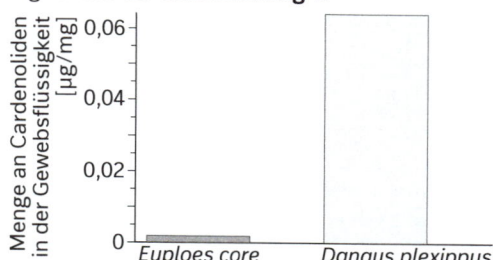

Abbildung 3: Vergleichende Untersuchungen 3 und 4 an Euploea core und am Monarchfalter

2.1 Beschreiben Sie die Ergebnisse der Untersuchungen 1 und 2. Werten Sie sie hinsichtlich der Aussagen zur Verträglichkeit des Giftes und zur Na^+/K^+-Pumpe bei *Euploea core* aus. (3 VP)

2.2 Beschreiben Sie die Ergebnisse der Untersuchungen 3 und 4. Leiten Sie daraus einen Mechanismus ab, der die Toleranz von *Euploea core* gegenüber den Cardenoliden erklären könnte. (3 VP)

Teil 3

Die Raupen des Monarchfalters lagern die giftigen Cardenolide in ihrem Körpergewebe ein. Darüber hinaus sind die Raupen auffallend gelb-schwarz gestreift. Fressen Vögel die Raupen, erbrechen sie sich heftig und meiden diese Raupen fortan.

3 Erklären Sie mithilfe der synthetischen Evolutionstheorie die Ausbildung einer gelb-schwarzen Körperfärbung bei den Raupen des Monarchfalters. (3 VP)

Teil 4

Freilandbeobachtungen zeigen, dass auch die Raupen von *Euploea core* von Vögeln gemieden werden, obwohl diese Art genießbar ist. Man führt dies auf ihre Färbung zurück, die der der Monarchfalterraupen ähnelt. Eine solche Nachahmung einer ungenießbaren Art durch eine genießbare Art bezeichnet man als Scheinwarntracht (Mimikry). Das gleichzeitige Vorkommen (Koexistenz) zweier ähnlicher Arten bei einer Mimikry wurde mithilfe von Modellrechnungen simuliert. Ziel war es herauszufinden, unter welchen Bedingungen Mimikry besonders wirksam ist. Die Ergebnisse sind in Abbildung 4 dargestellt.

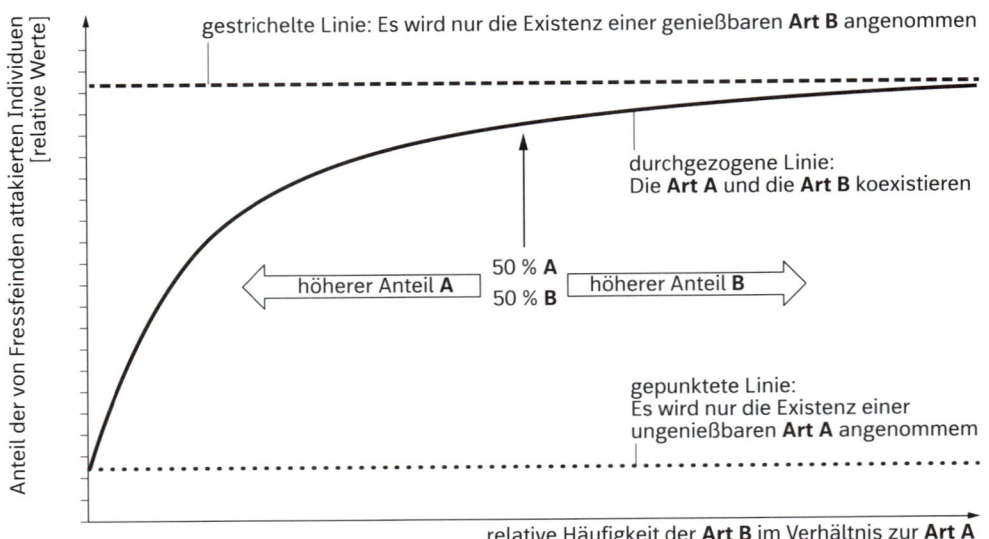

Abbildung 4: Modellrechnung: Bedrohung durch Fressfeinde in Abhängigkeit vom Verhältnis der Häufigkeit von Art B (genießbar) zu Art A (ungenießbar). Gestrichelte und gepunktete Linie: Vergleichswerte ohne Koexistenz

4 Erklären Sie den Verlauf des Graphen (durchgezogene Linie). Erläutern Sie, unter welcher Bedingung eine Mimikry besonders wirksam ist. (4 VP)

Lösungen

1.1 Geben sie für die Aminosäuresequenz der Insekten (andere Arten) in Tabelle l eine mögliche Sequenz des codogenen Strangs der DNA an. Geben Sie eine Punktmutation an, welche die Veränderung an Position 122 beim Monarchfalter erklärt.

Lösungshinweis: Wenn Ihnen der Umgang mit der Codesonne geläufig ist, sollte diese Aufgabe gut zu bewältigen sein. Andernfalls finden Sie auf Seite 32 f. Hilfe.

```
AS-Sequenz:              Pro – Ser – Asp – Aps – Asn
Mögliche mRNA:   5' …CCC  UCC  GAU  GAU  AAU   …3'
Codogene DNA:    3' …GGG  AGG  CTA  CTA  TTA   …5'


Position 122:
Insekten (andere Arten)   mRNA:   AAU oder AAC
                          DNA:    TTA oder TTG
Monarchfalter             mRNA:   CAU oder CAC
                          DNA:    GTA oder GTG
```

Die Punktmutation hat zu einem Basentausch (G für T) an der ersten Stelle des Tripletts geführt.

1.2 *Erläutern Sie die Funktion der Na⁺/K⁺-Pumpe in der Axonmembran und geben Sie eine mögliche Erklärung für das Auftreten der geschilderten Lähmungssymptome unter Einwirkung der Cardenolide.*
Erklären Sie auf molekularer Ebene, wie es bei funktionsfähiger Na⁺/K⁺-Pumpe zur Verträglichkeit von Cardenoliden beim Monarchfalter kommt.

Lösungshinweis: Rufen Sie sich die Rolle der Na+/K+-Pumpe für das Ruhepotenzial in Erinnerung und machen Sie sich klar, was ein Ausfall dieser Pumpe für Folgen hätte. Für den zweiten Teil der Aufgabe müssen Sie sich die in Tabelle 1 dargestellten AS-Sequenzen verdeutlichen und welche Rolle eine einzelne ausgetauschte Aminosäure für die Struktur eines Proteins spielen kann.

Die Na⁺/K⁺-Pumpe in der Axonmembran hält das Ruhepotential gegen Leckströmchen aufrecht bzw. stellt es nach einem Aktionspotenzial wieder her, indem sie unter ATP-Verbrauch drei Na⁺-Ionen nach draußen und zwei K⁺-Ionen ins Zellinnere pumpt. Es ist anzunehmen, dass die Cardenolide die Na⁺/K⁺-Pumpe hemmen, zum Beispiel indem sie das aktive Zentrum blockieren. Die funktionslose Na⁺/K⁺-Pumpe führt zu einem Zusammenbruch des Ruhepotenzials, wodurch keine Aktionspoten-ziale mehr ausgebildet und damit keine Reize mehr weitergeleitet werden können. Es kommt zu Lähmungser-scheinungen.

Die Tatsache, dass die Na⁺/K⁺-Pumpe des Monarchfalters trotz Aufnahme von Cardenoliden noch voll funktionsfähig ist, beruht auf der anderen Aminosäure an der Position 122 (His statt Asn). Da diese andere Aminosäure in der Nähe des aktiven Zentrums lokalisiert ist, verändert sie damit die räumliche Struktur der Na⁺/K⁺-Pumpe an dieser Stelle so, dass die Cardenolide nicht mehr an die Na⁺/K⁺-Pumpe binden können und damit folgenlos bleiben.

2.1 *Beschreiben Sie die Ergebnisse der Untersuchungen 1 und 2. Werten Sie sie hinsichtlich der Aussagen zur Verträglichkeit des Giftes und zur Na⁺/K⁺-Pumpe bei Euploea core aus.*

Lösungshinweis: Bearbeiten Sie diese Aufgabe zweigeteilt. Beschreiben Sie zunächst, ganz ohne Deutung, die in 1 und 2 dargestellten Messergebnisse. Die Auswertung der Ergebnisse zur Frage der Verträglichkeit und der Art der Na^+/K^+-Pumpe machen Sie in einem zweiten Schritt.

Die Ergebnisse von Untersuchung 1 zeigen, dass die Raupen von *Euploea core* nach dem Verzehr von cardenolidhaltigen Blättern einige Prozentpunkte an Gewicht verloren im Vergleich zur Ernährung mit Blättern ohne Gift. Der Gewichtsverlust bei Blättern war mit geringerem Cardenolidgehalt größer als bei Blättern mit erhöhtem Cardenolidgehalt. Die Raupen des Monarchfalters nahmen nach dem Verzehr von cardenolidhaltigen Blättern im Vergleich zur Ernährung mit Blättern ohne Gift an Gewicht zu. Untersuchung 2 zeigt, dass die Raupen von *Euploea core* nach einer Injektion mit Wasser eine hundertprozentige Überlebenschance hat. Bei einer Injektion von Cardenoliden sinkt die Überlebensrate allerdings auf 25 %. Bei den Raupen des Monarchfalters ist die Überlebenschance in beiden Fällen bei 100 %. Die Ergebnisse aus den Untersuchungen 1 und 2 sprechen dafür, dass *Euploea core* cardenolidhaltige Nahrung zwar verträgt, allerdings kaum Resistenz gegen das Gift hat. Die Na^+/K^+-Pumpe scheint also genau so anfällig zu sein, wie bei allen anderen Insektenarten.

2.2 Beschreiben Sie die Ergebnisse der Untersuchungen 3 und 4. Leiten Sie daraus einen Mechanismus ab, der die Toleranz von Euploea core gegenüber den Cardenoliden erklären könnte.

Lösungshinweis: Gehen Sie hier vom Prinzip so wie in der vorherigen Aufgabe vor. Was ein möglicher Mechanismus sein könnte, der die Toleranz verursacht, bleibt Ihrer Fantasie überlassen. Die nachfolgende Lösung ist daher nur als ein mögliches Beispiel zu verstehen. Die Erklärung muss aber zu den gezeigten Messergebnissen passen.

Die Ergebnisse der Untersuchung 3 zeigen die Menge an Cardenoliden im Darm von *E. core* und dem Monarchfalter nach einer Mahlzeit cardenolidhaltiger Blätter. Dabei fand sich im Darm der *E. core* eine Menge von 0,5 µg/mg Trockenmasse, im Darm der Monarchfalterraupen dagegen eine Menge von 2,6 µg/mg Trockenmasse.
Die Ergebnisse von Untersuchung 4 zeigen, dass in der Gewebsflüssigkeit von *E. core* eine Konzentration von < 0,002 µg/µl Cardenoliden, in der der Monarchfalterraupen dagegen eine Konzentration von > 0,06 µg/µl Gewebsflüssigkeit.
Die Ergebnisse der Untersuchungen 3 und 4 zeigen, dass die Raupen zum einen eine Möglichkeit haben, Cardenolide in ihrem Darm abzubauen oder gezielt auszuscheiden (geringere Konzentration als beim Monarchfalter) und deren Resorption aus dem Darmlumen in die Körperflüssigkeit zu vermeiden (praktisch keine Konzentration in der Gewebsflüssigkeit). Während der Monarchfalter im Laufe der Evolution eine Toleranz gegenüber dem Gift entwickelt hat, scheint *E. core* eine Art „Entsorgungsstrategie" entwickelt zu haben.

3   Erklären Sie mithilfe der synthetischen Evolutionstheorie die Ausbildung einer gelb-schwarzen Körperfärbung bei den Raupen des Monarchfalters.

Lösungshinweis: Wieder eine typische Aufgabe zur synthetischen Evolutionstheorie, die Sie nach dem bekannten Schema von Seite 83 erklären.

In einer Population von noch nicht so auffällig gefärbten Vorfahren der heutigen Monarchfalter entwickelte sich durch Mutation und Rekombination das Merkmal gelb-schwarz gestreift. Der Lerneffekt, dass die Raupen von Monarchfaltern giftig sind, ver-stärkte sich durch die auffällige Färbung deutlich. Während die unscheinbar gefärbten Individuen weiterhin mit genießbaren Raupen verwechselt und gefressen wurden, wur-den die auffällig gefärbten Raupen von den Vögeln gemieden. Dadurch hatten sie eine höhere reproduktive Fitness und erzielten höhere Fortpflanzungserfolge. Es kam zu einer Verschiebung in der Allelfrequenz der Population hin zu den auffällig gefärbten Raupen. Durch das Vermeiden der auffällig gestreiften Raupen stieg gleichzeitig der Fraßdruck auf die nicht so auffällig gefärbten, was auf Dauer das Aussterben der weniger stark gefärbten Individuen zur Folge hatte. Die Folge dieser gerichtete Selektion war die heute lebende Art der Monarchfalter.

4   Erklären Sie den Verlauf des Graphen (durchgezogene Linie). Erläutern Sie, unter welcher Bedingung eine Mimikry besonders wirksam ist.

Lösungshinweis: Machen Sie sich klar, was in dem Graphen dargestellt ist und warum das Verhältnis von geniebaren zu ungenießbaren Raupen die Häufigkeit der Attacken beeinflusst. Für den zweiten Teil der Aufgabe gibt es keine eindeutige Lösung, sie muss einfach vor dem Hintergrund des zum ersten Teil geschriebenen Sinn ergeben.

Die durchgezogene Linie zeigt die Anzahl attackierter Individuen in Abhängigkeit der relativen Häufigkeit der genießbaren Art B im Verhältnis zur ungenießbaren Art A. Der Kurvenverlauf entspricht dem des beschränkten Wachstums. Der Verlauf kommt da-durch zustande, dass mit relativ steigender Zahl genießbarer Individuen die Anzahl der Attacken steigt, zu Beginn schnell und dann immer langsamer. Die Wahrscheinlichkeit, dass die Vögel eine genießbare Raupe erwischen, nimmt zu. Folglich steigt auch die Bereitschaft der Vögel, die Raupen zu attackieren. Bei einem Verhältnis von 50 % Art A zu 50 % Art B beträgt die Anzahl attackierter Individuen bereits ca. 90 % des Wertes, den man erreichen würde, wenn es nur die genießbare Art B gäbe. Die Mimikry ist unter diesen Voraussetzungen nicht mehr sehr wirksam. Besonders wirksam ist sie, wenn der relative Anteil genießbarer Raupen deutlich unter dem der ungenießbaren liegt. Die Vögel sind dann deutlich vorsichtiger, was für beide Arten von Vorteil ist.

Hinweise zu den Aufgaben und nicht amtlichen Lösungen
Die Original-Abituraufgaben wurden mit freundlicher Genehmigung des Regierungsprä-sidiums Stuttgart veröffentlicht. Die Musterlösungen stammen vom Autor.

Original-Prüfungsaufgaben 2022

Aufgabe 1: Die Bäckerhefe ist ein vielseitiger Helfer

AUFGABENSTELLUNG

Teil 1

Die Bäckerhefe *Saccharomyces cerevisiae* (Abb. 1) gehört zu den einzelligen Organismen und wird seit mehreren tausend Jahren für die Herstellung von Wein, Bier und Brot genutzt. Dabei setzen zahlreiche Enzyme der Hefezellen Glucose anaerob, d.h. ohne Sauerstoff, durch alkoholische Gärung in Ethanol und Kohlenstoffdioxid um.

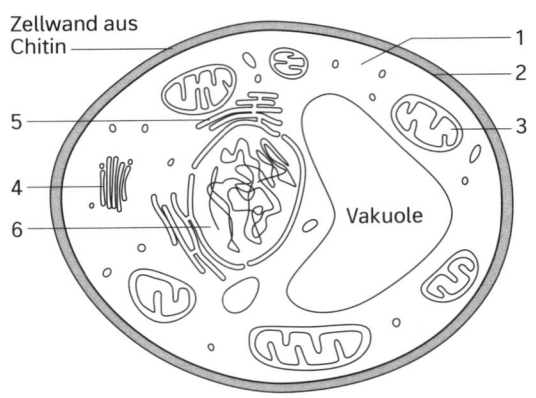

Abbildung 1: Hefezelle (schematisch)

1 Benennen Sie die mit den Ziffern 1 bis 6 versehenen Strukturen einer Hefezelle (Abb. 1) und begründen Sie jeweils, weshalb Hefezellen keine Bakterienzellen, keine Pflanzenzellen und auch keine Tierzellen sind. (3 VP)

Teil 2

In einer Versuchsreihe wurde der Einfluss der Temperatur auf die Kohlenstoffdioxid-Produktion bei der alkoholischen Gärung untersucht. Dieser Einfluss geht auf die Temperaturabhängigkeit der daran beteiligten Enzyme der Hefezellen zurück. Abbildung 2 zeigt den Versuchsaufbau zur quantitativen Messung von Kohlenstoffdioxid, Tabelle 1 zeigt die Ergebnisse dieser Versuchsreihe.

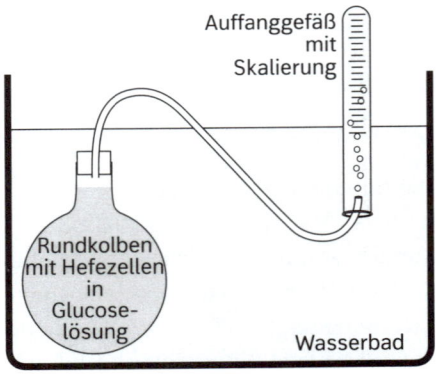

Abbildung 2: Versuchsaufbau zur Messung der Kohlenstoffdioxid-Produktion

Temperatur [°C]	4	20	40	60	80
Kohlensoffdioxid-Produktion [ml]	0	2,2	12,6	19,6	1,2

Tabelle 1: Kohlensoffdioxid-Produktion bei unterschiedlichen Temperaturen

2.1 Formulieren Sie die Wortgleichung der alkoholischen Gärung und nennen Sie auf deren Grundlage neben der Kohlenstoffdioxid-Produktion zwei weitere mögliche Messgrößen, die einen Rückschluss auf die Enzymaktivität erlauben. (2 VP)

2.2 Beschreiben Sie auf Grundlage von Abbildung 2 und Tabelle 1 die Durchführung der Versuchsreihe zur Untersuchung der Temperaturabhängigkeit der Hefeenzyme, um aussagekräftige Ergebnisse zu erhalten. (3 VP)

2.3 Stellen Sie die in der Versuchsreihe gewonnenen Messergebnisse (Tabelle 1) in einem Diagramm dar und erläutern Sie diese auf molekularer Ebene. (3 VP)

Teil 3

In einer weiteren Untersuchung wurde in drei getrennten Versuchsansätzen die Abbaurate des Einfachzuckers Glucose sowie der Zweifachzucker Maltose und Lactose durch Hefezellen untersucht. Die Ergebnisse sind in Abbildung 3 dargestellt.

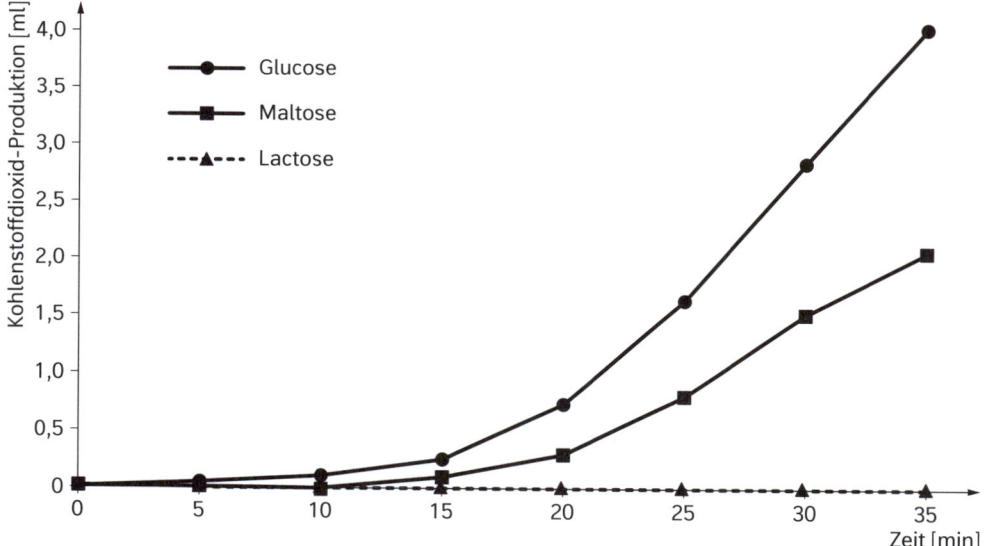

Abbildung 3: Kohlenstoffdioxid-Produktion durch Hefezellen bei drei unterschiedlichen Zuckern

3 Geben Sie jeweils eine mögliche Erklärung für die abweichenden Kurvenverläufe von Maltose und Lactose im Vergleich zu Glucose.

Teil 4

Bäckerhefe wird nicht nur zur Lebensmittelherstellung, sondern auch zur Impfstoffproduktion genutzt. Dazu werden die Hefezellen gentechnisch verändert. Ähnlich wie Bakterien enthalten sie neben der chromosomalen DNA auch Kopien eines selbst replizierenden Plasmids. Seit 1986 wird mithilfe der Bäckerhefe ein Impfstoff gegen Hepatitis-B, eine entzündliche Leberkrankheit, produziert. Für die Herstellung des Hepatitis-B-Impfstoffs wurde ein Abschnitt des Oberflächenantigens HBsAg, dem Hauptoberflächenprotein des Hepatitis-B-Virus, ausgewählt. Die wichtigste Maßnahme zur Vermeidung einer Infektion besteht in einer vorbeugenden Hepatitis-B-Schutzimpfung. Bereits 1990 gab es Probleme mit der Wirksamkeit der Impfung, da eine Virusmutation mit verändertem HBsAg auftrat.

4.1 Fertigen Sie eine beschriftete Zeichnung eines rekombinanten Hefeplasmids an und erläutern Sie davon ausgehend die Gewinnung und die Selektion impfstoffproduzierender Hefezellen. (3 VP)

4.2 Erläutern Sie zwei Aspekte, die Sie für die Herstellung eines neuen Impfstoffes berücksichtigen würden, um das Risiko eines Wirkungsverlusts gegenüber Virusmutanten zu verringern. (3 VP)

Lösungen

1 *Benennen Sie die mit den Ziffern 1 bis 6 versehenen Strukturen einer Hefezelle (Abb. 1) und begründen Sie jeweils, weshalb Hefezellen keine Bakterienzellen, keine Pflanzenzellen und auch keine Tierzellen sind.*

Lösungshinweis: Wenn Sie den Aufbau eukaryotischer Zellen vor Augen haben und tierische, pflanzliche und Pilzzellen unterscheiden können, dürften beide Teile dieser Aufgabe gut zu lösen sein.

1 Zytoplasma; 2 Zellmembran; 3 Mitochondrium; 4 Dictyosom (oder Golgi-Apparat); 5 Endoplasmatisches Retikulum; 6 Zellkern
Es ist keine Bakterienzelle, da sie einen Zellkern besitzt.
Es ist keine Pflanzenzelle, da sie keine Chloroplasten hat.
Es ist keine tierische Zelle, da sie eine Zellwand aus Chitin besitzt.

2.1 *Formulieren Sie die Wortgleichung der alkoholischen Gärung und nennen Sie auf deren Grundlage neben der Kohlenstoffdioxid-Produktion zwei weitere mögliche Messgrößen, die einen Rückschluss auf die Enzymaktivität erlauben.*

Lösungshinweis: Möglicherweise stellt Sie die (Wort-)Gleichung der alkoholischen Gärung zunächst vor Schwierigkeiten. Im Text und der Abbildung finden Sie aber einige wesentliche Hinweise. Und da der dabei gebildete Alkohol genießbar ist, muss es sich um Ethanol handeln.

Glucose $\xrightarrow{\text{\textit{Enzyme der Hefezellen}}}$ Ethanol + Kohlenstoffdioxid

Zwei weitere Messgrößen, die eine Aussage über die Enzymaktivität geben können, sind die Glucosekonzentration (bzw. deren Abnahme pro Zeit) sowie die Ethanolkonzentration (bzw. deren Zunahme pro Zeit).

2.2 *Beschreiben Sie auf Grundlage von Abbildung 2 und Tabelle 1 die Durchführung der Versuchsreihe zur Untersuchung der Temperaturabhängigkeit der Hefeenzyme, um aussagekräftige Ergebnisse zu erhalten.*

Lösungshinweis: Aus den Angaben, die Sie der Tabelle und der Abbildung entnehmen können sowie dem Wissen, wie eine solche Versuchsreihe grundsätzlich aufgebaut sein muss (standardisierte Bedingungen).

Fünf Rundkolben werden jeweils mit der identischen Menge einer Glucoselösung bestückt und in je einem Wasserband auf die Temperaturen 4°C, 20°C, 40°C, 60°C und 80°C eingestellt. Anschließend wird in jeden Kolben die gleiche Menge Hefezellen hinzugegeben und der Kolben mit einem Stopfen verschlossen, durch den ein Schlauch in ein Auffanggefäß mit Skalierung führt. Nach einer definierten Zeit wird das Volumen des aufgefangenen Kohlenstoffdioxids (in ml) gemessen. Die Messergebnisse sind in Tabelle 1 dargestellt.

2.3 Stellen Sie die in der Versuchsreihe gewonnenen Messergebnisse (Tabelle 1) in einem Diagramm dar und erläutern Sie diese auf molekularer Ebene.

Lösungshinweis: Überlegen Sie sich, welche Diagrammform für die Darstellung einzelner Messergebnisse geeignet ist. Vergessen Sie die Skalierung und vollständige Beschriftung der Achsen nicht. Achten Sie darauf, die Messergebnisse wirklich auf molekularer Ebene zu erläutern.

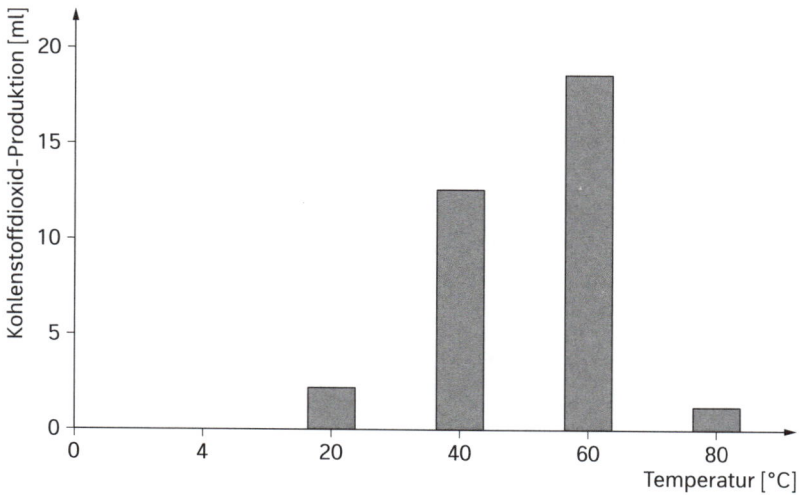

Erläuterung der Messwerte: Mit zunehmender Temperatur steigt die Teilchenbewegung und mit ihr die Wahrscheinlichkeit, dass Enzyme und Substratmoleküle (Glucose) zufällig aufeinandertreffen. Folglich steigt auch die Zahl der pro Zeit entstandenen Produkte (RGT-Regel). Der Anstieg erfolgt zunächst exponentiell. Wird das Temperaturoptimum der Hefeenzyme überschritten (80 °C), denaturieren sie, das heißt die Tertiärstruktur der Moleküle bricht auf und die Reaktionsgeschwindigkeit der Enzyme geht stark zurück, was sich in der nur noch sehr geringen Kohlenstoffproduktion (1,2 ml) widerspiegelt.

3 Geben Sie jeweils eine mögliche Erklärung für die abweichenden Kurvenverläufe von Maltose und Lactose im Vergleich zu Glucose.

Lösungshinweis: Dem Vortext können Sie entnehmen, dass Glucose ein Einfachzucker und Maltose sowie Lactose jeweils Zweifachzucker sind, was einen möglichen Hinweis auf die unterschiedlichen Kohlenstoffdioxid-Produktionsraten liefern könnte. Grundsätzlich sind hier mehrere sinnvolle Lösungen denkbar, die nachfolgende stellt nur ein Beispiel dar.

Kohlenstoffdioxid-Produktion bei Maltose: Die Produktion von CO_2 erfolgt im Vergleich zu der bei Glucose 10 Minuten später und steigt langsamer an. Eine mögliche Erklärung wäre, dass der Zweifachzucker Maltose (besteht aus zwei Glucosemolekülen) zunächst in Einfachzucker aufgespalten werden muss und außerdem die Wechselzahl des entsprechenden Enzyms niedriger ist, als bei der Umsetzung von Glucose.
Kohlenstoffdioxid-Produktion bei Lactose: In den ersten 35 Minuten ist keinerlei CO_2-Produktion messbar. Ein möglicher Grund dafür könnte sein, dass den Hefezellen ein Enzym zur Spaltung von Lactose fehlt.

4.1 Fertigen Sie eine beschriftete Zeichnung eines rekombinanten Hefeplasmids an und erläutern Sie davon ausgehend die Gewinnung und die Selektion impfstoffproduzierender Hefezellen.

Lösungshinweis: Beachten Sie, dass das Plasmid in Ihrer Zeichnung neben dem HBsAg-Gen Markergene (Resistenzgene) sowie einen Replikationsursprung aufweisen sollte. Es handelt sich bei der Hefe zwar um einen eukaryotischen Pilz, da aber keine besonderen Kenntnisse darüber vorausgesetzt werden, kann Ihre Erläuterung zur Herstellung impfstoffproduzierender Hefezellen analog zu der prokaryotischer Zellen erfolgen (vgl. S. 57 ff.)

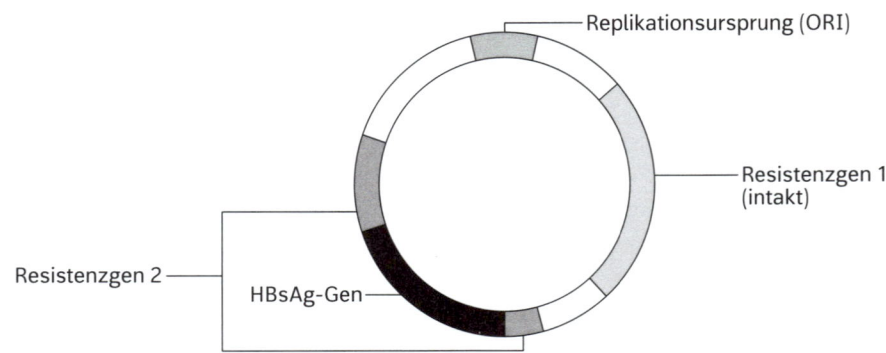

Eine Hefeplasmid, das über zwei Resistenzgene gegen Antibiotika (genauer: Antimyotika) verfügt, wird gentechnisch so verändert, dass mittels geeigneter Restriktionsenzyme oder der CRISPR/Cas-Methode das HBsAg-Gen in eines der beiden Resistenzgene eingebaut wird. Anschließend werden die rekombinanten Plasmide in Hefezellen eingeschleust. Die Hefezellen werden zur Selektion nun zunächst in ein Nährmedium gebracht, welches das Antimyotikum enthält, in dessen Gen das HBsAg-Gen nicht eingebaut wurde. Alle Hefezellen, die überleben haben entweder ein rekombinantes oder ein nicht-verändertes Plasmid aufgenommen. Die überlebenden werden in unterschiedliche Stämme aufgeteilt und weiter vermehrt. Anschließend werden Zellen jedes Stamms dem zweiten Antimyotikum ausgesetzt. Diejenigen Zellen, die nun absterben, tragen das rekombinante Plasmid ins sich, da der erfolgreiche Einbau das Resistenzgen zerstört hat. Der entsprechende Stamm ist der gesuchte, gentechnisch veränderte und wird weiter kultiviert.

4.2 Erläutern Sie zwei Aspekte, die Sie für die Herstellung eines neuen Impfstoffes berücksichtigen würden, um das Risiko eines Wirkungsverlusts gegenüber Virusmutanten zu verringern.

Lösungshinweis: Da jederzeit mit dem Auftreten von Virusmutationen zu rechnen ist, müssen Sie sich überlegen, wie ein Impfstoff gestaltet sein könnte, um diesem Problem möglichst effektiv zu begegnen. Auch hier sind mehrere sinnvolle Lösungen denkbar.

Es wäre möglich, einen Impfstoff zu produzieren, der Antikörper und Gedächtniszellen gegen mehrere Oberflächenproteine oder zumindest gegen verschiedene Epitope des HBsAg bildet. Denkbar wäre auch, einen Impfstoff gegen andere Virenproteine zu bilden, von denen man weiß, dass sie einer deutlich geringeren Mutationsrate unterworfen sind, als die Oberflächenproteine.

Aufgabe 2: Adenosin kann uns träge machen

AUFGABENSTELLUNG

Teil 1

Das menschliche Gehirn macht nur rund 2 % der Körpermasse aus, beansprucht aber etwa 20 % des täglichen Energieumsatzes. Nervenzellen haben also einen enormen ATP-Bedarf und enthalten daher zahlreiche Mitochondrien.

1.1 Fertigen Sie eine beschriftete Schemazeichnung eines Mitochondriums an und formulieren Sie die Summengleichung der Zellatmung. (3 VP)

1.2 Erklären Sie den hohen ATP-Bedarf von Nervenzellen. (2 VP)

Teil 2

In Zellen liefert das ATP-Molekül Energie, indem es zu ADP umgewandelt wird. ADP wird teilweise zu AMP (Adenosinmonophosphat) und weiter zu Adenosin abgebaut. Adenosin wird aus der Zelle in den extrazellularen Raum befördert. Extrazellulares Adenosin führt in erhöhten Konzentrationen dazu, dass der Mensch reaktionsträge wird. Abbildung 1 zeigt die Wirkung von Adenosin an einer Synapse.

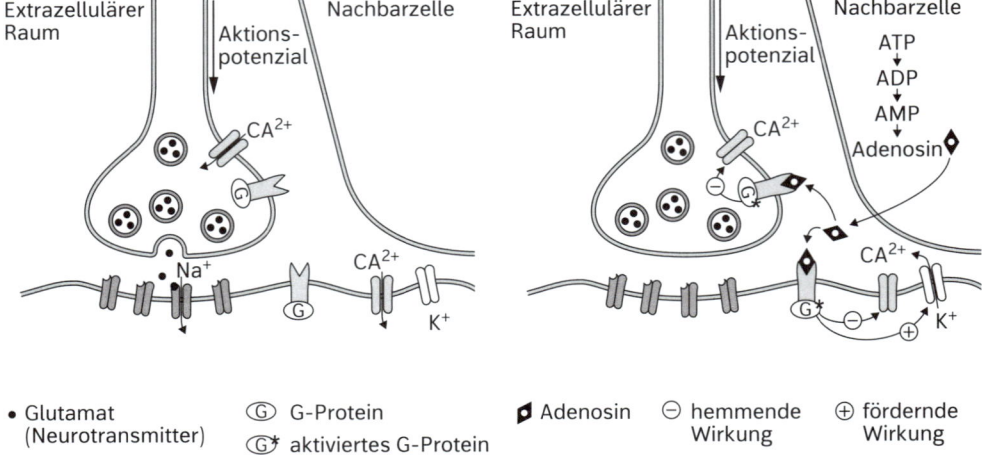

Abbildung 1: Wirkung von Adenosin an einer erregenden Synapse mit dem Transmitter Glutamat (schematisch)

2 Beschreiben Sie mit Hilfe der Abbildung 1 die Wirkungen von Adenosin an der Synapse und erläutern Sie die Folgen für das postsynaptische Potenzial. Geben Sie eine mögliche Erklärung dafür, dass der Mensch reaktionsträge wird.   (4 VP)

Teil 3

Als „Muntermacher" greifen Menschen häufig zu Kaffee, Tee, Cola oder Energy-Drinks. In allen diesen Getränken ist Koffein enthalten. Abbildung 2 zeigt die Strukturformeln von Koffein und Adenosin.

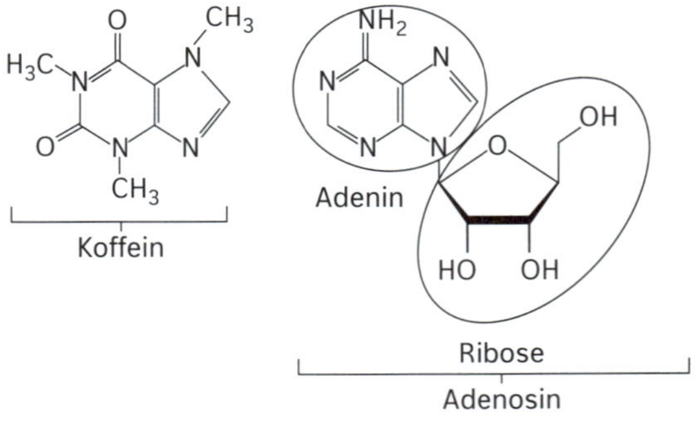

3 Geben Sie unter Verwendung der Abbildungen 1 und 2 eine Erklärung dafür, dass Koffein als „Muntermacher" wirkt.(3VP)

Abbildung 2: Strukturformeln von Adenosin und Koffein

Teil 4

Die Wirkung von Koffein auf den menschlichen Organismus ist unter anderem altersabhängig. In einer Studie wurde an Versuchspersonen die Konzentration der Adenosinrezeptoren in verschiedenen Regionen des Gehirns untersucht. Abbildung 3 zeigt das Untersuchungsergebnis.

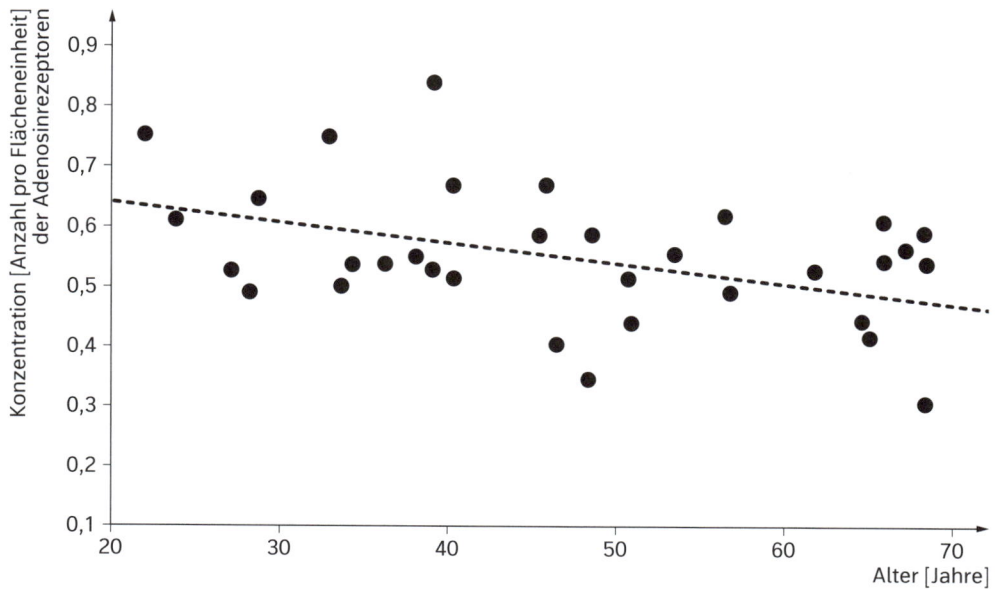

Abbildung 3: Konzentration der Adenosinrezeptoren im Gehirn in Abhängigkeit vom Alter

4 Geben Sie unter Bezug auf die Abbildungen 1, 2 und 3 eine mögliche Erklärung dafür, dass Menschen mit zunehmendem Alter es vermeiden, am Nachmittag und am Abend Kaffee zu trinken. (4 VP)

Teil 5

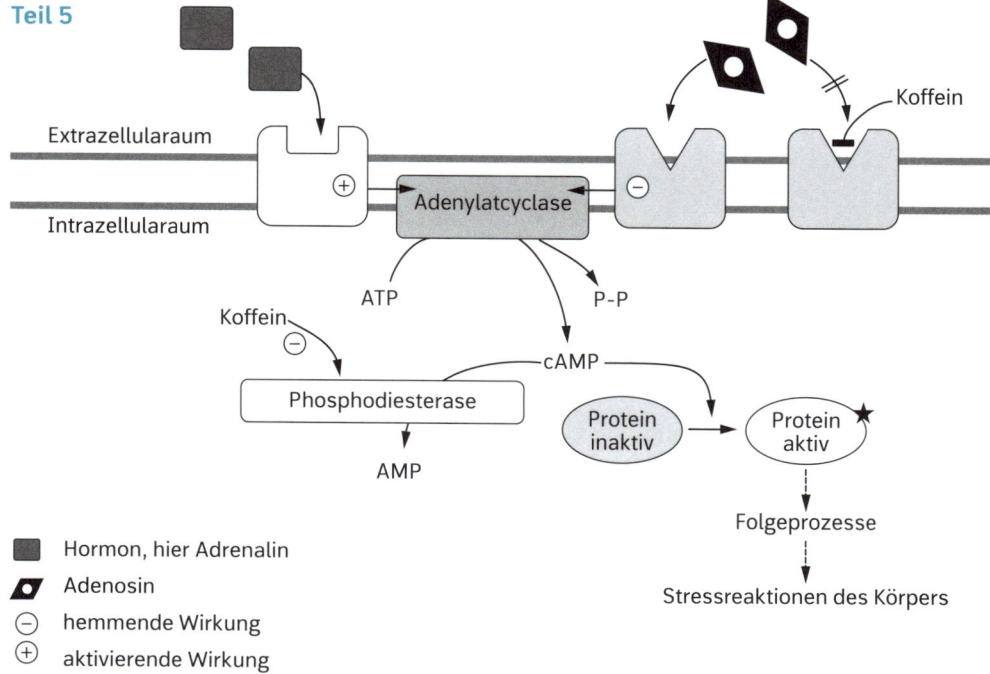

Abbildung 4: Wirkung des Hormons Adrenalin und von Adenosin und Koffein auf Zellen

175

In Stresssituationen greifen viele Menschen häufiger zu koffeinhaltigen Getränken und versprechen sich davon, leistungsfähiger zu werden. Übermäßiger Koffeinkonsum steht aber im Verdacht, ähnliche Auswirkungen zu haben wie andauernder oder häufiger Stress. Stress äußert sich in einer über längere Zeit erhöhten Adrenalinkonzentration im Blut, was zu Herz-Kreislauf-Erkrankungen führen kann. Abbildung 4 zeigt die molekulare Wirkung von Adrenalin, Adenosin und Koffein auf Zellen.

5 Erläutern Sie mithilfe von Abbildung 4, warum übermäßiger Koffeinkonsum, gerade in Stresssituationen, die Entstehung von Herz-Kreislauf-Erkrankungen begünstigen könnte. (4 VP)

Lösungen

1.1 Fertigen Sie eine beschriftete Schemazeichnung eines Mitochondriums an und formulieren Sie die Summengleichung der Zellatmung.

Lösungshinweis: Sollten Sie zu dieser Aufgabe Hilfe benötigen, finden Sie die wesentlichen Informationen auf Seite 38.

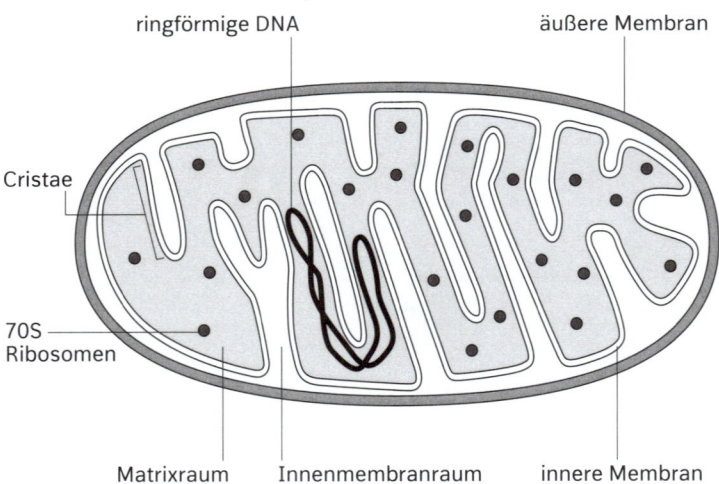

Summengleichung der Zellatmung: $C_6H_{12}O_6 + 6\,O_2 \rightarrow 6\,CO_2 + 6\,H_2O$

1.2 Erklären Sie den hohen ATP-Bedarf von Nervenzellen.

Lösungshinweis: Machen Sie sich klar, welcher dauerhaft ablaufende Prozess in unseren Nervenzellen Energie in Form von ATP benötigt.

Die Natrium-Kalium-Pumpen, die dafür sorgen, das Ruhepotenzial gegen den Einfluss der Leckströmchen aufrechtzuhalten und nach jedem Aktionspotenzial wieder herzustellen, arbeiten aktiv gegen das Konzentrationsgefälle der beiden Stoffe und benötigen dafür Energie.

2   *Beschreiben Sie mit Hilfe der Abbildung 1 die Wirkungen von Adenosin an der Synapse und erläutern Sie die Folgen für das postsynaptische Potenzial. Geben Sie eine mögliche Erklärung dafür, dass der Mensch reaktionsträge wird.*

Lösungshinweis: Der Abbildung und ihrer Legende können Sie alle wesentlichen Informationen entnehmen, vorausgesetzt, Sie sind mit der Reizübertragung an einer (chemischen) Synapse vertraut. Ansonsten finden Sie diese auf Seite 63 ff.

Extrazelluläres Adenosin bindet an G-Protein-gekoppelte Adensoin-Rezeptoren in der prä- und postsynaptischen Menbran der Synapse, wodurch das G-Protein aktiviert wird. Das aktivierte G.Protein sorgt dafür, dass sich die spannungsgesteuerten Ca^{2+}-Kanäle in der prä- und postsynaptischen Membran nicht mehr öffnen können. Der verhinderte Ca^{2+}-Einstrom in das Endknöpfchen verhindert die Ausschüttung des Neurotransmitters Glutamat in den synaptischen Spalt. In der postsynaptischen Zelle sorgt der verhinderte Ca^{2+}-Einstrom für eine verstärkte Depolarisation der Zelle. Verstärkt wird dieser Effekt dadurch, dass die aktivierten G-Proteine zusätzlich K^+-Ionenkanäle öffnen, was einen Kaliumausstrom entlang des Konzentrationsgefälles zur Folge hat. Das Adenosin hemmt die Reizweiterleitung also auf zwei Arten. Einerseits wird die Ausschüttung des Neurotransmitters und damit die Reizweiterleitung (EPSP) unterbunden, andererseits wird die nachfolgende Zelle auch noch hyperpolarisiert, was sie deutlich schwerer reizbar macht, da es eines stärkeren Reizes bedürfte um die Membran über den Schwellenwert hinaus zu depolarisieren (IPSP). Die Hemmung der Reizweiterleitung, bzw. der nachfolgenden Nervenzellen, führt dazu, dass der Mensch reaktionsträge wird.

3   *Geben Sie unter Verwendung der Abbildungen 1 und 2 eine Erklärung dafür, dass Koffein als „Muntermacher" wirkt.*

Lösungshinweis: Vergleichen Sie die beiden Strukturformeln in Abbildung 2 miteinander und denken Sie an die aus der Enzymatik bekannte kompetitive Hemmung.

Koffein und Adenin (ein Teil des Adenosins) weisen eine ähnliche chemische Struktur auf. Es ist davon auszugehen, dass Koffein kompetitiv an die Adenosinrezeptoren bindet, ohne jedoch das gekoppelte G-Protein zu aktivieren. Die Wirkung des Adenosin ist aufgehoben bzw. deutlich abgeschwächt und die Reizweiterleitung in Form eines EPSP kann wieder erfolgen. Der Mensch ist weniger reaktionsträge, fühlt sich „wacher".

4   Geben Sie unter Bezug auf die Abbildungen 1, 2 und 3 eine mögliche Erklärung dafür, dass Menschen mit zunehmendem Alter es vermeiden, am Nachmittag und am Abend Kaffee zu trinken.

Lösungshinweis: Abbildung 3 ist zu entnehmen, dass die Anzahl der Adenosinrezeptoren mit zunehmendem Alter sinkt. Überlegen Sie sich, welchen zusätzlichen Effekt das auf die in der Lösung zu Aufgabe 3 beschriebenen Vorgänge hat.

Da Menschen höheren Alters eine geringe Anzahl von Adenosinrezeptoren aufweisen, sind sie eh schon weniger anfällig für die ermüdende Wirkung des Adenosins. Nehmen sie nun auch noch Koffein zu sich, wird die ermüdende Wirkung noch weiter herabgesetzt. Außerdem dürfte der Effekt aufgrund der geringen Anzahl an Adenosinrezeptoren länger anhalten als bei jüngeren Menschen, da die gleiche Anzahl an Koffeinmolekülen mit dem Adenosin um eine geringere Anzahl Rezeptoren konkurriert und selbst bei zunehmenden Abbau/Ausscheiden des Koffeins noch wirkt. Einschlafstörungen wären die Folge. Um diese zu vermeiden, muss der letzte Konsum koffeinhaltiger Lebensmittel bei älteren Menschen lange genug zurückliegen.

5   Erläutern Sie mithilfe von Abbildung 4, warum übermäßiger Koffeinkonsum, gerade in Stresssituationen, die Entstehung von Herz-Kreislauf-Erkrankungen begünstigen könnte.

Lösungshinweis: Es macht Sinn, zunächst einmal mithilfe der Abbildung 4 zu erläutern, wie es durch Adrenalin zur Ausbildung von Stressreaktionen im Körper kommt und wie der Körper diesen versucht entgegenzuwirken. Anschließend kann man verdeutlichen, warum übermäßiger Koffeinkonsum diesen Effekt verstärkt.

Das „Stresshormon" Adrenalin dockt an Rezeptoren in der Membran an, was eine aktivierende Wirkung auf die Adenylatcyclase hat. Dieses Enzym katalysiert die Umwandlung von ATP in cAMP. Das cAMP wiederum aktiviert ein Protein, das Folgeprozesse im Körper anregt, die letztlich zu Stressreaktionen führen und auf Dauer in Herz-Kreislauf-Erkrankung münden können. Der Körper wirkt diesem Effekt auf zweierlei Art entgegen. Einerseits gibt es membrangebundene Adenosinrezeptoren, die eine hemmende Wirkung auf die Adenylatcyclase haben und damit die Wirkung des Adrenalins abschwächen. Außerdem gibt es im Zytoplasma ein weiteres Enzym, die Phosphodiesterase, die cAMP in AMP umwandelt und damit dessen aktivierende Wirkung auf das Protein, welches Stressreaktionen auslösende Folgeprozesse bewirkt, abschwächt.
Da Koffein nicht nur die Adenosinrezeptoren kompetitiv hemmt, sondern darüber hinaus im Zellinneren auch noch die Phosphodiesterase hemmt, hat es einen doppelt Stress-verstärkenden Effekt. Es wird nicht nur mehr cAMP gebildet, sondern auch noch weniger in AMP umgewandelt. Stärkere Stressrektionen sind die Folge, das Risiko für Herz-Kreislauf-Erkrankungen steigt.

Aufgabe 3: Diabetes mellitus

AUFGABENSTELLUNG

Teil 1

Laut dem Deutschen Gesundheitsbericht 2019 sind allein in Deutschland rund 7,5 Millionen Menschen an der chronischen Stoffwechselkrankheit Diabetes mellitus („Zuckerkrankheit") erkrankt. Charakteristisch ist eine krankhaft erhöhte Glucosekonzentration im Blut. Ein Teil dieser überschüssigen Glucose wird über die Niere mit dem Harn ausgeschieden. Eines der Zielorgane bei der Behandlung von Diabetes ist daher die Niere. Die Funktion der Niere ist es, bestimmte Stoffwechselendprodukte aus dem Blut zu entfernen und mit dem Harn auszuscheiden. Die Niere enthält eine große Anzahl an Nephronen (Abb. 1a). Zunächst wird in den Nierenkörperchen das Blut filtriert. Dadurch entstehen im Tagesverlauf circa 170 Liter Filtrat (Primarharn, Abb. 1a). Aus dem Primarharn werden in den Nierenkanälchen kontinuierlich lebenswichtige wasserlösliche Substanzen, z. B. Glucose und verschiedene Salze, sowie fast die ganze Wassermenge wieder in das Blut zurückgeführt, sodass lediglich circa 1,5 Liter Endharn (Urin) ausgeschieden werden. Abbildung 1b zeigt vereinfacht Transportprozesse an den Epithelzellen eines Nierenkanälchens.

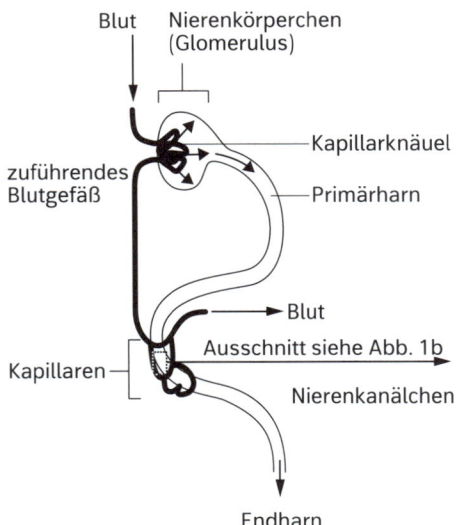

Abbildung 1a: Nephron (schematisch)

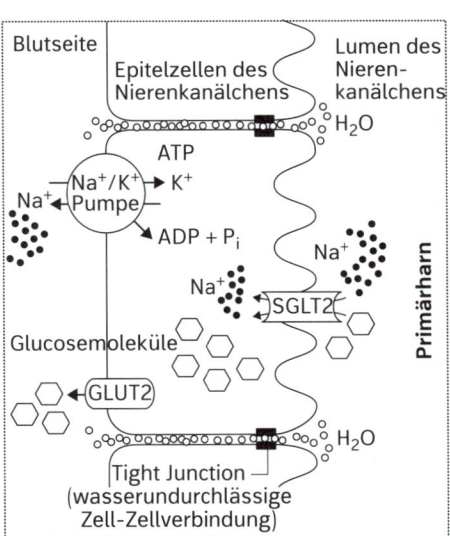

Abbildung 1b: Transportprozesse an Epithelzellen der Nierenkanälchen

1.1 Erstellen Sie eine beschriftete Schemazeichnung einer Biomembran auf Grundlage des Flüssig-Mosaik-Modells (Größe ca. 1/2 Seite). (2 VP)

1.2 Erläutern Sie die in Abbildung 1b dargestellten Transportvorgange, die zur Rückgewinnung der Glucose aus dem Primarharn in das Blut führen. Erklären Sie, wie dem Blut der größte Teil des im Primarharn enthaltenen Wassers wieder zugeführt wird. (4 VP)

Teil 2

Ziel jeder Diabetes-Behandlung ist die Senkung des krankhaft erhöhten Blutzuckerspiegels. Dazu wird unter anderem der Wirkstoff Ertugliflozin (Abb. 2) eingesetzt, der am SGLT2-Transporter wirkt (siehe Abb. 1b). Eine positive Nebenwirkung von Ertugliflozin ist eine erhöhte Harnbildung, die zu Entwässerung und einer Senkung des Blutdrucks führt.

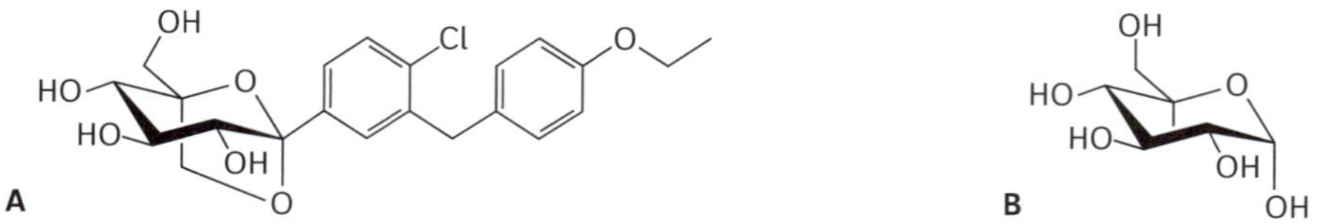

Abbildung 2: Strukturformeln von Ertugliflozin (a) und Glucose (b)

2.1 Erläutern Sie unter Verwendung der Abbildungen 1b und 2 einen möglichen blutzuckersenkenden Wirkmechanismus von Ertugliflozin.   (3 VP)

2.2 Erklären Sie den blutdrucksenkenden Effekt von Ertugliflozin auf molekularer Ebene.
(2 VP)

Teil 3

Um den blutdrucksenkenden Einfluss von Ertugliflozin anschaulich zu machen, wurde in einem Werbespot ein Modellexperiment gezeigt: Stark zuckerhaltiger, „blutroter" Himbeersirup wird in einen Zellophanbeutel gefüllt. Zellophan ist lediglich für Wassermoleküle durchlässig. Der verschlossene Beutel wird für zwei Stunden in ein Glas mit Wasser gegeben.

3 Nennen Sie die zu erwartenden Versuchsbeobachtungen und erklären Sie diese mit den an der Zellophanmembran ablaufenden Teilchenprozessen. Begründen Sie anhand zweier Aspekte, dass dieses Modellexperiment nicht zur Erklärung der blutdrucksenkenden Wirkung von Ertugliflozin geeignet ist.   (3 VP)

Teil 4

Bei Diabetes mellitus Typ 1 zerstört das körpereigene Immunsystem allmählich die insulinproduzierenden β-Zellen der Bauchspeicheldrüse. Der Verlust der β-Zellen führt zu einem zunehmenden Insulinmangel und damit zu dem beschriebenen Anstieg des Blutzuckerspiegels.

In den β-Zellen entsteht aus Proinsulin durch Abspaltung eines C-Peptids das wirksame Insulin. Beide Peptide (Insulin und C-Peptid) werden über das Blut im Körper verteilt. Zur Diagnose von Typ-1-Diabetes sowie zur Analyse des Krankheitsverlaufes bestimmt man die Konzentration des C-Peptids im Blutserum mittels eines ELISA-Tests (enzymgekoppelter Immunnachweistest). In der Testbeschreibung eines Herstellers (Abb. 3) heißt es dazu:

„Spezifische Antikörper wurden aus dem Blutserum von Tieren isoliert, denen zuvor aufgereinigtes C-Peptid injiziert wurde."

**Enzymgekoppelter Immunnachweistest (ELISA) des C-Peptids
zur Diagnose von Typ-1-Diabetes**

Der C-Peptid-ELISA dient dem direkten Nachweis des C-Peptids. Im Test werden zwei verschiedene Antikörper verwendet, die spezifisch am C-Peptid binden. Antikörper 1 ist bereits flächendeckend am Boden des beiliegenden Reaktionsgefäßes fixiert. Antikörper 2 liegt in gebrauchsfertiger Lösung vor. Am konstanten Teil von Antikörper 2 ist das Enzym Peroxidase bebunden, welches die katalytische Umwandlung von farblosem Tetramethylbenzidin (TMB) in einen blauen Farbstoff bewirkt.

Arbeitsanleitung:
1. Zugabe von Patienten-Blutserum zum Reaktionsgefäß
2. Fünf Minuten Inkubationsphase
3. Auswaschen des Reaktionsgefäßes
4. Zugabe der Antikörper-2-Lösung
5. Fünf Minuten Inkubationsphase
6. Auswaschen des Reaktionsgefäßes
7. Zugabe von TMB-Lösung
8. Drei Minuten Inkubationsphase
9. Zugabe von Salzsäure zum Stoppen der Reaktion

Abbildung 3: Testbeschreibung ELISA-Test

4.1 Stellen Sie die Vorgänge, die nach Verabreichung von menschlichem C-Peptid zur Bildung spezifischer Antikörper im Tier führen, in Form eines Verlaufsschemas dar.
(3 VP)

4.2 Erklären Sie, wie mittels dieses ELISA-Tests Aussagen zur Konzentration des C-Peptids gemacht werden können.
(3 VP)

Lösungen

1 Erstellen Sie eine beschriftete Schemazeichnung einer Biomembran auf Grundlage des Flüssig-Mosaik-Modells (Größe ca. 1/2 Seite).

Lösungshinweis: Einen Standardaufgabe, die Ihnen mit dem nötigen Grundwissen (vgl. Seite 38) keine Schwierigkeiten bereiten dürfte.

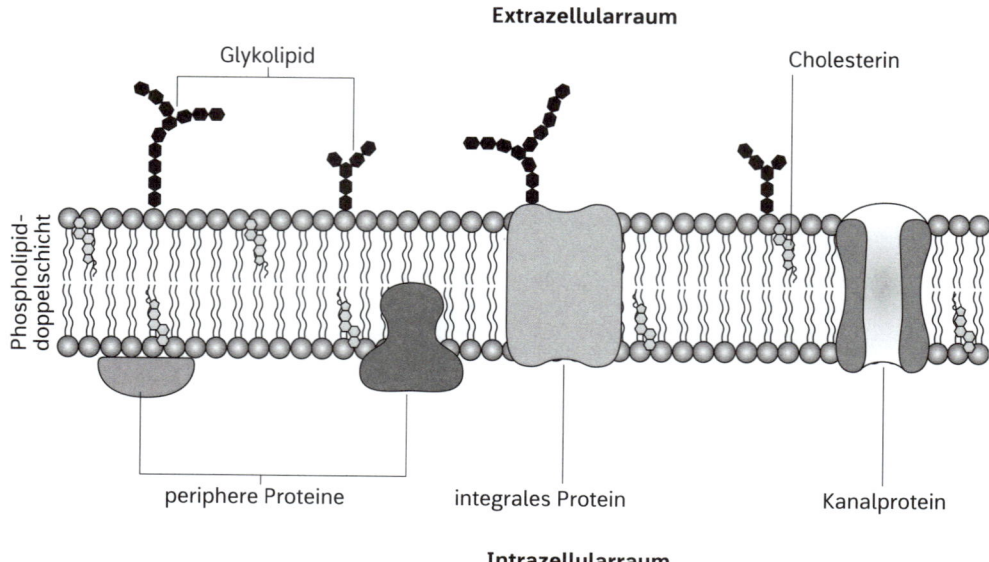

Extrazellularraum

Glykolipid

Cholesterin

Phospholipid-doppelschicht

periphere Proteine integrales Protein Kanalprotein

Intrazellularraum

*1.2 Erläutern Sie die in Abbildung 1b dargestellten Transportvorgange, die zur Rückge-
winnung der Glucose aus dem Primarharn in das Blut führen. Erklären Sie, wie dem
Blut der größte Teil des im Primarharn enthaltenen Wassers wieder zugeführt wird.*

Lösungshinweis: Abbildung 1b wirkt etwas unübersichtlich und ist dadurch nicht ganz
leicht zu verstehen. Wichtig ist zu erkennen, dass sich hinter dem Kürzel „SGLT2" ein
sekundär aktiver Transportmechanismus, der neben Na^+-Ionen (passiv) auch Glucosemoleküle (aktiv) transportiert. Klären Sie nun noch, welche Rolle die Na^+/K^+-Pumpe
dabei spielt, dann können Sie die Aufgabe lösen.

Die Na^+/K^+-Pumpe in der dem Blutgefäß zugewandten Membran der Epithelzelle transportiert unter ATP-Verbrauch Na^+-Ionen aus dem Zellinneren gegen das Kon-zentra-
tionsgefälle ins Blut (primär aktiver Transport). Dadurch sinkt die Na^+-Konzentration
in der Epithelzelle ab und Natriumionen aus dem Primärharn strömen entlang des so
entstandenen Konzentrationsgradienten durch den SGLT2-Komplex in das Zellinnere.
Die Energie des Einstroms wird genutzt, um Glucosemoleküle nach dem Prinzip eines
Symports gegen den Konzentrationsgradienten in die Zelle „mitzunehmen" (sekundär
aktiver Transport). Dadurch steigt die Glucosekonzentra-tion in der Zelle über die des
Blutes an und Glucose kann passiv durch den GLUT2-Transporter in das Blut diffundieren.
Die beschriebenen Anreicherungen von Natriumionen und Glucose im Blut führe dazu,
dass das Wasser des Primärharns zu einem Großteil osmotisch bedingt durch die Tight-
Junctions zurückströmt ins Blut.

2.1 Erläutern Sie unter Verwendung der Abbildungen 1b und 2 einen möglichen blutzuckersenkenden Wirkmechanismus von Ertugliflozin.

Lösungshinweis: Die Tatsache, dass Ertugliflozin am SGLT2-Transporter wirkt und einen der Glucose ähnlichen Strukturabschnitt aufweist, sollte die Wirkungsweise verdeutlichen.

Aufgrund der Strukturähnlichkeit zur Glucose ist davon auszugehen, dass das Ertugliflozin ebenfalls an den SGLT2-Transporter binden kann und diesen kompetitiv hemmt. Dadurch wird der Glucoseeinstrom in die Epithelzelle und damit auch ins Blut reduziert, was eine Senkung des Blutzuckerspiegels zur Folge hat.

2.2 Erklären Sie den blutdrucksenkenden Effekt von Ertugliflozin auf molekularer Ebene.

Lösungshinweis: Diese Lösung ergibt sich unmittelbar aus der der vorherigen Aufgaben, wenn Ihnen klar wird, was die geringere Glucosekonzentration für eine Folge hat.

Durch den geringeren Anteil an Glucosemolekülen und ggf. Natrium (falls der Wirkstoff auch den Einstrom von Natrium durch den SGLT2-Transporter hemmt) im Blut fehlen osmotisch wirksame Bestandteile und die Resorption von Wasser aus dem Primärharn ist abgeschwächt. Es gelangt weniger Wasser in die Blutgefäße, der Blutdruck sinkt.

3   Nennen Sie die zu erwartenden Versuchsbeobachtungen und erklären Sie diese mit den an der Zellophanmembran ablaufenden Teilchenprozessen. Begründen Sie anhand zweier Aspekte, dass dieses Modellexperiment nicht zur Erklärung der blutdrucksenkenden Wirkung von Ertugliflozin geeignet ist.

Lösungshinweis: Der Versuchsaufbau entspricht einem typischen Modellversuch zur Veranschaulichung der Osmose (S. 40 f.). Damit lassen sich sowohl die zu erwartenden Beobachtungen als auch zwei Aspekte, die gegen den Vergleich mit der blutdrucksenkenden Wirkung sprechen, herleiten.

Es ist zu erwarten, dass das Flüssigkeitsvolum in Beutel zu- und die Farbintensität abnimmt. Die stark zuckerhaltige Flüssigkeit im Zellophanbeutel enthält pro Volu-meneinheit weniger Wassermoleküle als das umgebende Wasser. Da der Zucker nicht durch die Zellophanmembran diffundieren kann, strömt Wasser entlang des Konzentrationsgradienten in den Beutel. Dadurch nimmt das Volumen im Beutel zu und die Farbintensität ab, da der Farbstoff zunehmend verdünnt wird.
Es gibt mehrere Aspekte, die dagegen sprechen, das Modell als Erklärung der blutdrucksenkenden Wirkung zu verwenden:
Wenn die rote Zuckerlösung das Blut symbolisieren soll, dann strömt das Wasser im Modell in die falsche Richtung, nämlich in das „Blut". Der Blutdruck würde also steigen.

Wenn die rote Zuckerlösung für den Primärharn stehen soll, dann würde die blutdruck-
senkende Wirkung darin bestehen, dass dem Blut (das umgebende Wasser) Wasser
entzogen wird. In Wirklichkeit wird aber lediglich verhindert, dass (zu viel) Wasser aus
dem Primärharn resorbiert wird.

*4.1 Stellen Sie die Vorgänge, die nach Verabreichung von menschlichem C-Peptid zur
Bildung spezifischer Antikörper im Tier führen, in Form eines Verlaufsschemas dar.*

Lösungshinweis: Hier ist ein Verlaufsschema zur typischen humoralen Immunantwort
des Tieres auf die Injektion von C-Peptid-Molekülen verlangt (vgl. Seite 73 f.).

An dieser Stelle könnten Sie das Verlaufsschema von Seite 175 verwenden. Sie müssten lediglich ganz oben „Infektion mit dem Erreger" durch „Injektion des C-Peptids" zu
ersetzen und auch sonst „Erreger" durch „C-Peptid".

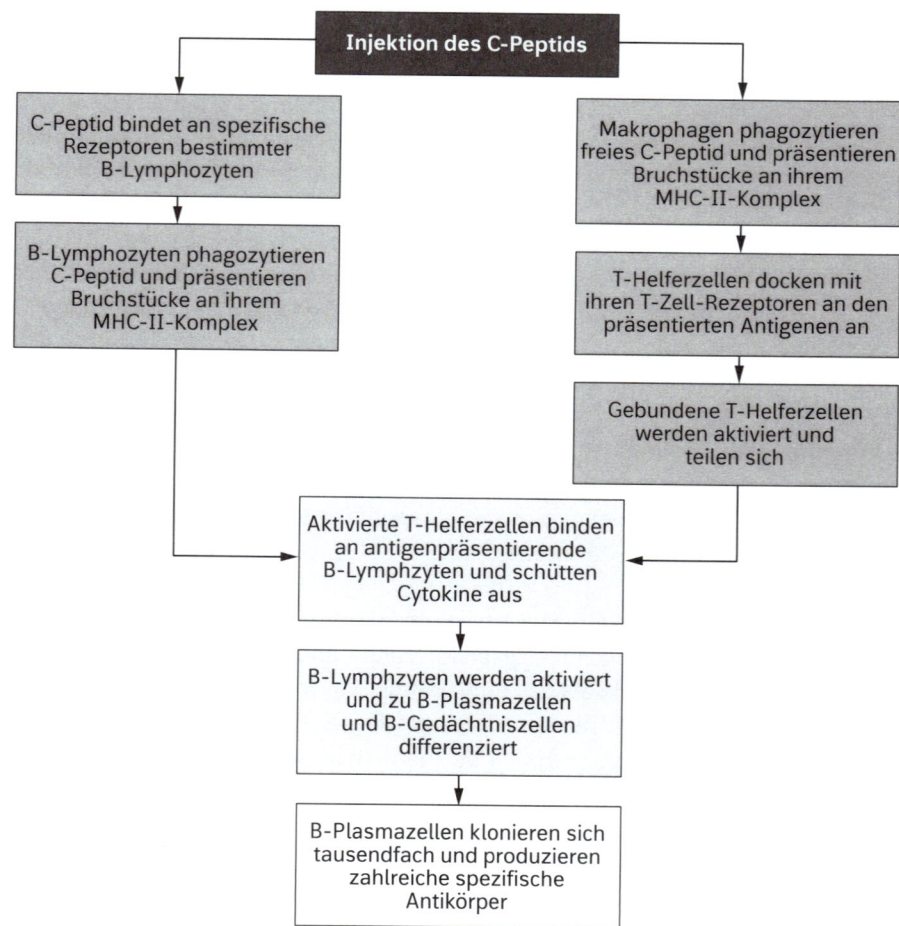

4.2 Erklären Sie, wie mittels dieses ELISA-Tests Aussagen zur Konzentration des C-Peptids gemacht werden können.

Lösungshinweis: Wenn Ihnen das Funktionsprinzip des ELISA-Tests und die notwendigen Grundlagen der Enzymatik klar sind (vgl. Seite 47 f. bzw. 75), dann können Sie sich auch herleiten, welchen Effekt eine unterschiedliche C-Peptid-Konzentration auf das Testergebnis hat. Bedenken Sie, dass der Test nach einer definierten Zeit abgebrochen und ausgewertet wird.

Die Farbintensität des Tests gibt Aufschluss über die Konzentration des C-Peptids. Begründung:

- Je mehr C-Peptid sich im zu testenden Blutserum befindet, desto mehr davon bindet an den Antikörper 1.
- Je mehr C-Peptid gebunden ist, desto mehr enzymgekoppelte Antikörper 2 können daran andocken.
- Je höher die Anzahl gebundener Antikörper 2, desto höher auch die Anzahl Peroxidase-Moleküle im Testgefäß und entsprechend mehr TMB kann in den 3 Minuten umgesetzt werden, was eine höhere Farbintensität zur Folge hat.

Kurz gesagt führt eine hohe C-Peptidkonzentration im Blut zu einer intensiven Färbung, eine geringe Konzentration zu einer schwachen Färbung des Tests.

Aufgabe 4: Warum Schlangen keine Beine haben

AUFGABENSTELLUNG

Teil 1

Im Laufe der Evolution sind Schlangen aus echsenartigen Vorfahren entstanden. Diese liefen noch vor 150 Millionen Jahren auf vier voll ausgebildeten Beinen. Dann setzte eine Reduktion der Beine ein, bis sie schließlich äußerlich nicht mehr sichtbar waren. Da viele als ursprünglich geltende Schlangenarten in sehr dichter Vegetation leben, wird angenommen, dass der Verlust der Beine durch einen Anpassungsvorgang an diesen Lebensraum entstanden ist. Abbildung 1 zeigt das Skelett einer Eidechse, das dem des gemeinsamen Vorfahren von Echsen und Schlangen ähnelt, im Vergleich zum Skelett einer heutigen Schlangenart.

Abbildung 1: Skelett einer Eidechse (links) im Vergleich zum Skelett einer Schlange (rechts)

1.1 Begründen Sie, dass der Verlust der Beine für die Schlangen eine Angepasstheit darstellt, und beschreiben Sie mithilfe von Abbildung 1 eine weitere Angepasstheit der Schlangen an eine Lebensweise in sehr dichter Vegetation. (2 VP)

1.2 Erklären Sie den Verlust der Beine als Anpassungsvorgang im Sinne der Evolutionstheorie von Lamarck und stellen Sie dar, was man Lamarck aus heutiger evolutionsbiologischer Sicht entgegenhalten würde. (4 VP)

Teil 2

Um die Reduktion der Beine bei den Schlangen auf molekularer Ebene zu verstehen, hat man zunächst die genetischen Grundlagen für die Ausbildung normaler Beine bei Landwirbeltieren untersucht. Die Beine entstehen im Laufe der Embryonalentwicklung sehr früh. Sie wachsen aus, nachdem die entsprechenden Gene „angeschaltet" wurden. Dabei ist neben dem sonic *hedgehog*-Gen (*shh*-Gen) ein weiterer DNA-Abschnitt, der ZRS-Enhancer, von zentraler Bedeutung. An den ZRS-Enhancer bindet spezifisch ein Aktivator-Protein. Die weiteren Vorgänge zeigt Abbildung 2.

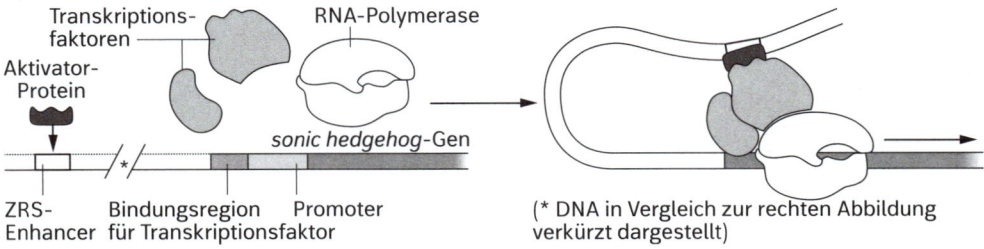

Abbildung 2: Vorgänge zum „Anschalten" des *shh*-Gens

2 Beschreiben Sie mithilfe von Abbildung 2 ausgehend von der Bindung des Aktivator-Proteins das „Anschalten" des *shh*-Gens. (3 VP)

Teil 3

Durch Experimente an Mäusen (Abb. 3) sollte untersucht werden, ob der ZRS-Enhancer und/oder das *shh*-Gen für die Reduktion der Beine der Schlangen verantwortlich sind bzw. ist.

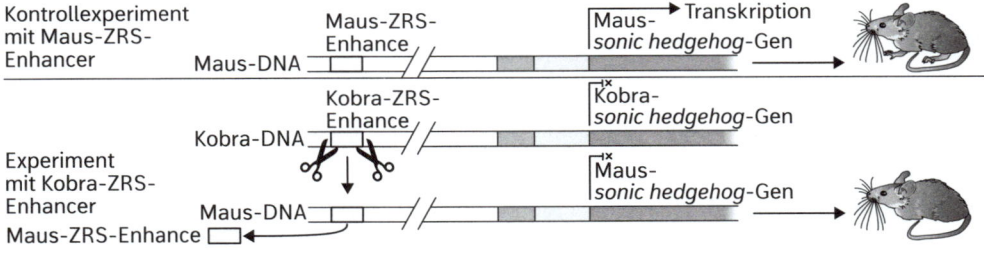

Abbildung 3: Experimente an Mäusen

3 Werten Sie die Experimente in Abbildung 3 aus und stellen Sie ein weiteres Experiment dar, welches zeigt, dass das Kobra-*shh*-Gen nicht für die Beinlosigkeit der Kobra verantwortlich ist. (4 VP)

Teil 4

Obwohl äußerlich bei Schlangen niemals Beine erkennbar sind, ist das Ausmaß der Reduktion doch unterschiedlich. Abbildung 4 zeigt einen Vergleich des Skeletts von Echse, Python und Kobra. Für diese Arten hat man auch die Basensequenzen im ZRS-Enhancer verglichen (Tab. 1). Mithilfe dieser Daten sollen die molekularen Ursachen für die unterschiedlich stark reduzierten Beine und die in Abbildung 5 dargestellten Hypothesen zur Verwandtschaft der Schlangenarten geprüft werden.

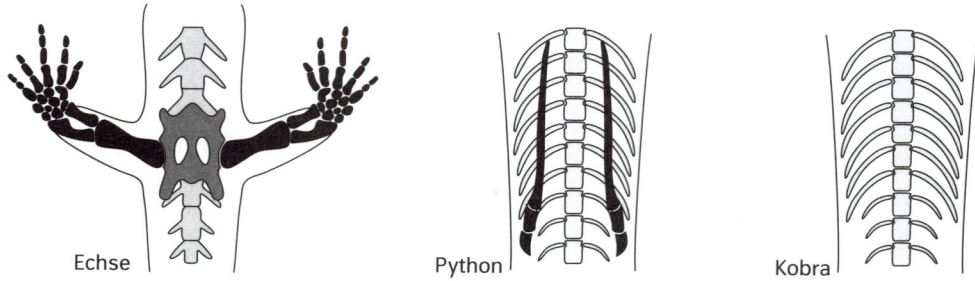

Abbildung 4: Wirbelsäule (grau) mit Beckenregion (dunkel) bei Echse, Python und Kobra

		1	2	3	4	5	6	7	
normaler ZRS-Enhancer (Eidechse, Maus und alle anderen Landwirbeltiere	...	C	C	T	T	G	T	A	...
ZRS-Enhancer Python	...	C	**T**	**G**	T	G	T	A	...
ZRS-Enhancer Viper	...	C	–	–	T	G	**C**	A	...
ZRS-Enhancer Kobra	...	C	–	–	T	G	**C**	A	...

Legende: – ≙ Basenverlust

Tabelle 1: Basensequenzen im ZRS-Enhancer (Ausschnitt)

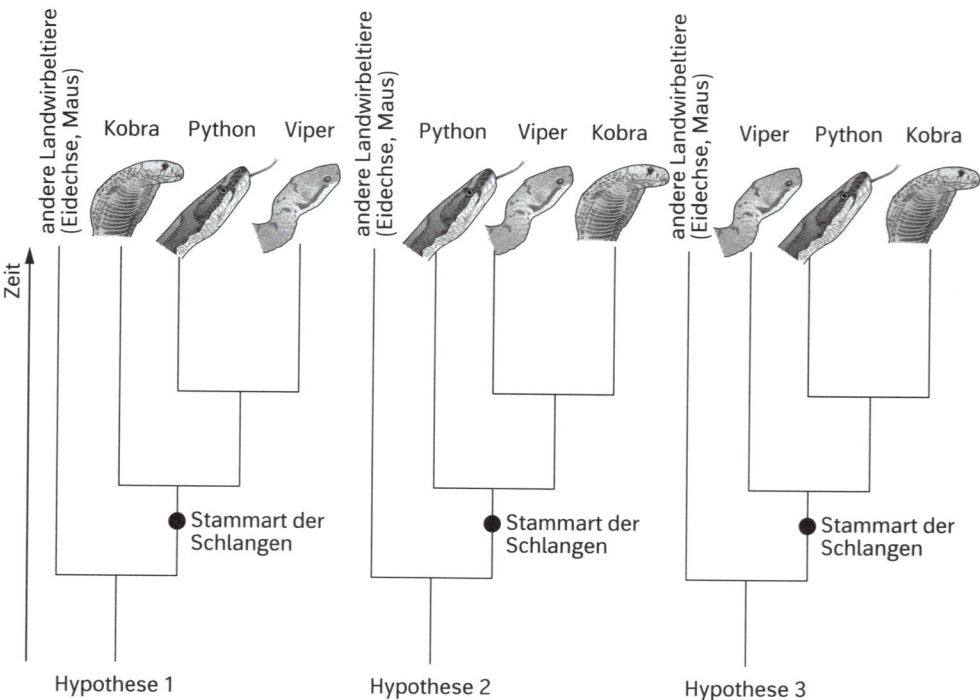

Abbildung 5: Hypothesen zur Verwandtschaft von Python, Viper und Kobra

4.1 Vergleichen Sie die DNA-Sequenzen der drei Schlangenarten mit der der Eidechse (Tab. 1). Geben Sie unter Zuhilfenahme von Abbildung 2 und 3 eine mögliche Erklärung dafür, wie es zu den unterschiedlichen Ausprägungen der Beine bei den Tieren (Abb. 4) kommt. (4 VP)

4.2 Begründen Sie anhand der Basensequenzen (Tab. 1), warum die Verwandtschaftshypothese 2 in Abbildung 5 zu bevorzugen ist und die Hypothesen 1 und 3 eher auszuschließen sind. (3 VP)

Lösungen

1.1 Begründen Sie, dass der Verlust der Beine für die Schlangen eine Angepasstheit darstellt, und beschreiben Sie mithilfe von Abbildung 1 eine weitere Angepasstheit der Schlangen an eine Lebensweise in sehr dichter Vegetation.

Lösungshinweis: Warum der Verlust der Beine für die Lebensweise in dichter Vegetation eine Angepasstheit darstellt, sollte klar sein. Schwieriger ist es, mithilfe der Abbildung eine zweite Angepasstheit zu erkennen, da nur das Skelett dargestellt ist.

Der Verlust der Beine führte dazu, dass sich die Schlagen besser durch die dichte Vegetation bewegen können, da sie nicht so schnell hängen bleiben.
Eine weitere Angepasstheit stellt das lange, mit zahlreichen Rippen versehen Skelett dar, das die Grundlage für einen langen, muskulären Körper bildet, mit dem sich die Schlange kräftig durch das Gestrüpp schlängeln und an Ästen festhalten kann.

1.2 Erklären Sie den Verlust der Beine als Anpassungsvorgang im Sinne der Evolutionstheorie von Lamarck und stellen Sie dar, was man LAMARCK aus heutiger evolutionsbiologischer Sicht entgegenhalten würde.

Lösungshinweis: Sollten Ihnen die Kernaussagen der LAMARCK'schen Evolutionstheorie nicht mehr geläufig sein, finden Sie sie auf S. 79.

Eine Veränderung der Umweltbedingungen hat dazu geführt, dass sich die Vegetation veränderte und immer dichter wurde. Die Vorfahren der Schlagen hatten das Bedürfnis sich im Dickicht besser und damit schlängelnd fortzubewegen. Der dauerhafte Nicht-Gebrauch der Beine führte dazu, dass sie zunehmend verkümmerten. Diese organischen Veränderungen wurden von Generation zu Generation vererbt.
Aus heutiger Sicht würde man dieser Theorie entgegenhalten, dass es keine Belege dafür gibt, dass durch Nicht-Gebrauch entstandene organische Veränderungen vererbt werden können. Querschnittsgelähmte Menschen beispielsweise, deren Beinmuskulatur verkümmert ist, können normal gehende Kinder zeugen.

2   *Beschreiben Sie mithilfe von Abbildung 2 ausgehend von der Bindung des Aktivator-Proteins das „Anschalten" des shh-Gens.*

Lösungshinweis: Schauen Sie sich die einzelnen Strukturen und deren Positionen, sowie die Abschnitte auf der DNA genau an, dann können Sie die Aufgabe lösen.

Zunächst bindet das Aktivator-Protein an den ZRS-Enhancer. Daraufhin binden die Transkriptionsfaktoren spezifisch an das Aktivator-Protein und durch Schlaufenbildung an die Bindungsregion für den Transkriptionsfaktor. Diese Konfiguration ermöglicht es der RNA-Polymerase an den Promotor zu binden und mit der Transkription des *ssh*-Gens zu beginnen.

3   *Werten Sie die Experimente in Abbildung 3 aus und stellen Sie ein weiteres Experiment dar, welches zeigt, dass das Kobra-shh-Gen nicht für die Beinlosig-keit der Kobra verantwortlich ist.*

Lösungshinweis: Das Ergebnis des Experiments lässt sich leicht ablesen, zumal der zweite Teil der Aufgabe einen Hinweis auf die Lösung liefert. Ob Sie das zweite Experiment in Worten oder grafisch darstellen, bleibt Ihnen überlassen.

Auswertung des Experiments: Wird in der Maus-DNA der Maus ZRS-Enhancer durch einen Kobra-ZRS-Enhancer ausgetauscht, wird das unveränderte Maus-*ssh*-Gen nicht mehr transkribiert und die Maus bleibt beinlos.

Der Nachweis, dass das Kobra-*ssh*-Gen nicht für die Beinlosigkeit verantwortlich ist, könnte folgendermaßen erbracht werden: Man tauscht bei einer Maus mit Maus-ZRS-Enhancer das eigene *ssh*-Gen durch das einer Kobra aus und zeigt, dass sie dennoch Beine ausbildet. Oder man ersetzt bei einer Kobra den ZRS-Enhancer durch den einer Maus, woraufhin die Kobra Beine ausbilden sollte.

4.1 *Vergleichen Sie die DNA-Sequenzen der drei Schlangenarten mit der der Eidechse (Tab. 1). Geben Sie unter Zuhilfenahme von Abbildung 2 und 3 eine mögliche Erklärung dafür, wie es zu den unterschiedlichen Ausprägungen der Beine bei den Tieren (Abb. 4) kommt.*

Lösungshinweis: Machen Sie sich klar, welche Veränderungen in den Basensequenzen dargestellt sind und wie stark deren Auswirkungen auf die Genaktivität des jeweiligen *ssh*-Gens sein könnten (passend zur Ausprägung des jeweiligen Skeletts in Abb. 4).

In der dargestellten DNA des Pythons gibt es zwei Punktmutationen an den Basen 2 (T statt C) und 3 (G statt T). Da das Skelett des Python verkümmerte Reste einen Beckens aufweist, ist davon auszugehen, dass die beiden Punktmutationen dazu führen, dass das Aktivator-Protein schlechter an den ZRS-Enhancer bindet. Dadurch ist die Transkriptionsrate des *ssh*-Gens verringert, was eine nur rudimentä-re Ausbildung des Beckens und der Beine zur Folge hat.

In der DNA von Viper und Kobra kam es zu einer Deletion der Basen 2 und 3 sowie einer Punktmutation in Base 6 (C statt T). Vermutlich dürfte insbesondere die durch die Deletion hervorgerufene Rastermutation so gravierend sein, dass das Aktivator-Gen nicht mehr an den ZRS-Enhancer binden kann und es gar keine Transkription des *ssh*-Gens mehr gibt. Die fehlenden Genprodukte führen zu vollständiger Beinlosigkeit.

4.2 Begründen Sie anhand der Basensequenzen (Tab. 1), warum die Verwandtschaftshypothese 2 in Abbildung 5 zu bevorzugen ist und die Hypothesen 1 und 3 eher auszuschließen sind.

Lösungshinweis: Machen Sie sich klar, welche Mutationen nötig sind, damit aus der ZRS-Enhancer-DNA der Landwirbeltiere diejenige der jeweiligen Schlangenart wird und welche Verwandtschaftsbeziehung daher die wahrscheinlichste ist (da am wenigsten Mutationen benötigt werden).

Aufgrund ihrer DNA-Sequenzen ist Hypothese 2 am wahrscheinlichsten, da sie mit der geringsten Anzahl an Mutationen erreicht werden kann. Die anderen beiden Hypothesen benötigen deutlich mehr Mutationen, bzw. es bedürfte bestimmter Rückmutationen, beispielsweise müssten hier jeweils nach Deletion der Basen 2 und 3 nachträglich wieder welche eingefügt werden, damit die Stellung des Python erklärbar wäre.

Aufgabe 5: Spinale Muskelatrophie beruht auf einem Gendefekt

AUFGABENSTELLUNG

Teil 1

Motoneurone (Abbildung 1) sind Nervenzellen, die Aktionspotenziale zur Muskulatur leiten und diese zur Kontraktion anregen. Für die Funktion der Motoneuronen spielt unter anderem das „survival of motor neuron"-Protein (SMN-Protein) eine zentrale Rolle. Die Wirkungen des SMN-Proteins in Motoneuronen sind vielfaltig. Fehlt das SMN-Protein, werden Motoneuronen geschädigt. Die daraus folgende, fehlende Aktivierung der Muskulatur führt letztlich zu deren Verkümmerung (Muskelatrophie).

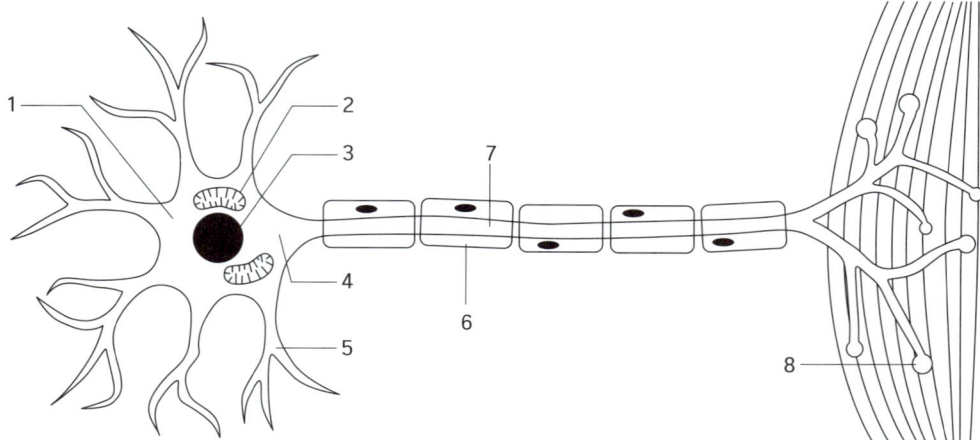

Abbildung 1: Schematische Darstellung eines Motoneurons

1.1 Benennen Sie die in Abbildung 1 mit Ziffern gekennzeichneten Strukturen eines Motoneurons. (2 VP)

1.2 Zeichnen Sie ein Diagramm, das den Verlauf eines Aktionspotenzials zeigt (Größe 1/2 Seite) und erläutern Sie die auf molekularer Ebene ablaufenden Prozesse, die zu diesem Spannungsverlauf fuhren. (4 VP)

Teil 2

Das SMN-Protein aller Menschen wird von zwei verschiedenen Genen (smn1 und smn2) auf Chromosom 5 codiert (Abb. 2). Das smn2-Gen ist im Laufe der Evolution durch Duplikation (Verdopplung) des smn1-Gens entstanden und hat sich im weiteren Verlauf durch eine Punktmutation geringfügig verändert (Abb. 3).

Abbildung 2: Ausschnitt der homologen Chromosomen 5 mit smn1- und smn2-Genen bei gesunden Personen

smn1-Gen:	3`...	A	A	A	**C**	A	G	A	C	A	... **5`**
smn2-Gen:	3`...	A	A	A	**T**	A	G	A	C	A	... **5`**
		837	838	839	840	841	842	843	844	845	

Abbildung 3: Punktmutation im Exon 7 des smn2-Gens (codogener Strang)

Wie bei eukaryotischen Genen üblich, bestehen beide smn-Gene aus codierenden Abschnitten (Exons) und nicht-codierenden Abschnitten (Introns). Nach der Transkription werden die Introns aus der prä-mRNA herausgeschnitten und die Exons zur reifen mRNA zusammengefügt. Diesen Vorgang nennt man Spleißen. Die reife mRNA wird dann an den Ribosomen translatiert (Abb. 4).

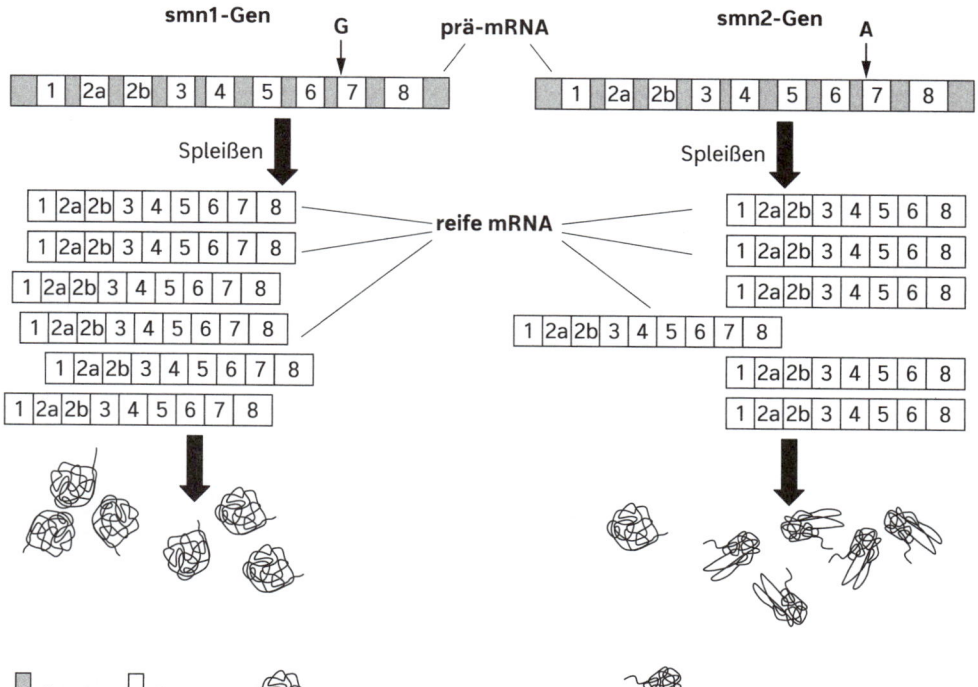

Abbildung 4: Prozesse bei der Bildung von Genprodukten der Gene smn1 und smn2 bei gesunden Personen

Eine gravierende Mutation im smn1-Gen kann zu Spinaler Muskelatrophie (SMA Typ 1) führen. Durch diese Mutation geht das gesamte Exon 7 des smn1-Gens verloren (Deletion). Die Mutation kann von Eltern auf ihre Kinder vererbt werden. Liegt die Mutation homozygot vor, kommt es bei den betroffenen Personen zum Krankheitsbild (rezessiver Erbgang), einer mehr oder weniger stark ausgeprägten Verkümmerung der Muskulatur. Die Schwere der Erkrankung ist abhängig von der Anzahl der im Genom der Patienten vorliegenden smn2-Genkopien. Manche Personen besitzen bis zu sechs Kopien dieses Gens.

2 Erläutern Sie unter Verwendung der Abbildungen 3 und 4, weshalb die Deletion des Exons 7 in beiden smn1-Genen zur Erkrankung SMA Typ 1 führt und Personen mit einer erhöhten Anzahl an Duplikationen des smn2-Gens einen milderen Krankheitsverlauf aufweisen. (4 VP)

Teil 3

In einer Familie tritt bei einer Tochter ein schwerer Fall von Muskelatrophie auf. Um festzustellen, ob es sich dabei um SMA Typ 1 handelt, wird eine genetische Untersuchung vorgenommen. Hierzu werden zunächst die Exons 7 der smn1- und smn2-Gene der Tochter, der Eltern sowie einer gesunden Person durch Polymerasekettenreaktion vervielfältigt. Die vervielfältigte DNA wird mit Hilfe eines Restriktionsenzyms geschnitten. Die hierbei erhaltenen DNA-Fragmente werden im Anschluss mit einer Gelelektrophorese aufgetrennt (Abbildung 5).

	gesunde Person	Tochter	Vater	Mutter	
Exon 7 smn1-Gen (200 bp)	▬				(−)
Exon 7 smn2-Gen Fragment 1 (176 bp)	▬				
Exon 7 smn2-Gen Fragment 2 (24 bp)	▬				(+)

Abbildung 5: Ergebnis der Gelelektrophorese (schematische Darstellung)

3.1 Erklären Sie das Zustandekommen des Bandenmusters bei einer gesunden Person. (3 VP)

3.2 Übertragen Sie die Abbildung 5 in Ihre Reinschrift und ergänzen Sie die zu erwartenden Banden für die Proben der Familie für den Fall, dass es sich bei der Erkrankung der Tochter um den SMA Typ 1 handelt. Achten Sie in Ihrer Darstellung darauf, unterschiedliche DNA-Mengen durch unterschiedlich starke Banden zu kennzeichnen. Begründen Sie Ihre Darstellung. (3 VP)

Teil 4

Spinale Muskelatrophie Typ 1 ist derzeit nicht heilbar. Der Krankheitsverlauf kann jedoch durch Gentherapie mithilfe des Medikaments Zolgensma® begünstigt werden. Bei Zolgensma® handelt es sich um gentechnisch veränderte Viren, die in ihrem Genom das intakte smn1-Gen integriert haben. Diese Viren werden dem Patienten mittels Infusion in die Blutbahn verabreicht. Die veränderte DNA der Viren gelangt so in Zellen der erkrankten Personen.

4 Geben Sie eine Erklärung dafür, dass diese Therapie zu einer Verbesserung der Symptome, nicht aber zu einer vollständigen Heilung führt. (2 VP)

Teil 5

Bevor das Medikament verabreicht wird, muss untersucht werden, ob der Patient in der Vergangenheit bereits Kontakt mit dem verwendeten Virus hatte.

5 Erklären Sie die Notwendigkeit dieser Maßnahme. (2 VP)

Lösungen

1.1 Benennen Sie die in Abbildung 1 mit Ziffern gekennzeichneten Strukturen eines Motoneurons.

Lösungshinweis: Diese Aufgabe zu den Grundlagen der Neurobiologie sollte Ihnen keine Probleme bereiten. Andernfalls schauen Sie auf Seite 63 nach.

1 Soma (Zellkörper); 2 Mitochondrium; 3 Zellkern; 4 Axonhügel; 5 Dendrit; 6 Myelinscheide (oder SCHWANNsche Zelle); 7 Axon; 8 Endknöpfchen

1.2 Zeichnen Sie ein Diagramm, das den Verlauf eines Aktionspotenzials zeigt (Größe 1/2 Seite) und erläutern Sie die auf molekularer Ebene ablaufenden Prozesse, die zu diesem Spannungsverlauf führen.

Lösungshinweis: Auch hierbei handelt es sich um eine Aufgabe zu den Grundlagen, die Ihnen mit dem nötigen Basiswissen (Seite 62 f.), wenig Kopfzerbrechen bereiten sollte.

Durch anströmende Na^+-Ionen, die entweder von einem vorangegangenen Aktionspotenzial etwas weiter vorne am Axon oder aus den Dendriten kommen, wird die Membran, die sich im Ruhepo-

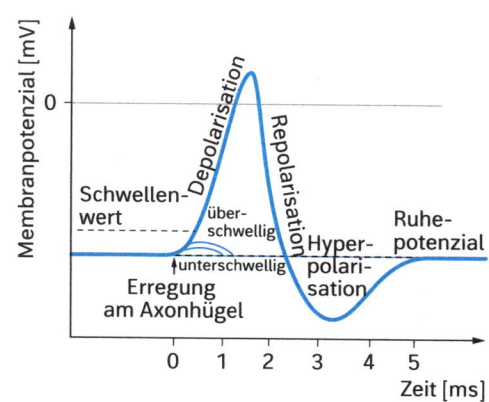

Phasen des Aktionspotenzials

tenzial befindet (Membranspannung von −70 mV), depolarisiert. Wird dabei der Schwellenwert von −50 mV erreicht, öffnen sich spannungsgesteuerte Na⁺-Kanäle und Na⁺-Ionen strömen entlang des Konzentrationsgradienten ins Zellinnere, wodurch es zu einer Ladungsumkehr auf etwa +30 mV kommt (Depolarisation). Nach etwa 1 bis 2 ms schließen sich die Inaktivierungstore der Na⁺-Kanäle und es öffnen sich zeitverzögert die spannungsgesteuerten K⁺-Kanäle, was zu einem schlagartigen K⁺-Ausstrom führt, ebenfalls entlang des Konzentrationsgradienten. Es kommt zu einer Repolarisation. Da sich die K⁺-Kanäle etwas „zu spät" wieder schließen, wird die Membran hyperpolarisiert (auf ca. −90 mV). Die Phase der Re- und Hyperpolarisation dauert ebenfalls 1 bis 2 ms. Da in dieser Zeit die Inaktivierungstore der Na⁺-Kanäle geschlossen bleiben, befinden sich diese in der sog. Refraktärzeit, können als auch durch eine erneute Depolarisation über den Schwellenwert nicht wieder geöffnet werden. Die Natrium-Kalium-Pumpe sorgt durch ihre Arbeit (drei Na⁺-Moleküle raus, zwei K⁺-Moleküle rein) dafür, dass sich die Membranspannung wieder auf das Ruhepotenzial ein-pendelt.

2   *Erläutern Sie unter Verwendung der Abbildungen 3 und 4, weshalb die Deletion des Exons 7 in beiden smn1-Genen zur Erkrankung SMA Typ 1 führt und Personen mit einer erhöhten Anzahl an Duplikationen des smn2-Gens einen milderen Krankheitsverlauf aufweisen.*

Lösungshinweis: Zur Lösung dieser Aufgabe müssen Sie sich zunächst einen Überblick über die benötigten Abbildungen und deren Aussagen verschaffen. Wichtig ist dabei zu erkennen, dass aus dem smn2-Gen meist „defekte" mRNA entsteht, aber in geringem Maße auch normale gebildet werden kann.

Abbildung 4 kann man entnehmen, dass die prä-mRNA des smn1-Gens nach dem Spleißen zu einer „normalen" reifen mRNA wird, die zu funktionsfähigen Proteinen translatiert werden kann. Die prä-mRNA des smn2-Gens, welches im Vergleich zum smn1-Gen an der 840 Stelle des codogenen Strangs eine Punktmutation aufweist (T satt C), wird in den meisten Fällen so gespleißt, dass das 7. Exon herausgeschnitten wird. Das resultierende Protein ist nicht funktionsfähig. In seltenen Fällen kann aber auch hier durch das Spleißen eine „normale" mRNA entstehen.
Im Krankheitsfalle führt eine Mutation im smn1-Gen zu einer Deletion des kompletten Exons 7. Liegt dieser Fall homozygot vor (rezessiver Erbgang), dann fehlt den betroffenen Personen das SMN-Protein, da nun auch die reife mRNA des smn1-Gens kein Exon 7 mehr enthalten kann, wodurch Motoneuronen geschädigt werden. Die Patienten leiden unter einer mehr oder weniger starken Verkümmerung der Muskulatur. Über die Schwere des Krankheitsbildes entscheidet die Anzahl der smn2-Genduplikationen, da jede dieser Kopien zu einem kleinen Teil vollständige mRNA (mit Exon 7) produziert, was zu einer geringen Menge funktionstüchtiger SMN-Proteine führt. Je größer die Zahl der smn2-Duplikate, desto höher die Zahl funktionsfähiger SMN-Proteine, was die Schwere der Krankheit mildert.

3.1 Erklären Sie das Zustandekommen des Bandenmusters bei einer gesunden Person.

Lösungshinweis: Vergewissern Sie sich, dass Ihnen das Prinzip der Gelelektrophorese vertraut ist (vgl. Seite 56) und Sie den Unterschied im Aufbau zwischen dem smn1- und smn2-Gen vor Augen haben.

Abbildung 5 ist zu entnehmen, dass es im Exon 7 des smn1-Gens keine Schnittstelle für das Restriktionsenzym geben kann, da es nur eine Band eines langen (200 bp) Abschnittes gibt. Das Exon 7 des smn2-Gens verfügt durch die Punktmutation im 840. Basenpaar (T für C im codogenen Strang) offensichtlich um eine Schnittstelle des Restriktionsenzyms und wird daher in zwei Teile geschnitten, einen kurzen (24 bp) und einen mittleren (176 bp). Da unterschiedlich große Moleküle unterschiedlich schnell vom Minus zum Pluspol durch das Gel wandern können, entsteht das abgebildete Bandenmuster mit drei Banden.

3.2 Übertragen Sie die Abbildung 5 in Ihre Reinschrift und ergänzen Sie die zu erwartenden Banden für die Proben der Familie für den Fall, dass es sich bei der Erkrankung der Tochter um den SMA Typ 1 handelt. Achten Sie in Ihrer Darstellung darauf, unterschiedliche DNA-Mengen durch unterschiedlich starke Banden zu kennzeichnen. Begründen Sie Ihre Darstellung.

Lösungshinweis: Da es sich um einen rezessiven Erbgang handelt und die Krankheit nur bei der Tochter auftritt, müssen beide Eltern heterozygot sein, also ein Allel mit defekten smn1-Gen ohne Exon 7 und ein gesundes in sich tragen, während bei der Tochter die Gene beider Allele defekt sein müssen. Leiten Sie sich daraus die entsprechenden Bandenmuster ab.

Begründung der Darstellung: Die Tochter als homozygoter Merkmalsträger verfügt über keinerlei Exon 7 in ihren smn1-Genen. Daher hat sie an dieser Stelle keine Bande. Das smn2-Gen ist genauso vorhanden wie bei einer gesunden Person, daher die vergleichbaren Banden. Die heterozygoten Eltern besitzen je ein Allel mit und eines ohne Exon 7.

Sie haben zwar je eine Bande, diese ist aber dünner als die der gesunden Person, da sie im Vergleich nur die halbe Menge an Exon 7 Abschnitten aus dem smn1-Gen enthält.

4   *Geben Sie eine Erklärung dafür, dass diese Therapie zu einer Verbesserung der Symptome, nicht aber zu einer vollständigen Heilung führt.*

Lösungshinweis: Machen Sie sich klar, was das Ergebnis dieser Gentherapie ist und was es bräuchte um von einer vollständigen Heilung sprechen zu können.

Das Medikament Zolgensma® ermöglicht eine somatische Gentherapie, bei der das fehlende smn1-Gen in betroffene Zellen mittels eines viralen Vektors eingeschleust und für die Synthese des SMN-Proteins bereitgestellt wird. Das kann zu einer Linderung der Symptome führen, nicht aber zu einer vollständigen Heilung, da die defekten Gene nicht ausgetauscht werden und vermutlich auch nicht alle betroffenen Zellen erreicht werden. Für eine vollständige Heilung müssten in jeder einzelnen Zelle die defekten Gene durch intakte ausgetauscht werden. Das ist mit der beschriebenen Methode aber nicht möglich. Zusatzhinweis: Es ist noch nicht klar, wie lange das eingeschleuste DNA-Molekül in der Zelle überlebt, die Behandlung mit dem Medikament ist dafür noch nicht lange genug auf dem Markt und erst an einigen tausend Patienten erprobt.

5   *Erklären Sie die Notwendigkeit dieser Maßnahme.*

Lösungshinweis: Machen Sie sich klar, wie der Körper auf den Kontakt mit einem Virus reagiert und was bei einem Zweitkontakt die Folge wäre.

Hatte der Patient bereits Kontakt mit dem Virus, bzw. seinen Oberflächenproteinen, wird er Gedächtniszellen dagegen gebildet haben. Wäre die Behandlung mit Zolgensma® der zweite Kontakt mit dem Virus, würden die B-Gedächtniszellen in kürzester Zeit unzählige spezifische Antikörper bilden, die das Virus verklumpen und „unschädlich" machen, ehe es seine Zielzellen erreichen kann. Die Therapie wäre zum Scheitern verurteilt. Zusatzhinweis: Bei einem Preis von aktuell etwa 2,2 Mio. EUR pro Spritze (Einmalgabe) wäre das, abgesehen von dem fehlenden Therapieerfolg, ein ziemlich teurer Fehlversuch.

6 Hinweise zum mündlichen Abitur

Einführung

Wenn Sie Biologie als Basisfach belegt und es als Prüfungsfach gewählt haben oder wenn Sie ihre bisherige Leistung im schriftlichen Prüfungsfach verbessern wollen, erwartet sie eine mündliche Prüfung. Sollten Sie in der schriftlichen Abiturprüfung 0 Notenpunkte geschrieben haben, dann müssen Sie die zusätzliche mündliche Prüfung absolvieren. In allen Fällen ist die Prüfung von der Art her gleich.

Inhalte der mündlichen Prüfung

Im Basisfach: Die Inhalte der mündlichen Prüfung dürfen keine Wiederholung einer Klausur oder vom Prüfling gehaltenen GFS sein. Die Prüfung erstreckt sich auf mindestens zwei der folgenden Sachgebiete der Qualifikationsphase:
1. System Zelle
2. Biomoleküle und molekulare Genetik
3. Nervensystem
4. Molekularbiologische Verfahren und Gentechnik
5. Reproduktionsbiologie
6. Evolution und Ökologie

Im Leistungsfach: Die Inhalte der mündlichen Prüfung dürfen keine Wiederholung von Aufgaben der schriftlichen Prüfung des Prüflings sein. Die Prüfung erstreckt sich auf mindestens zwei der folgenden Sachgebiete der Qualifikationsphase:

1. System Zelle
2. Biomoleküle und molekulare Genetik
3. Molekularbiologische Verfahren und Gentechnik
4. Kommunikation zwischen Zellen
5. Evolution und Ökologie
6. Chancen und Risiken biomedizinischer Verfahren

Sowohl für die mündliche Prüfung im Basis- als auch im Leistungsfach gilt: Es dürfen Schüler- und/oder Lehrerexperimente durchgeführt werden. Und es könnten auch andere Materialien zum Einsatz kommen, als Sie sie aus der schriftlichen Prüfung kennen. So zum Beispiel lebenden Organismen, Präparate, Film- und Tonaufnahmen oder Modelle. Entsprechend ist auch die Vielfalt der möglicherweise zum Einsatz kommenden Medien und Geräte (Beamer, Visualizer, Computer, Mikroskop etc.). Ob und in welcher Form das auch in Ihrer Schule/Prüfung umgesetzt wird, müssen Sie mit Ihrer Lehrkraft besprechen.

Ablauf der mündlichen Prüfung

Die Prüfung wird als Einzelprüfung durchgeführt und dauert etwa 20 Minuten. Sie besteht aus zwei Teilen, dem etwa 10-minütigen Vortrag, den Sie auf der Grundlage der Ihnen vorgelegten Aufgaben halten und dem anschließenden Prüfungsgespräch.

Teil A: Die Aufgaben für den ersten Teil werden vom Leiter des Fachausschusses aus den Vorschlägen des Fachlehrers ausgewählt. Sie erhalten 20 Minuten Vorbereitungszeit, in denen Sie die gestellten Fragen bearbeiten und Ihren Kurzvortrag vorbereiten. In der Prüfung stellen Sie zunächst in einem Kurzvortrag die Lösungen der Aufgaben vor und beantworten gegebenenfalls dazu gestellte Rückfragen.

Teil B: Das anschließende Prüfungsgespräch bezieht sich auf ein **anderes Sachgebiet** als der erste Teil der Prüfung. Teil B kann auch Diagramme, Modelle oder die Beschreibung eines Experimentes beinhalten, die Ihnen zu Beginn des zweiten Prüfungsteiles ausgehändigt werden.

Übersicht zum Prüfungsablauf:

Teil A: – vollständig ausformulierte Prüfungsaufgaben (Operatoren beachten!), Schwerpunkt in einem der oben genannten Sachgebiete
  – werden Ihnen zu Beginn der 20-minütigen Vorbereitungszeit vorgelegt
  – sollen in einem etwa 10-minütigen Vortrag (inklusive Nachfragen) beantwortet werden

Teil B: – Prüfungsgespräch mit dem Schwerpunkt auf einem anderen der oben genannten Sachgebiete
  – zu Beginn des etwa 10-minütigen Prüfungsgespräches können Ihnen Diagramme, Modelle, Versuchsbeschreibungen vorgelegt werden

Womit Sie in einer mündlichen Prüfung punkten

Nicht nur von der Prüfungslänge her, auch von den Anforderungen an Sie als Prüfling unterscheidet sich die mündliche Prüfung wesentlich von der schriftlichen. Außer mit fachlichem Wissen können Sie in einer mündlichen Prüfung auch mit überfachlichen Kompetenzen punkten. Wesentlich dabei sind Ihre Fähigkeiten im **Präsentieren** und **Kommunizieren**. Achten Sie in Ihrem Kurzvortrag darauf, Ihre Lösungen strukturiert, prägnant und anschaulich darzustellen. Setzen Sie gezielt Beispiele ein, die Ihre Ausführungen untermauern. Auch die Art und Weise, wie Sie mit dem Prüfungsausschuss kommunizieren trägt zum Gesamteindruck der Prüfung bei. Versuchen Sie – trotz möglicher Aufregung – ruhig, verständlich und in einer angemessenen Lautstärke zu antworten. Stellen Sie Blickkontakt zu den Prüfern her und hören Sie deren Ausführungen und Fragen aufmerksam zu. Zeigen Sie Interesse an den Inhalten der Biologie im Allgemeinen und Ihren Prüfungsthemen im Speziellen. Versuchen Sie zu viele Füllwörter („Ähs", „Hmmms" etc.) zu vermeiden. Bleiben Sie stets höflich, auch wenn Sie das Gefühl haben, eine „fiese" Frage gestellt bekommen zu haben.

TIPPs zur mündlichen Prüfung

- Nutzen Sie die Vorbereitungszeit auch, um Ihren Kurzvortrag zu gliedern.
- Bitten Sie Ihren Fachlehrer, Ihnen Overheadfolien und Stifte im Vorbereitungsraum oder einen Visualizer im Prüfungsraum zur Verfügung zu stellen. Damit lassen sich Sachverhalte übersichtlich darstellen.
- Lassen Sie sich von Fragen nicht aus der Ruhe bringen, antworten Sie keinesfalls überhastet. Verdeutlichen Sie Antworten mit geeigneten Beispielen.
- Verwenden Sie Fachbegriffe, allerdings nur dann, wenn Sie auch deren Bedeutung kennen.
- Durch geschicktes Strukturieren Ihrer Antworten können Sie es unter Umständen erreichen, dass die nächste Frage auf einen anderen, Ihnen vertrauteren Aspekt des zu behandelnden Themengebiets abzielt.
- Zeigen Sie, dass Sie vernetzt denken und argumentieren können.

Beispiele für mündliche Prüfungen

Da die Aufgaben für die mündliche Zusatzprüfung von Ihrer Lehrkraft erstellt werden, können sie sich merklich von den nachfolgenden Beispielen unterscheiden. Es ist daher entscheidend, Ihre mündliche Prüfung im Vorfeld mit Ihrer Lehrkraft genau zu besprechen.

Nehmen Sie sich für die folgenden Beispiele 20 Minuten Vorbereitungszeit pro Aufgabe (jeweils Teil A) und suchen Sie sich gegebenenfalls einen Lernpartner, der in die Rolle des Prüfers schlüpft, um die Prüfungssituation zu simulieren.

Beispiel 1 (Leistungsfach)
Teil A: Reiz, Signaltransduktion, Enzyme; Hilfsmittel: keine

1 Erklären Sie anhand selbstgewählter Beispiele die Begriffe „adäquater Reiz", „Rezeptor" und „Sinnesorgan".

Äußere Reize müssen von speziellen Sinneszellen übersetzt werden, ehe sie eine Änderung des Membranpotenzials bewirken können. Diesen Schritt nennt man Signaltransduktion. Die nachfolgende Abbildung zeigt schematisch die Signaltransduktion in einer Riechsinneszelle.

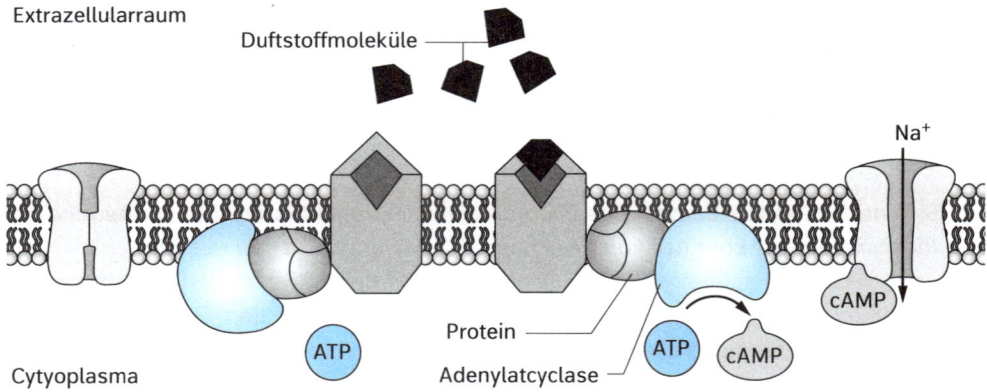

2   Beschreiben Sie die dargestellten Vorgänge und erklären Sie, wie es zur Erregung der Riechsinneszelle kommen könnte.

3   Von der erregten Sinneszelle wird der Reiz entlang sensorischer Nervenbahnen ins ZNS weitergeleitet. Erläutern Sie diese Reizweiterleitung unter Berücksichtigung der beteiligten Strukturen, Prozesse und Teilchen. Gehen Sie dabei auch auf mögliche hemmende Faktoren ein.

4   An einer Signaltransduktion sind oft mehrere Enzyme beteiligt, wie beispielsweise die Adenylatcyclase (s. Abb.). Erklären Sie den Zusammenhang von Struktur und Funktion bei einem Enzym.

Teil B: Genetik; Hilfsmittel: Codesonne, wird dem Prüfling vorgelegt

Ein mögliches Prüfungsthema könnte sein:
Moleküle des Lebens: Bau von Proteinen; Proteinbiosynthese; Auswirkungen von Mutationen auf Struktur und Funktion von Proteinen

Lösungen

Die hier angegebenen Lösungen zu den Beispielen sind lediglich stichpunktartige Vorschläge, und erheben keinen Anspruch auf Vollständigkeit oder Alleingültigkeit. Zu den B-Teilen gibt es keine Lösungsvorschläge, aber versuchen Sie sich mal in die Rolle eines Prüfers hineinzuversetzen. Welche Fragen würden Sie, ausgehend von den angegebenen Aspekten, stellen?

1.   Erklären Sie anhand selbstgewählter Beispiele die Begriffe „adäquater Reiz", „Rezeptor" und „Sinnesorgan".

Adäquater Reiz: ein Impuls, für den ein Rezeptor die größte Empfindlichkeit besitzt, der zum Rezeptor „passende" Reiz. Beispiel Licht für Stäbchen und Zapfen oder chemisches Duftmolekül für Riechsinneszelle.
Rezeptor: Hier kann ein einzelnes Molekül in der Zellmembran einer Zelle gemeint sein, das einen bestimmten Liganden nach dem Schlüssel-Schloss-Prinzip aufnimmt und eine bestimmte Reaktion verursacht. Beispiel: Acetylcholinrezeptor in der postsynaptischen

Membran. Aber auch Sinneszellen werden als Rezeptor bezeichnet. Beispiel Sehzellen bezeichnet man auch als Fotorezeptoren.

Sinnesorgan: Ein Organ, das in besonderer Lage und Anordnung Sinneszellen enthält und so optimal auf einen adäquaten Reiz angepasst ist. Beispiel: Auge

2. *Beschreiben Sie die dargestellten Vorgänge und erklären Sie, wie es zur Erregung der Riechsinneszelle kommen könnte.*

Duftmolekül bindet an spezifischen Rezeptor (Schlüssel-Schloss-Prinzip); Rezeptor gekoppeltes Protein und Adenylatcyclase ändern daraufhin ihre Konformation; Adenylatcyclase katalysiert die Umwandlung von ATP zu cAMP; cAMP dockt als Ligand an Na^+-Kanal und öffnet ihn. Na^+ strömt ein und verursacht eine Depolarisation der Membran; Riechsinneszelle wird erregt.

3. *Von der erregten Sinneszelle wird der Reiz entlang sensorischer Nervenbahnen ins ZNS weitergeleitet. Erläutern Sie diese Reizweiterleitung unter Berücksichtigung der beteiligten Strukturen, Prozesse und Teilchen. Gehen Sie dabei auch auf mögliche hemmende Faktoren ein.*

Vorbemerkung: Da es sich um eine verhältnismäßig offene Aufgabe handelt, bei der Ihre Antworten unterschiedlich ausfallen können (und dürfen!), werden hier statt einer ausführlichen Lösung nur mögliche Stichpunkte genannt. Details dazu können in den entsprechenden Kapiteln des Basiswissens nachgeschlagen werden.

Strukturen: Neuron, Axon mit und ohne Myelinscheide, Synapsen, Zellmembran, Ionenkanäle, Ionenpumpen, Vesikel mit Neurotransmittern, Mitochondrien

Prozesse: Diffusion, Ruhepotenzial, Aktionspotenzial, Summation, saltatorische und kontinuierliche Reizweiterleitung, Exozytose, EPSP, IPSP

Teilchen: Natrium, Kalium, Chlorid, Anionen, ATP, Glucose, Calcium, Neurotransmitter, Nervengifte, Drogen

Hemmende Faktoren: Nervengifte, Drogen, Elektrolyt- und Energiemangel, hemmende Synapsen, Krankheiten (z. B. Multiple Sklerose)

4. *An einer Signaltransduktion sind oft mehrere Enzyme beteiligt, wie beispielsweise die Adenylatcyclase (s. Abb.). Erklären Sie den Zusammenhang von Struktur und Funktion bei einem Enzym.*

Enzyme besitzen ein spezifisches Bindungszentrum, das genau auf ein Substrat passt (Substratspezifität). Das Bindungszentrum entsteht durch die besondere räumliche Struktur (Tertiärstruktur) des Proteins. Durch diese Substratspezifität setzt das Enzym immer dasselbe Substrat um. Es entsteht auch immer das gleiche Produkt (Wirkungsspezifität). Ist die räumliche Struktur verändert, beispielsweise infolge einer Mutation, die eine veränderte Aminosäuresequenz zur Folge hat, ist die Wirksamkeit des Enzyms eingeschränkt.

Beispiel 2 (Basis- und Leistungsfach)
Teil A: Gentechnik, Evolutionsfaktor

1 Erklären Sie anhand geeigneter Beispiele, was man unter grüner, bzw. roter Gentechnik versteht.

2 Eine wesentliche Herausforderung in der Gentechnik ist ein erfolgreicher Gentransfer. Beschreiben Sie mögliche Transfermethoden.

3 Zu den weiteren grundlegenden Methoden der Gentechnik gehört die PCR. Erläutern Sie deren Funktionsweise mit einer Skizze und geben Sie Einsatzmöglichkeiten an.

4 Um zu überprüfen, ob der Gentransfer in ein Bakterium erfolgreich verlaufen ist, bedarf es eines Nachweisverfahrens. Die Abbildung zeigt das Ergebnis eines solches Test, der sog. Blauweiß-Methode. Beschreiben Sie das Testverfahren und erläutern Sie das Ergebnis.

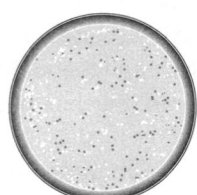

5 Diskutieren Sie die Frage, ob die Gentechnik als Evolutionsfaktor bezeichnet werden kann.

Teil B: Evolution; Hilfsmittel: Modelle von Hominidenschädeln, Hominidenstammbaum, werden dem Prüfling vorgelegt

Ein mögliches Prüfungsthema könnte sein:
Evolution: Anatomischer Vergleich der Schädel- und Gebissformen; Einordnen in Hominidenstammbaum; Out-of-Africa-Theorie vs. Hypothese vom multiregionalen Ursprung; Belege für Evolution; Evolutionsfaktoren

Lösungen

1. *Erklären Sie anhand geeigneter Beispiele, was man unter grüner bzw. roter Gentechnik versteht.*

<u>Grüne Gentechnik</u>: Anwendung gentechnischer Verfahren in der Pflanzenzüchtung. Beispiele: Bt-Mais, Round-up-ready-Pflanzen
<u>Rote Gentechnik</u>: Entwicklung diagnostischer und therapeutischer Verfahren sowie von Medikamenten auf der Grundlage gentechnischer Methoden. Beispiel: Herstellung von Humaninsulin mithilfe gentechnisch veränderter Bakterien

2. *Eine wesentliche Herausforderung in der Gentechnik ist ein erfolgreicher Gentransfer. Beschreiben Sie mögliche Transfermethoden.*

Häufig werden gentechnisch veränderte Plasmide verwendet. Ablauf: Ein Plasmid und das einzubauende Fremdgen werden mit denselben Restriktionsenzymen geschnitten und gemischt; das so veränderte Plasmid wird in ein Bakterium übertragen; erfolgreich transformierte Bakterien werden selektioniert (beispielsweise mit Blau-weiß-Methode) und in Fermentern vermehrt.

Für Leistungsfach: Weitere Möglichkeiten: Einige der nachfolgenden Methoden sollten ebenfalls bekannt sein und erklärt werden können. Lipofektion; Particle Gun; Mikroinjektion; Agrobacterium; Viren; Elektroporation

3. *Erläutern Sie deren Funktionsweise anhand einer Skizze und geben Sie Einsatzmöglichkeiten an.*

① **Denaturierung:** Erhitzen auf etwa 94 °C. Dadurch trennt sich der Doppelstrang auf.

② **Hybridisierung:** Abkühlen auf etwa 60 °C, damit sich die künstlich hergestellten und dem Gemisch beigefügten Primer (für jede Syntheserichtung einen) anlagern können.

③ **Polymerisation:** Erhitzen auf 72 °C, dem Temperaturoptimum der Taq-Polymerase. Der jeweilige Tochterstrang wird synthetisiert.

Diese drei Schritte werden in speziellen Geräten, Thermocyclern, bis zu 30 Mal wiederholt.

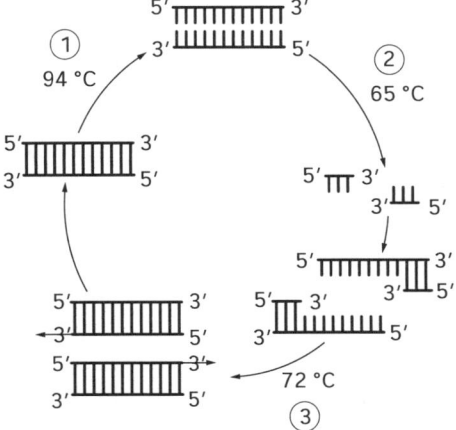

Polymerasekettenreaktion

<u>Einsatzmöglichkeiten</u>: überall, wo zahlreiche Kopien eines Gens/DNA-Segmentes benötigt wird, beispielsweise genetischer Fingerabdruck, Vaterschaftstest, gentechnische Verfahren etc.

4. *Beschreiben Sie das Testverfahren und erläutern Sie das Ergebnis.*

Bei der dargestellten „Blau-Weiß-Methode" baut man das Fremdgen in das Lac-Operon, genauer das LacZ-Gen ein. Dieses Gen codiert für das Enzym ß-Galactosidase. Außerdem enthält des Plasmid ein Gen für eine Antibiotikaresistenz. Die Bakterien werden auf einem Nährboden ausgebracht, der eben dieses Antibiotikum enthält. Es können nur Bakterien wachsen, die einen Plasmidring aufgenommen haben. War der Gentransfer in das Plasmid erfolgreich, ist das LacZ-Gen zerstört. Nun gibt man dem Kulturmedium den gelben Farbstoff XGal zu. ß-Galactosidase synthetisiert die Spaltung von XGal in einen blauen Farbstoff und Galactose. Zeigen Bakterienstämme eine blaue Färbung, verfügen sie also über das Enzym ß-Galactosidase. Der Gentransfer war nicht erfolgreich. Stämme, die weiß bleiben, können das XGal nicht umsetzen, da ihnen das Enzym fehlt. Bei ihnen dürfte der Gentransfer erfolgreich gewesen sein.

5. *Diskutieren Sie die Frage, ob die Gentechnik als Evolutionsfaktor bezeichnet werden kann.*

Individuelle Lösung. Suchen Sie stichhaltige Argumente für Ihre Position. Hier geht es weniger um eine „richtige" Antwort, als vielmehr um eine logische Argumentation.

Stichwortverzeichnis

Bildquellenverzeichnis

|Atelier tigercolor Tom Menzel, Klingberg: 70.1. |Karnath, Brigitte, Wiesbaden: 26.1, 39.1, 59.2, 71.1, 74.1, 75.1, 137.1, 137.2, 138.1, 139.1, 143.1, 143.2, 144.1, 145.1, 146.1, 148.1, 149.1, 149.2, 150.1, 151.1, 151.2, 153.1, 156.1, 156.2, 156.3, 157.1, 158.1, 162.1, 163.1, 163.2, 164.1, 168.1, 168.2, 169.1, 171.1, 172.1, 174.1, 174.2, 175.1, 175.2, 176.1, 179.1, 179.2, 180.1, 181.1, 182.1, 184.1, 186.1, 187.1, 187.2, 188.1, 188.2, 192.1, 193.1, 193.2, 193.3, 194.1, 197.1, 204.1. |Mall, Karin, Berlin: 22.1, 23.1, 32.1, 32.2, 33.1, 35.1, 37.1, 38.1, 38.2, 38.3, 39.2, 39.3, 40.1, 41.1, 42.1, 42.2, 45.1, 47.1, 48.1, 49.1, 49.2, 50.1, 51.1, 52.1, 53.1, 54.1, 55.1, 56.1, 58.1, 58.2, 59.1, 63.1, 65.1, 65.2, 66.1, 68.1, 68.2, 69.1, 72.1, 73.1, 73.2, 73.3, 73.4, 73.5, 76.1, 78.1, 80.1, 80.2, 81.1, 81.2, 83.1, 84.1, 85.1, 86.1, 87.1, 87.2, 87.3, 87.4, 87.5, 87.6, 87.7, 87.8, 87.9, 88.1, 92.1, 93.1, 93.2, 94.1, 95.1, 95.2, 96.1, 99.1, 99.2, 99.3, 108.1, 111.1, 111.2, 112.1, 112.2, 118.1, 119.1, 119.2, 124.1, 125.1, 126.1, 131.1, 132.1, 195.1, 202.1, 205.1. |OKAPIA KG - Michael Grzimek & Co., Frankfurt/M.: NAS/Bjornberg, Chris 118.2. |Peter Wirtz Fotografie, Dormagen: Titel.